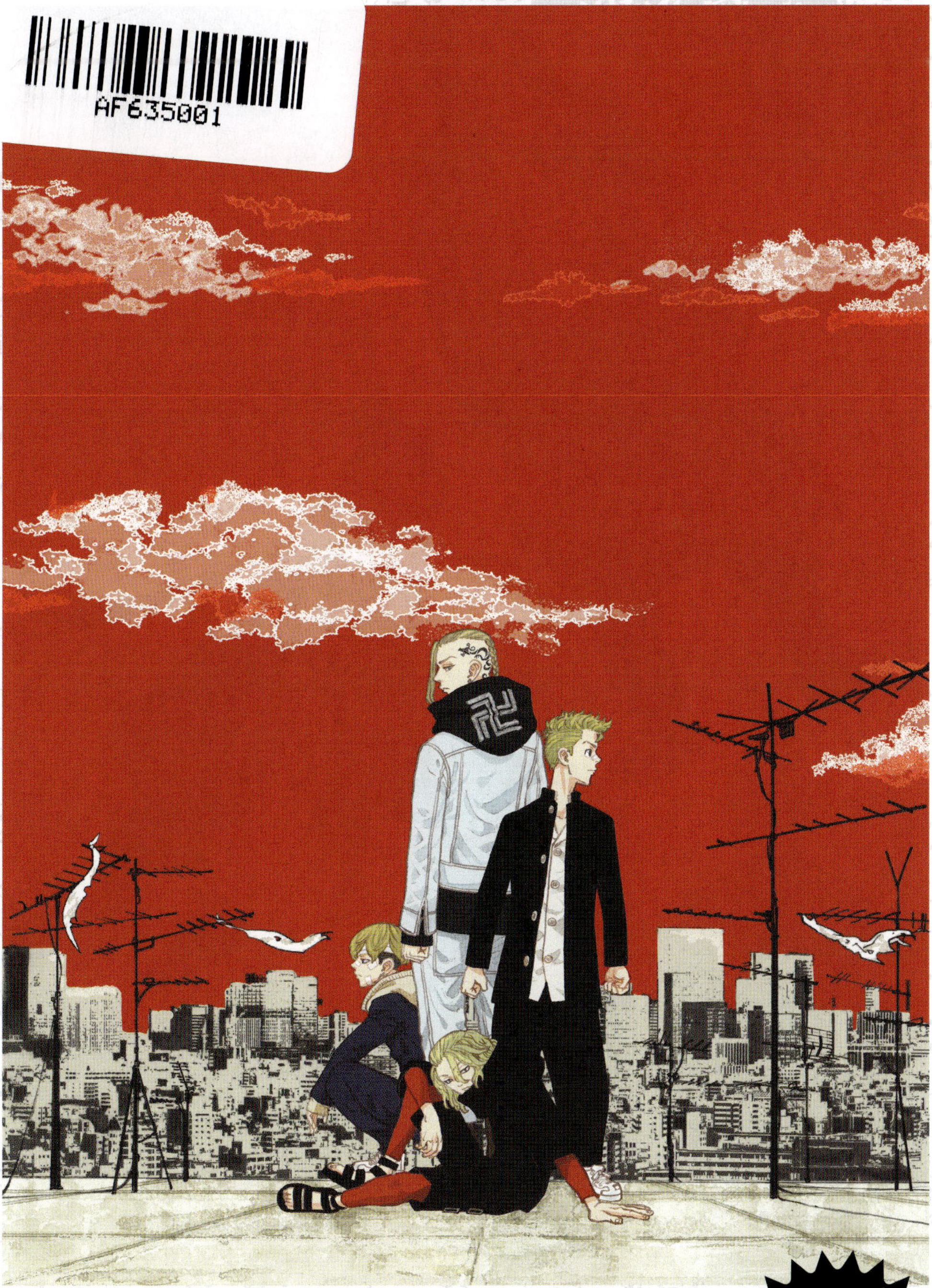

TOKYO REVENGERS

FARBIL-LUSTRA-TIONEN

Bei diesem Bild wollte ich, dass es wie ein Filmposter wirkt!
(Erstveröffentlichung: Weekly Shonen Magazine, Ausgabe 10/2018, Farbseite am Kapitelanfang)

Mit Kommentaren von Autor Ken Wakui!

Für Taijus spezielle Uniform als Boss von Black Dragon habe ich seine Themenfarbe Weinrot verwendet!
(Erstveröffentlichung: 2019, Magazine KC, Band 11, Cover)

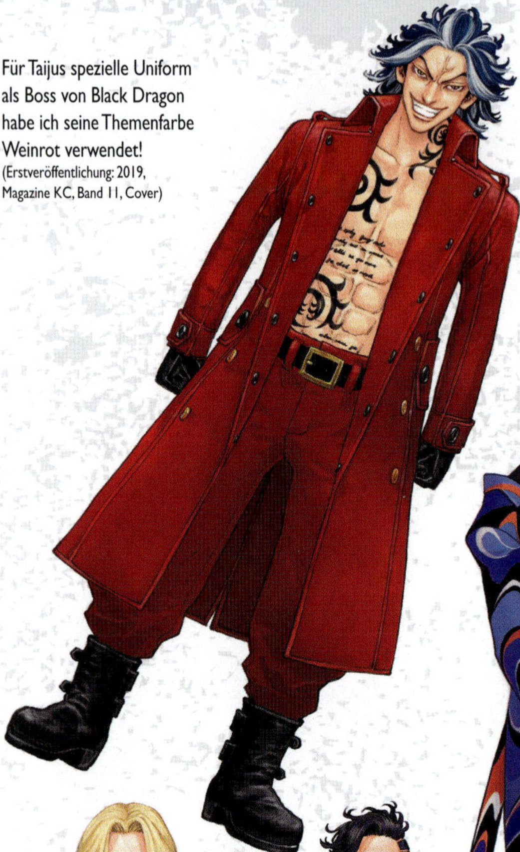

Hakkai ist ein komplizierter Charakter, darum hab ich ihn einen Mantel mit Marmormuster tragen lassen!
(Erstveröffentlichung: 2019, Magazine KC, Band 12, Cover)

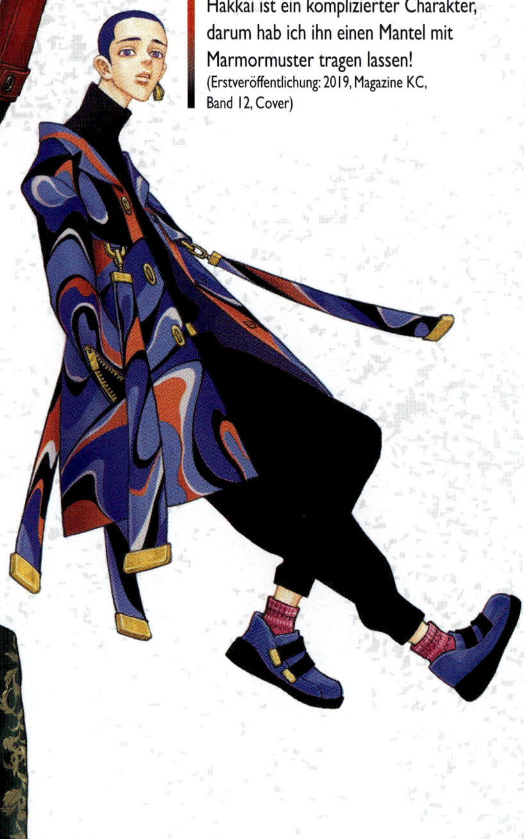

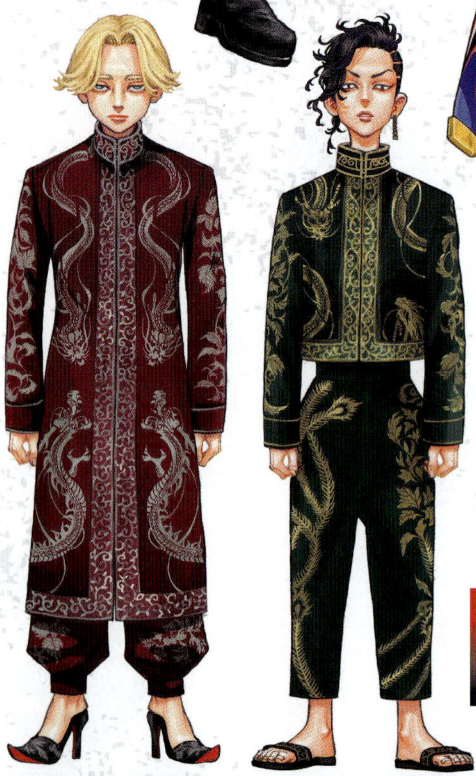

Eigentlich wollte ich nur zwei Outfits mit Mandarinkragen zeichnen, doch dann habe ich irgendwie immer mehr Muster hinzugefügt und plötzlich sahen sie tatsächlich traditionell chinesisch aus!
(Erstveröffentlichung: 2019, Magazine KC, Band 14, Cover)

Bei diesem Outfit diente mir der mexikanische Feiertag Día de Muertos (Tag der Toten) als Inspiration. Ich wollte damit gleichzeitig Hanmas spöttische Art und einen Hauch von Sensenmann zum Ausdruck bringen.
(Erstveröffentlichung: 2021, Magazine KC, Band 23, Cover)

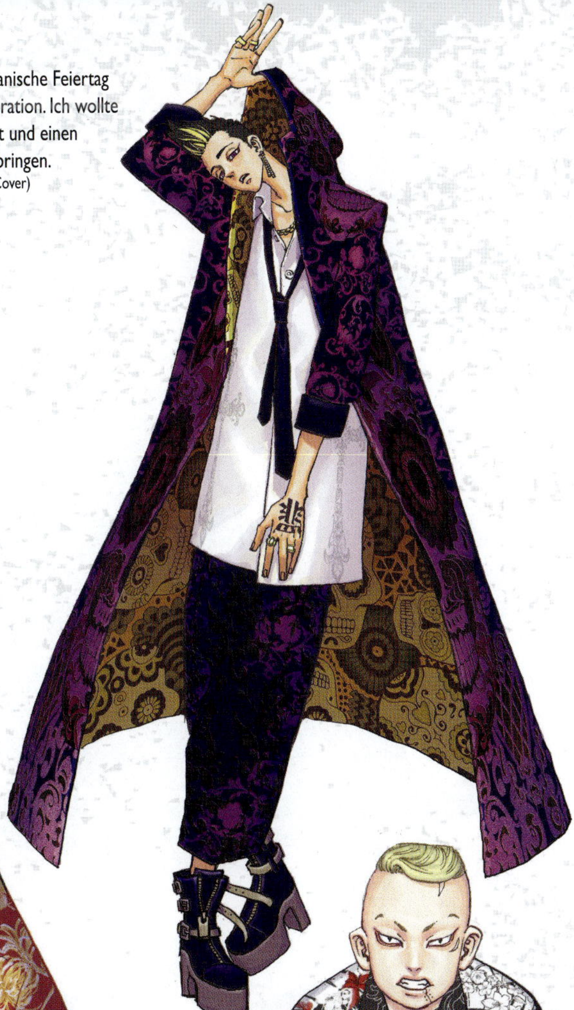

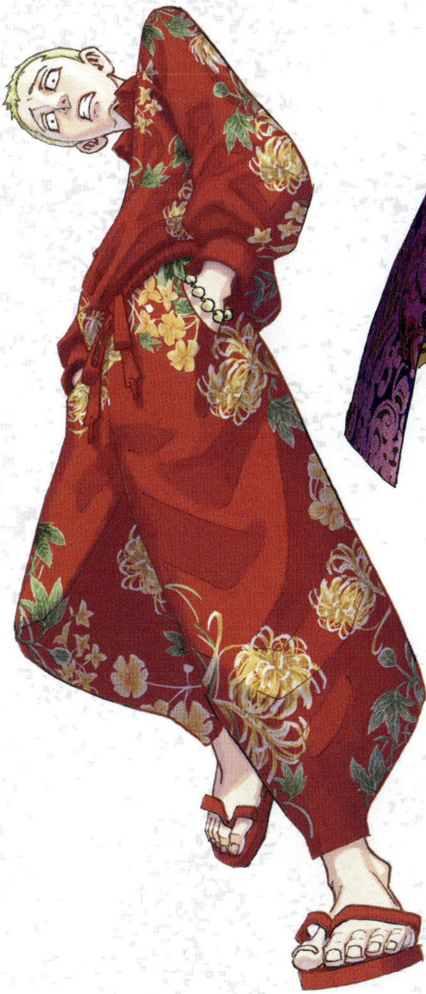

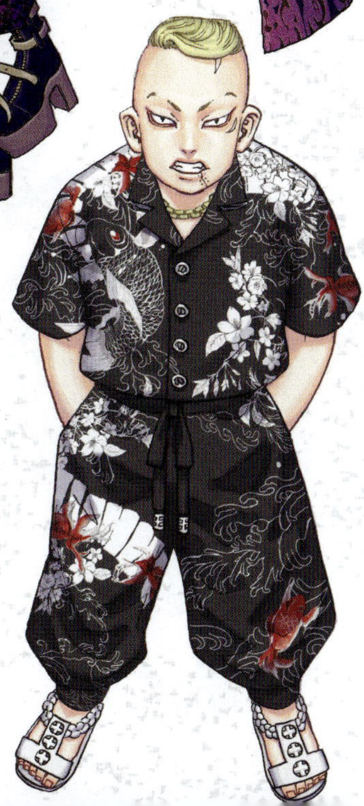

Hier habe ich Pah und Peh mit traditionellen japanischen Motiven überladene Outfits verpasst, um sie so richtig schrill rowdyhaft wirken zu lassen! Das entspricht genau Pehs Geschmack, der ja auf knallige Rowdy-Accessoires steht.
(Erstveröffentlichung: 2020, offizielles »Tokyo Revengers«-Twitter-Konto)

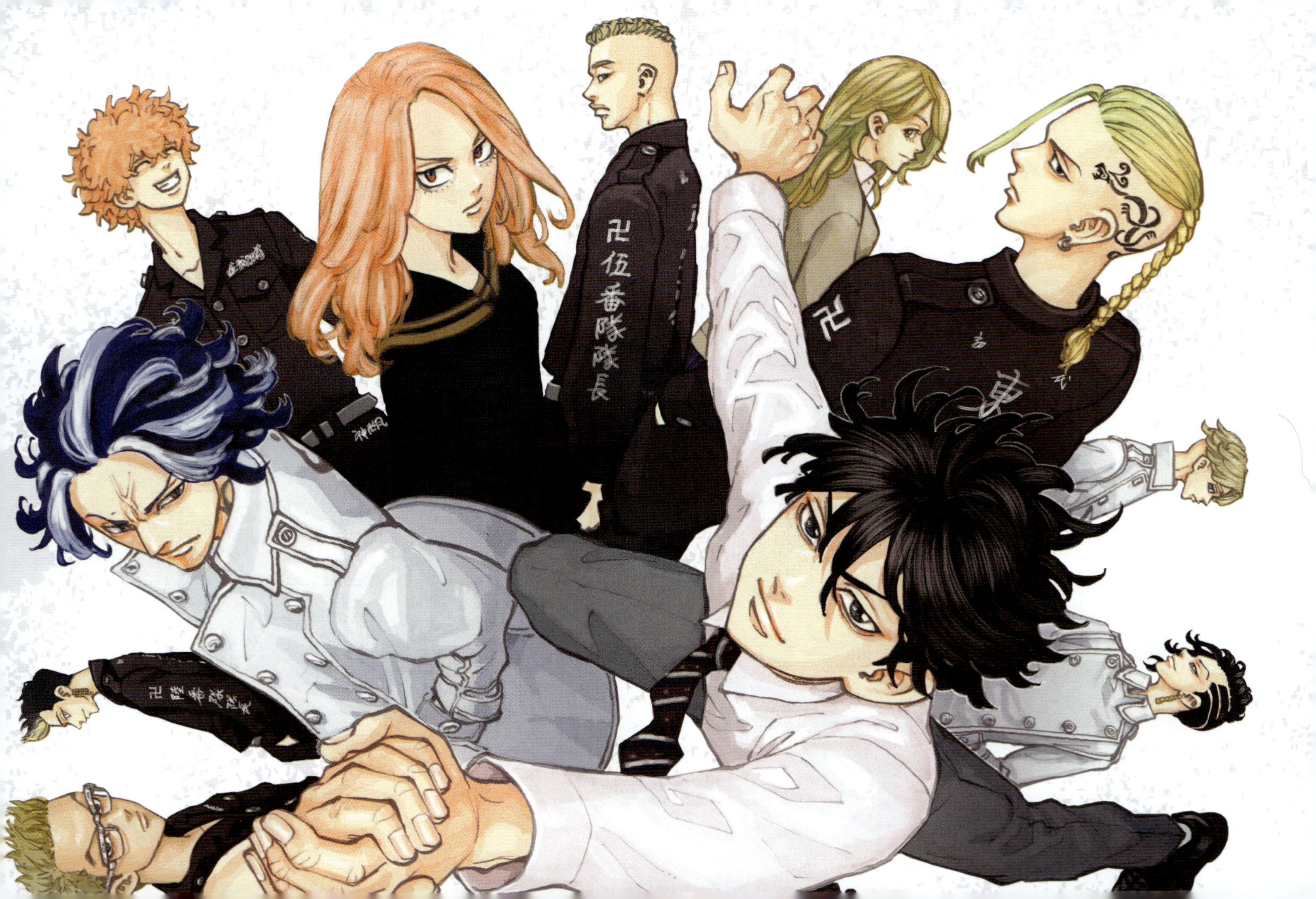
卍伍番隊隊長

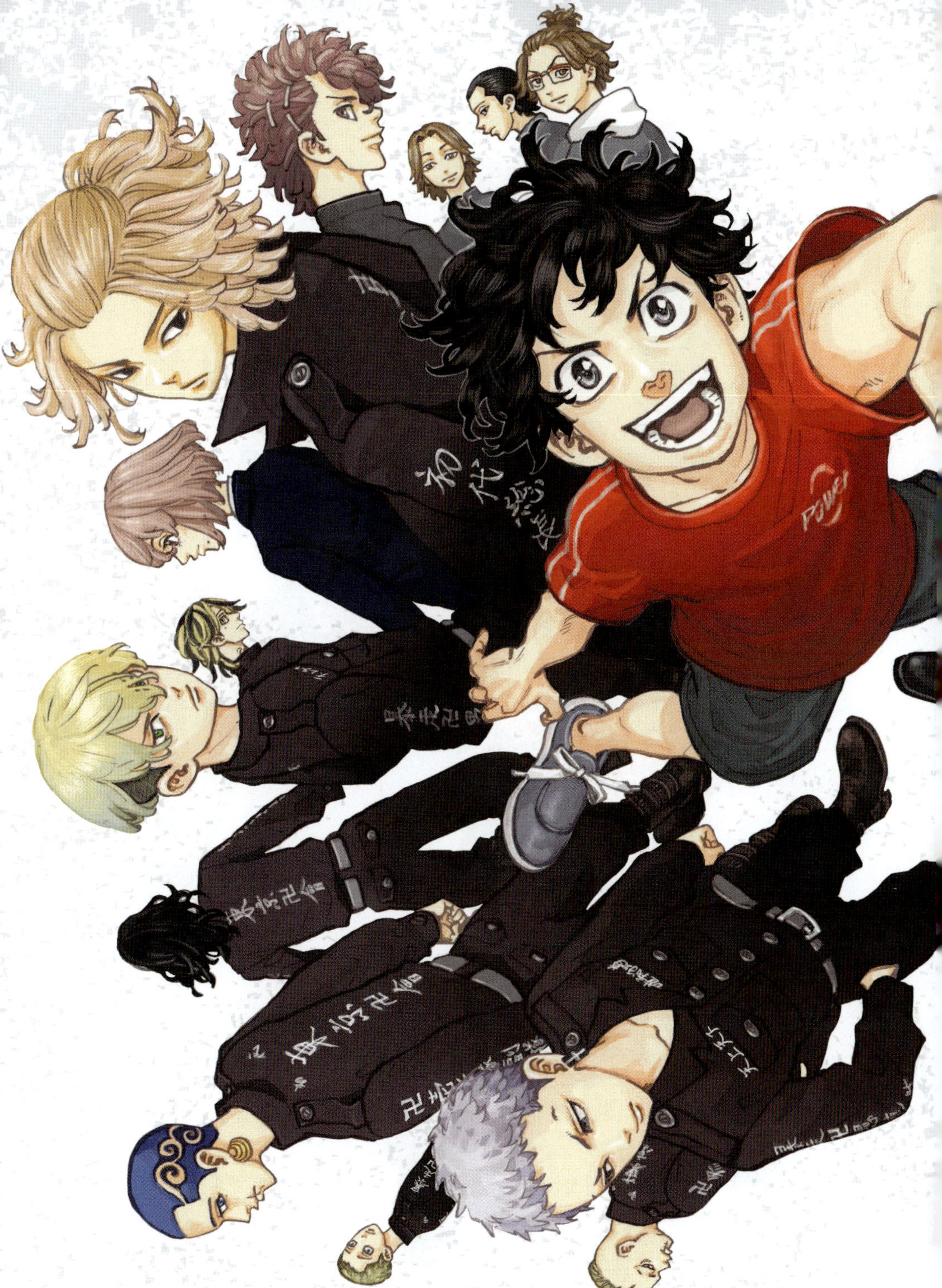

Als ich um eine Zeichnung zur Feier von einer Million verkaufter Taschenbuch-Exemplare gebeten wurde, beschloss ich, dieses imposante Gruppenbild mit allen wichtigen Charakteren zu entwerfen. (Erstveröffentlichung: Weekly Shonen Magazine, Ausgabe 2+3/2019, Doppelfarbseite vorne)

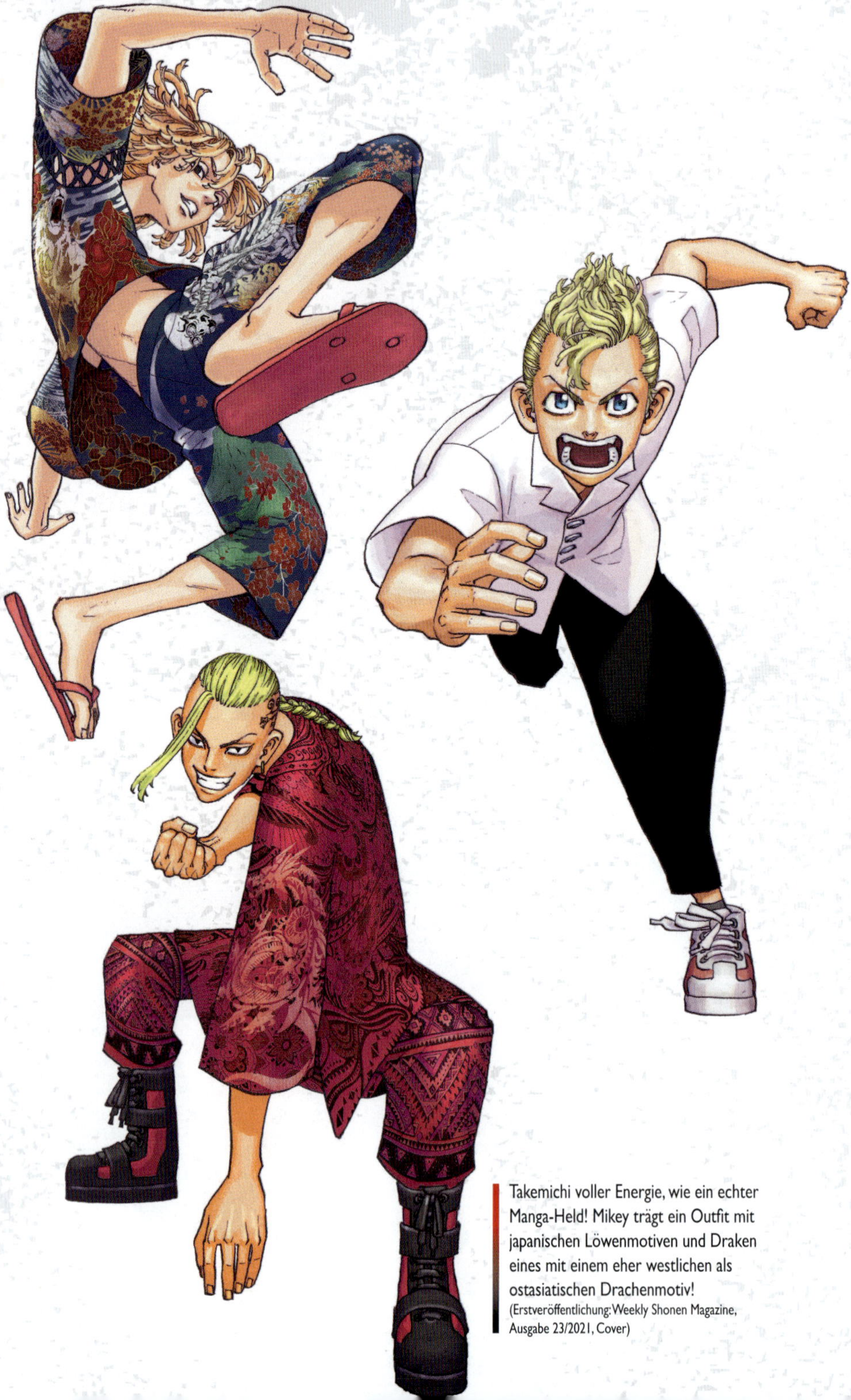

Takemichi voller Energie, wie ein echter Manga-Held! Mikey trägt ein Outfit mit japanischen Löwenmotiven und Draken eines mit einem eher westlichen als ostasiatischen Drachenmotiv!
(Erstveröffentlichung: Weekly Shonen Magazine, Ausgabe 23/2021, Cover)

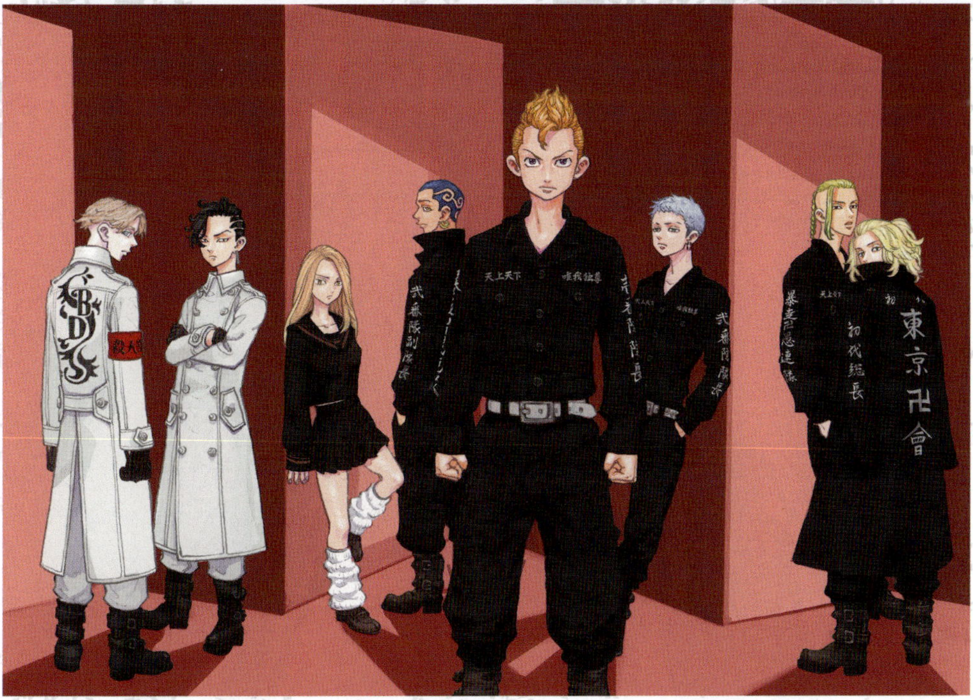

Ich glaube schon, dass ich irgendein konkretes Konzept für dieses Bild im Kopf hatte, aber ich war damals, als ich es gezeichnet habe, so im Stress, dass ich mich nicht mehr daran erinnern kann! (lacht)
(Erstveröffentlichung: Weekly Shonen Magazine, Ausgabe 43/2018, Doppelfarbseite vorne)

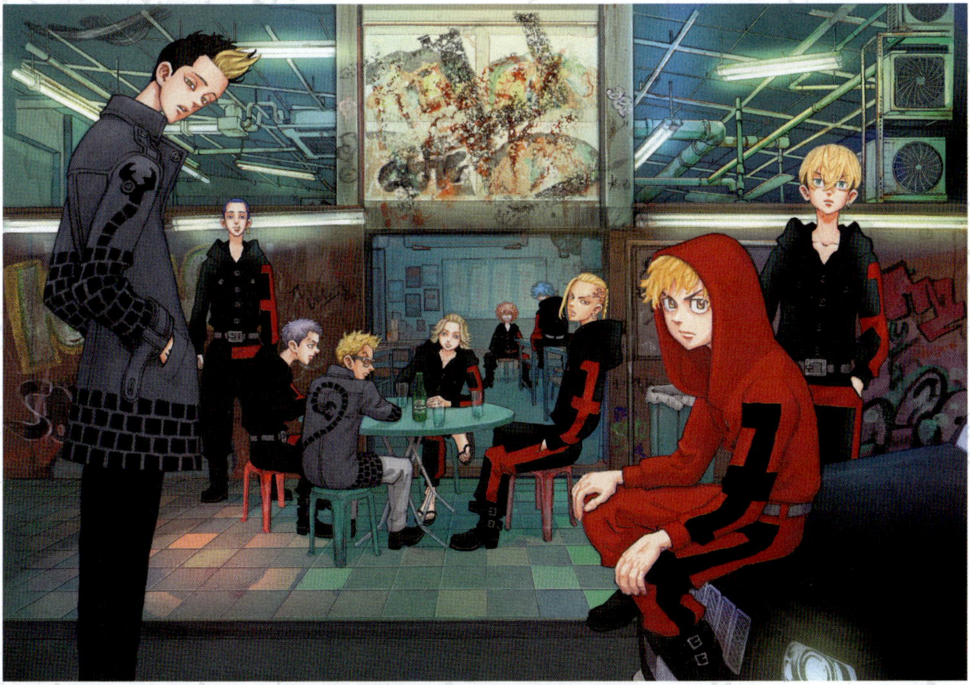

Für den Hintergrund dieses Bildes habe ich mich von Straßenimbissen in Hongkong inspirieren lassen!
(Erstveröffentlichung: Weekly Shonen Magazine, Ausgabe 45/2019, Doppelfarbseite vorne)

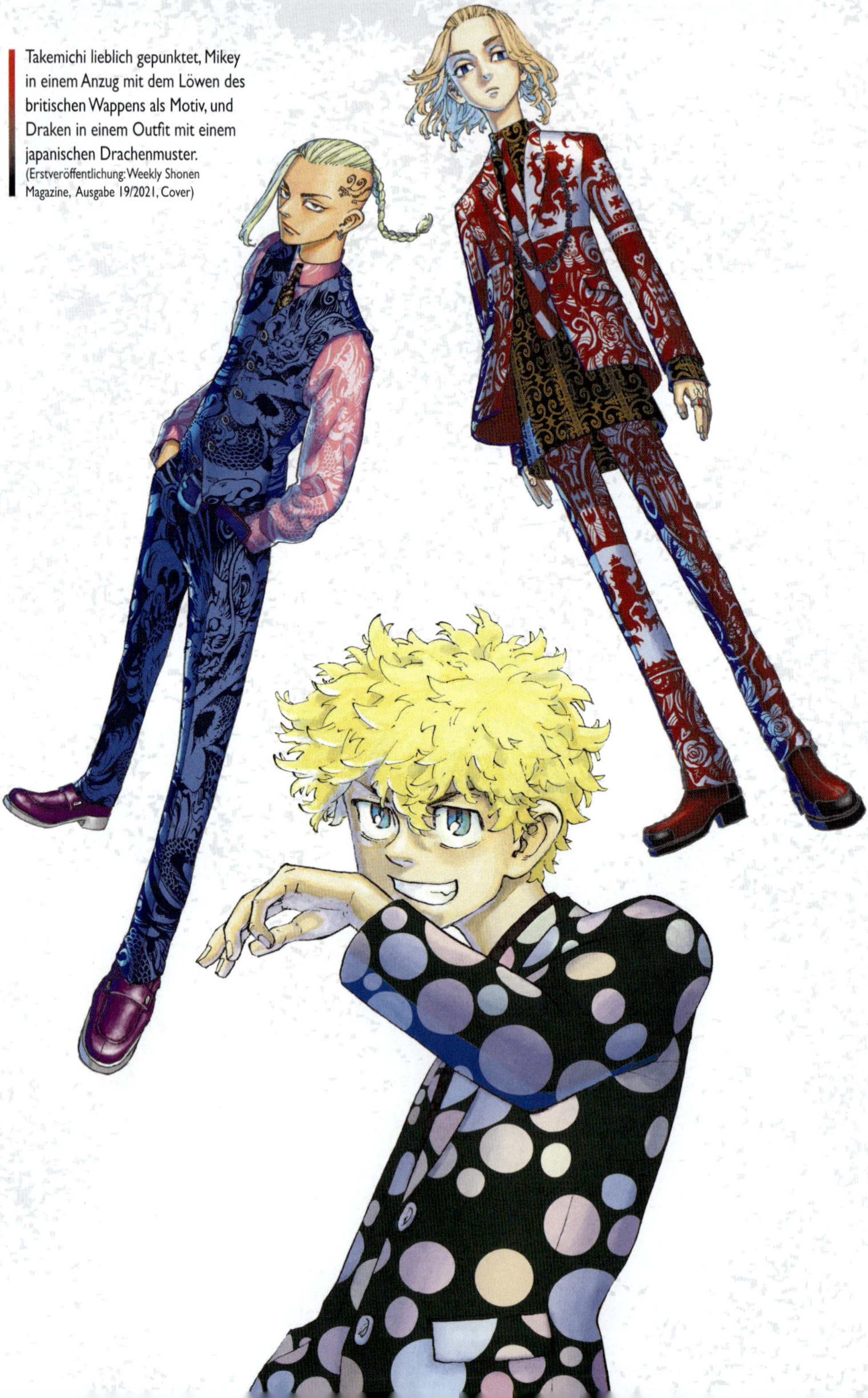

Takemichi lieblich gepunktet, Mikey in einem Anzug mit dem Löwen des britischen Wappens als Motiv, und Draken in einem Outfit mit einem japanischen Drachenmuster.
(Erstveröffentlichung: Weekly Shonen Magazine, Ausgabe 19/2021, Cover)

Tokyo Revengers

Character Guide 2

Walhalla – Black Dragon

INHALT

Dieser Band deckt vorwiegend die Ereignisse bis Kapitel 112 (Doppelband 7) ab, enthält aber auch einige Details zu späteren Kapiteln.

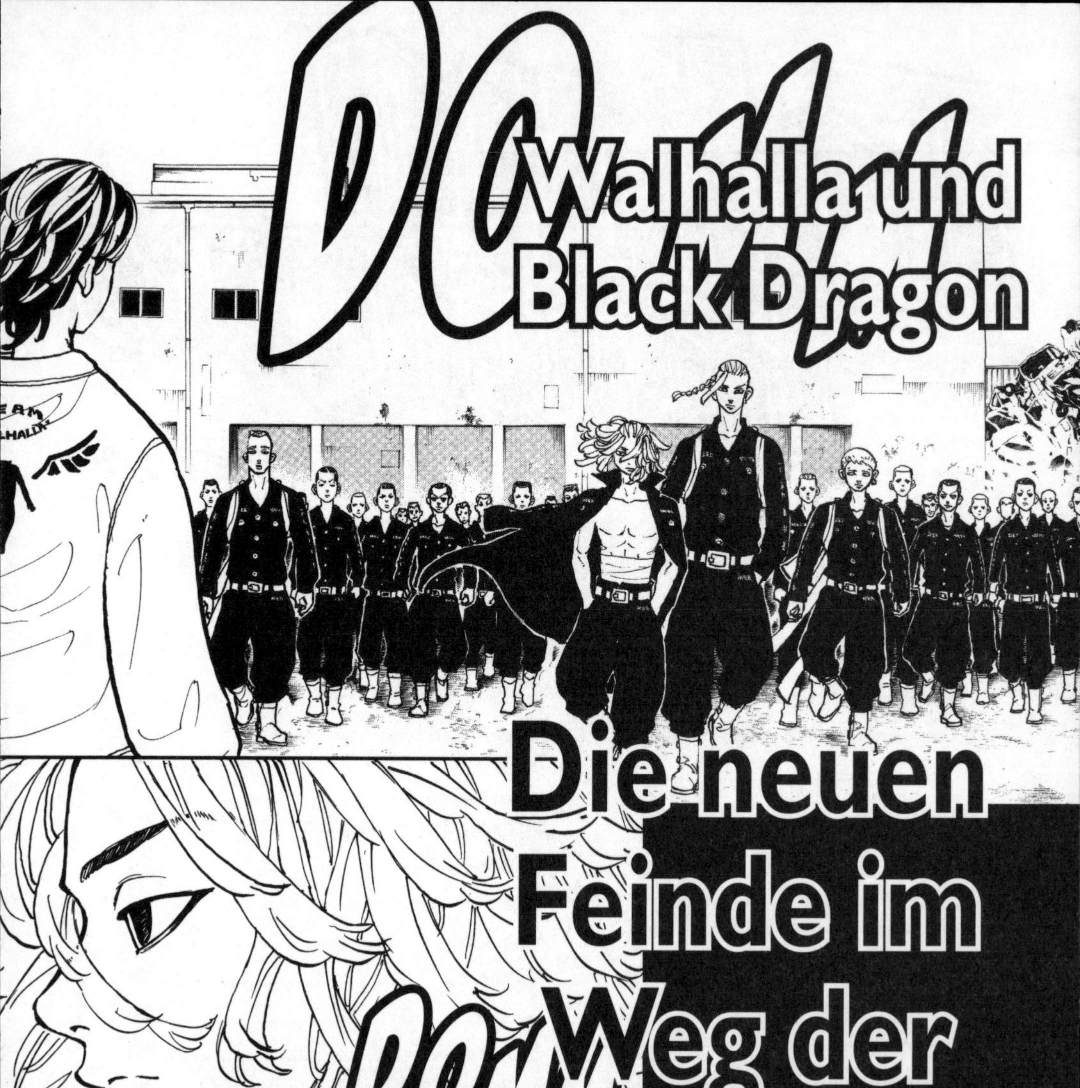

Walhalla und Black Dragon

Die neuen Feinde im Weg der Tokyo-Manji-Gang

die von der Manji-Gang bereits einmal vernichtet, jedoch von ihrem neuen Oberhaupt Taiju Shiba wieder in Leben gerufen wurde. Und so wird die Manji-Gang erneut in heftige Auseinandersetzungen verwickelt.
Bei den Kämpfen gegen Walhalla und die 10. Generation von Black Dragon, die später als das Blutige Halloween und die Weihnachtsschlacht bekannt werden, versucht Takemichi weiterhin verzweifelt den Lauf der Geschichte zu verändern. Sein eiserner Wille, den er dabei unter Beweis stellt, bringt ihn Mikey, Draken und den anderen Mitgliedern der Gang noch näher und vertieft ihre Freundschaft.

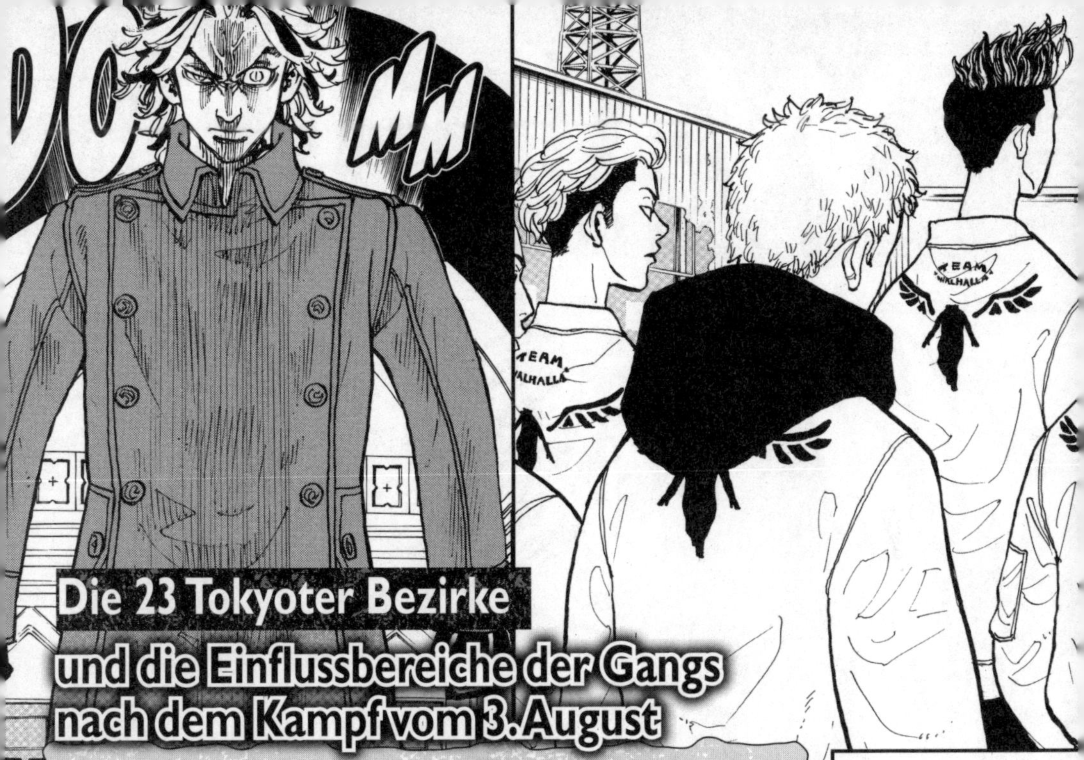

Die 23 Tokyoter Bezirke und die Einflussbereiche der Gangs nach dem Kampf vom 3. August

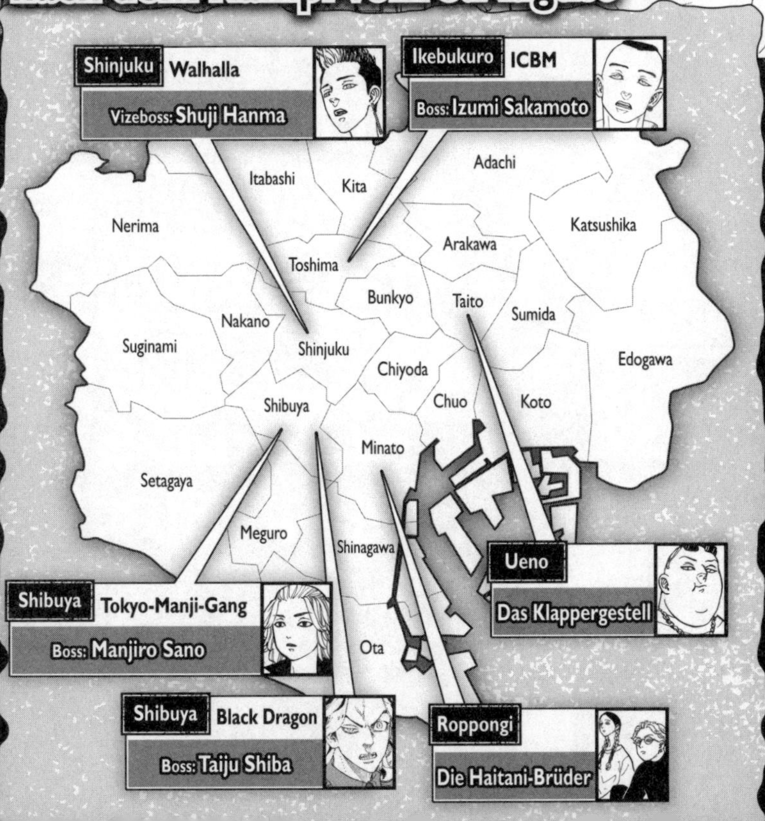

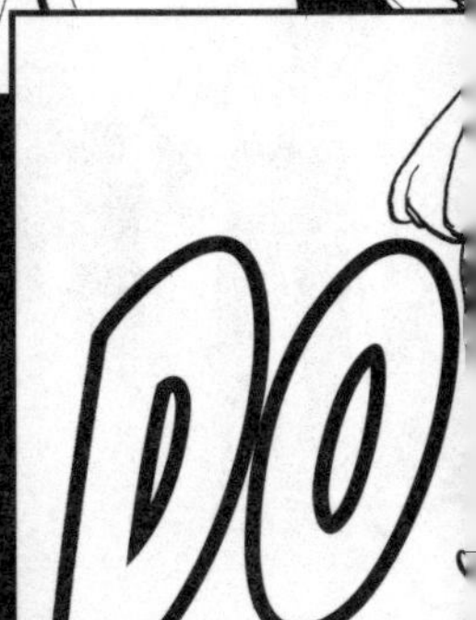

Nach dem Kampf gegen Möbius am 3. August währt der Frieden nicht lang für die Tokyo-Manji-Gang. Zwei neue Bedrohungen erscheinen auf der Bildfläche: erst Walhalla, eine Ansammlung von Manji-feindlichen Gruppierungen angeführt von Shuji Hanma, und dann Black Dragon, eine Gang,

Walhalla

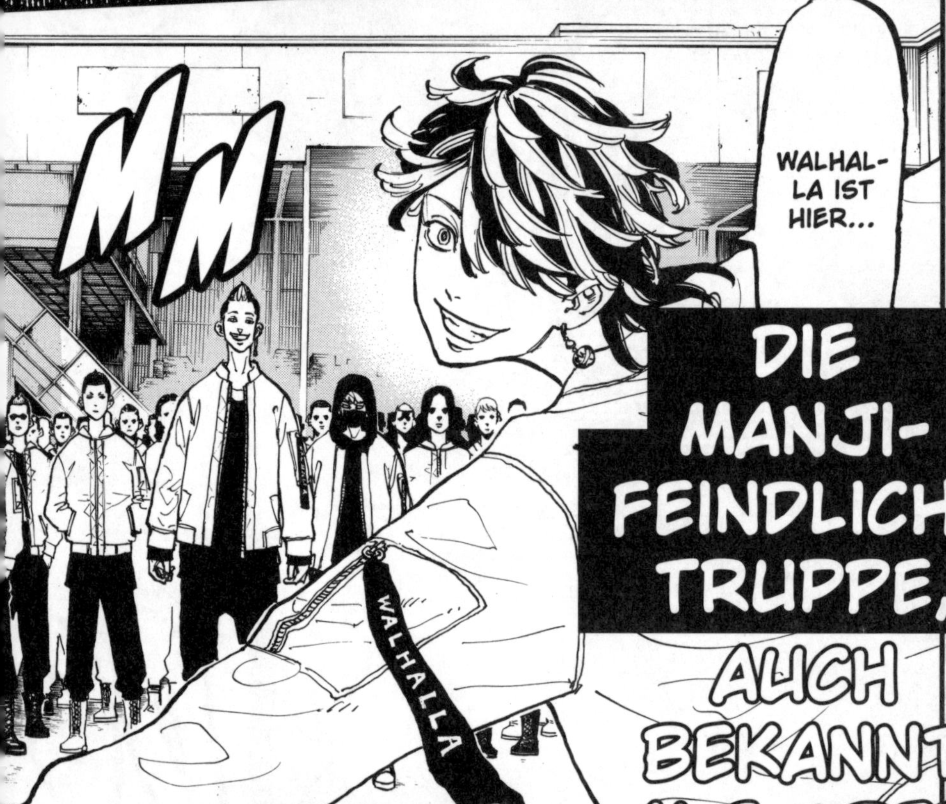

DIE MANJI-FEINDLICHE TRUPPE, AUCH BEKANNT ALS »DER KOPFLOSE ENGEL«

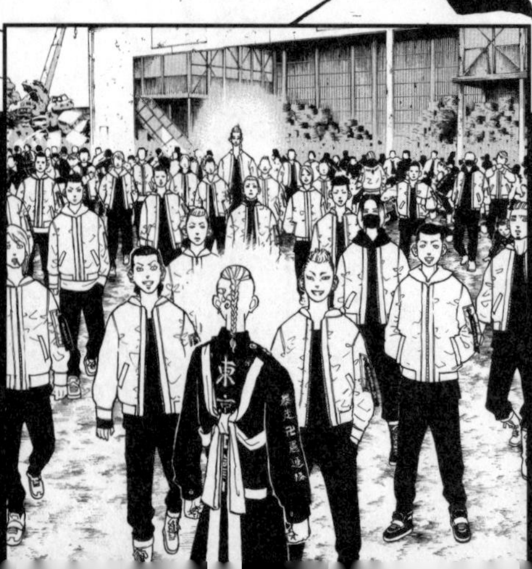

Walhalla entstand aus den 1988 und 1989 geborenen Ex-Mitglieder von Möbius und anderen Manji-feindlichen Gruppierungen, die Shuji Hanma unter sich vereinte. Der Posten des Oberhaupts der Gang bleibt jedoch unbesetzt, da Kisaki vorhat, Mikey zu manipulieren und ihn an die Spitze des »Kopflosen Engels« zu setzen.

Organigramm

Zum Zeitpunkt des Blutigen Halloween

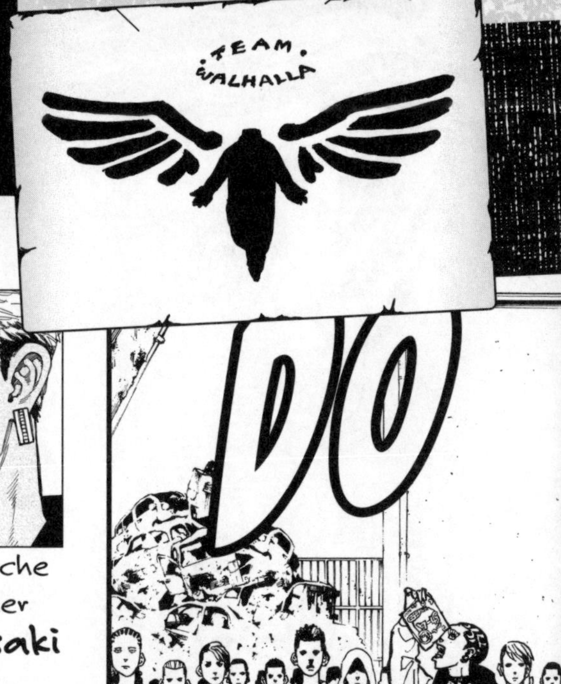

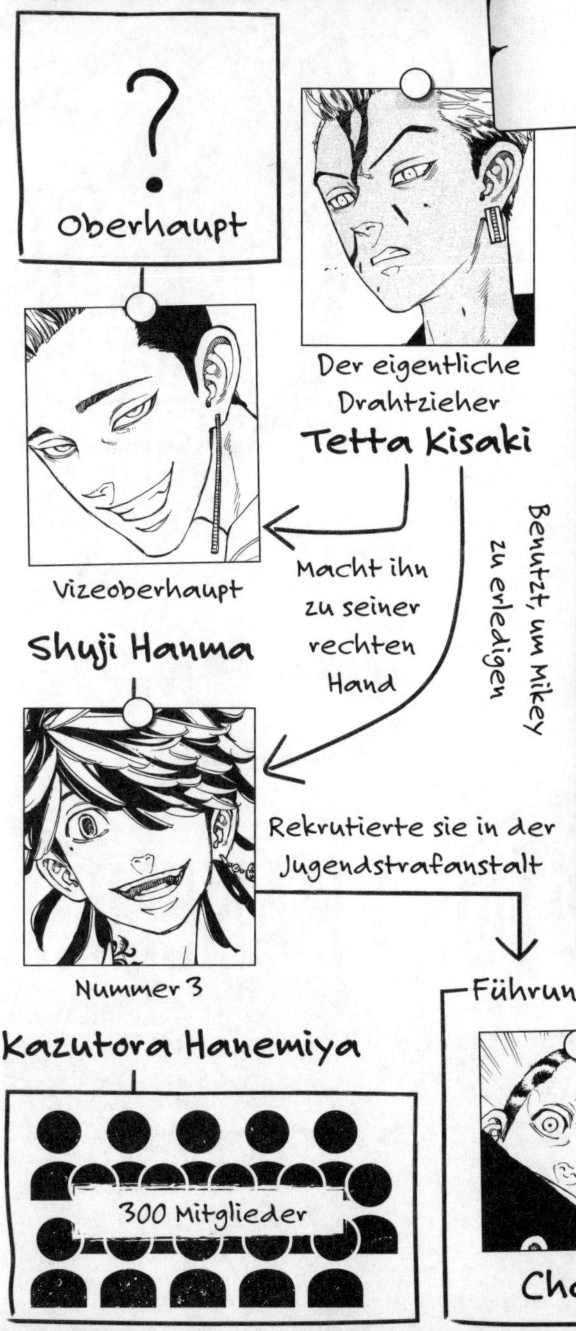

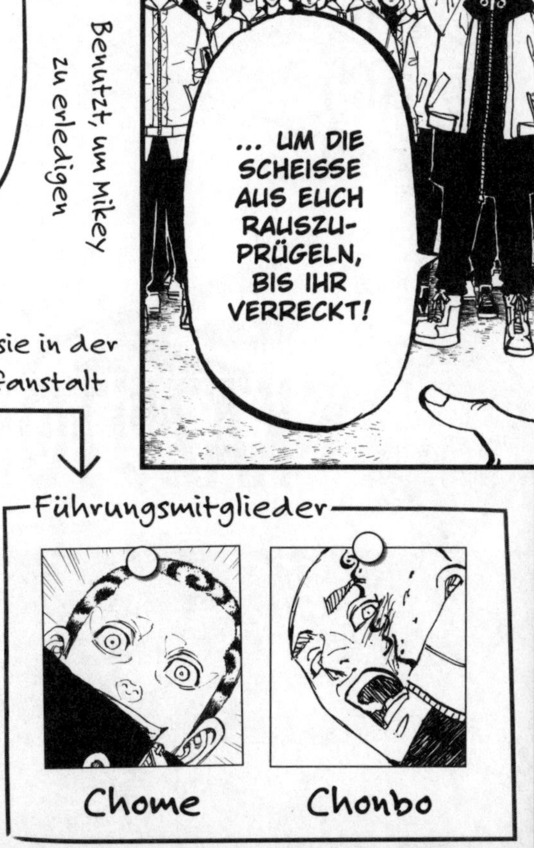

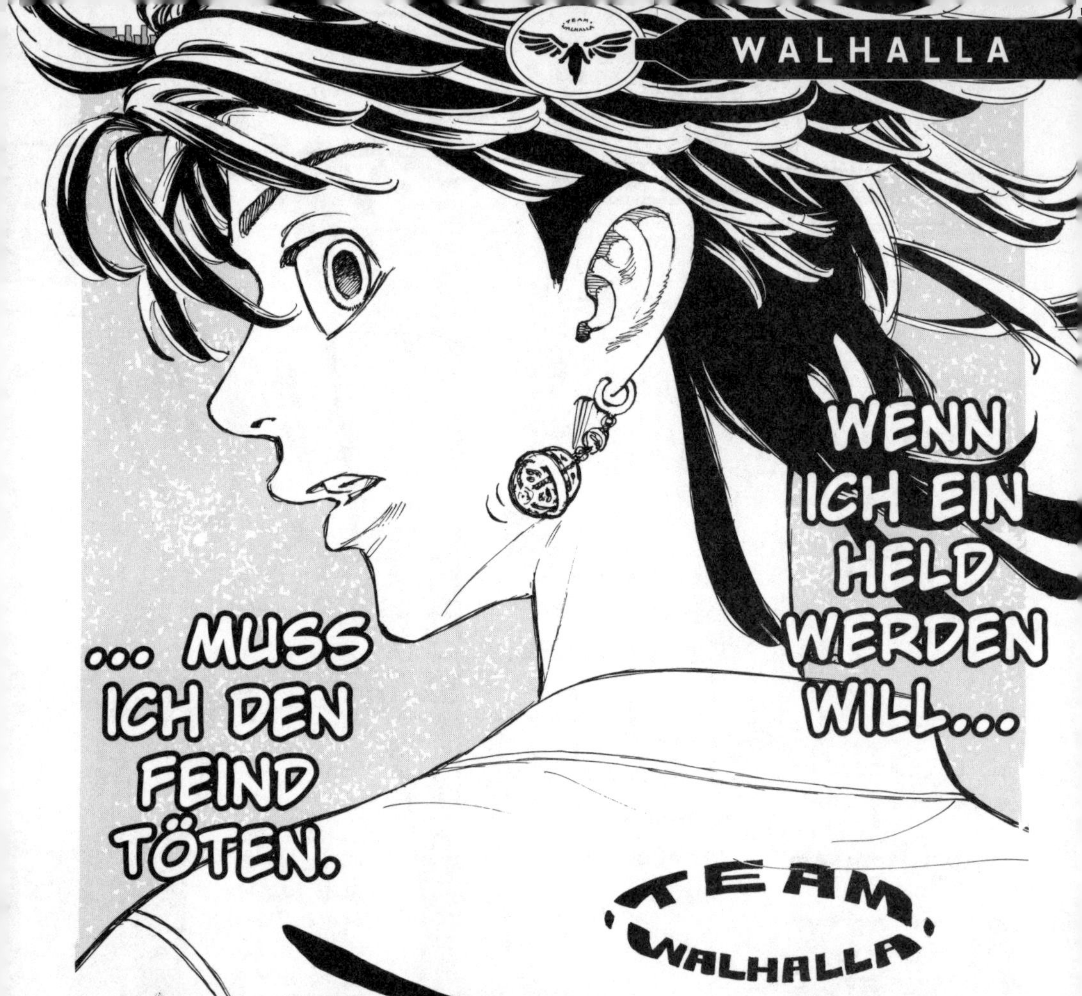

Nr. 3 von Walhalla

KAZUTORA HANEMIYA

♦ Größe: 1,74 m ♦ Gewicht: 60 kg

♦ Geburtstag: 16. September 1990 ♦ Sternzeichen: Jungfrau ♦ Blutgruppe: AB

♦ Themenfarbe: Gelb ♦ Liebt: Rowdy-typische Accessoires ♦ Hasst: Die Mitglieder der Manji-Gang

♦ Besondere Fähigkeit: Fingernägel ausreißen ♦ Bewundert: Manjiro Sano

♦ Traum: Manjiro Sano zu töten ♦ Bemerkenswerte (oder bedauernswerte) Leistung: schlägt jedem die Zähne ein, der von seinen tollen Leistungen erzählt

♦ Lieblingsort: Dachterrassen ohne Geländer

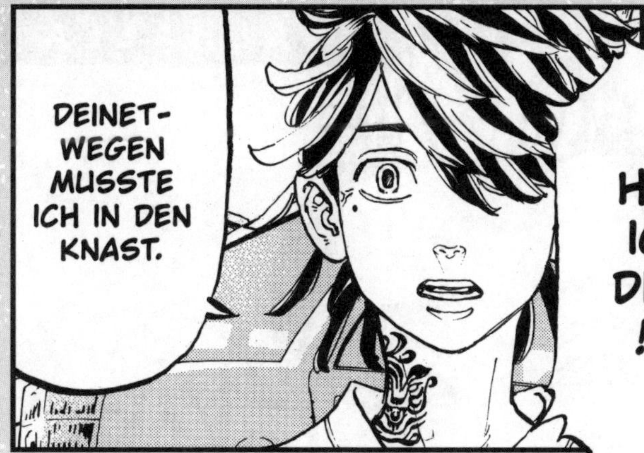

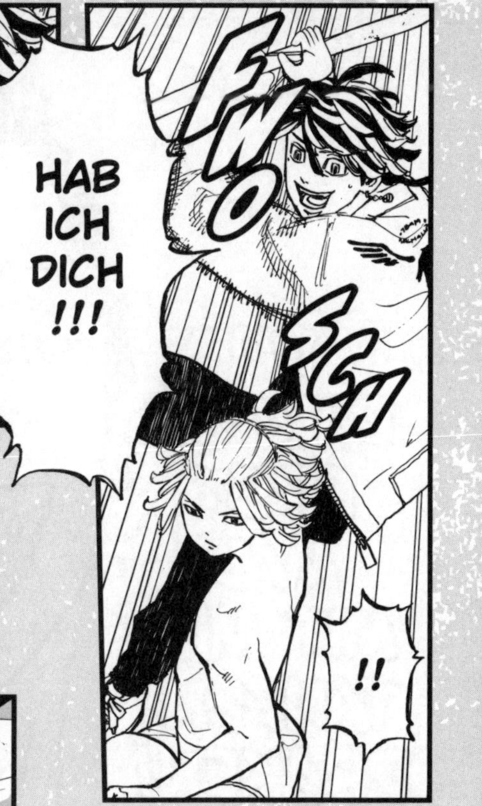

Trachtet Mikey nach dem Leben, um seiner Vergangenheit zu entkommen

Beim Versuch, eine Honda CB250T für Mikey zu stehlen, brachte Kazutora unabsichtlich Mikeys Bruder Shin'ichiro um. Danach redete er sich ein, dass es Mikeys Schuld gewesen sei, dass er in der Jugendstrafanstalt landete, und begann in seinem Wahn, Mikey als seinen Feind zu betrachten.

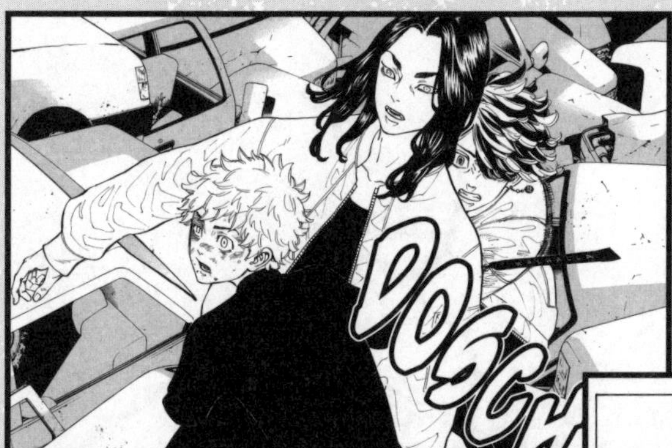

Ersticht Baji, der immer an ihn geglaubt hatte

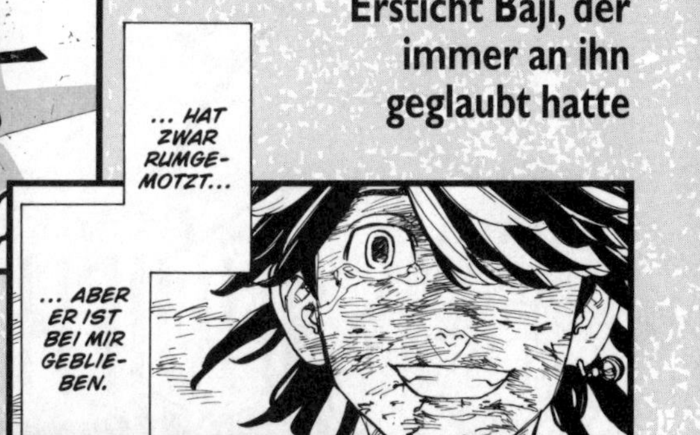

Als Kazutora erfährt, dass Baji, dem er vertraut hat, in Wahrheit die ganze Zeit für die Manji-Gang gearbeitet hat, rammt er seinem Freund ein Messer in den Rücken. Erst nach dessen Tod begreift Kazutora Bajis eigentliche Absichten und weint um ihn.

Danach

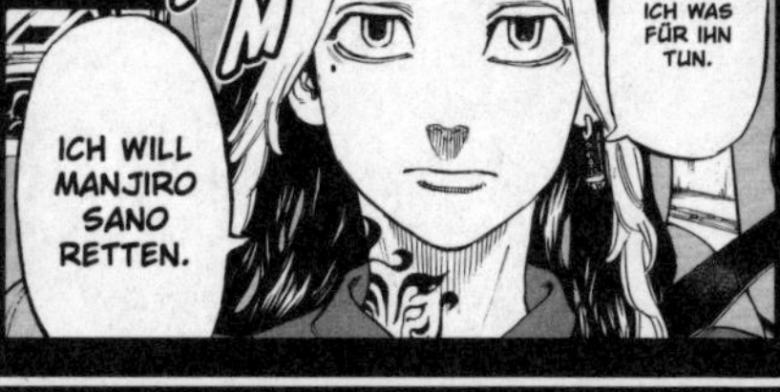

Nach seiner Freilassung geht er mit Chifuyu gegen die Manji-Gang vor

Nach dem Blutigen Halloween muss Kazutora für etwa zehn Jahre ins Gefängnis. Nach seiner Entlassung beginnt er mit Chifuyu zusammenzuarbeiten, um der Manji-Gang, die inzwischen zu einer ruchlosen Verbrecherorganisation geworden ist, das Handwerk zu legen.

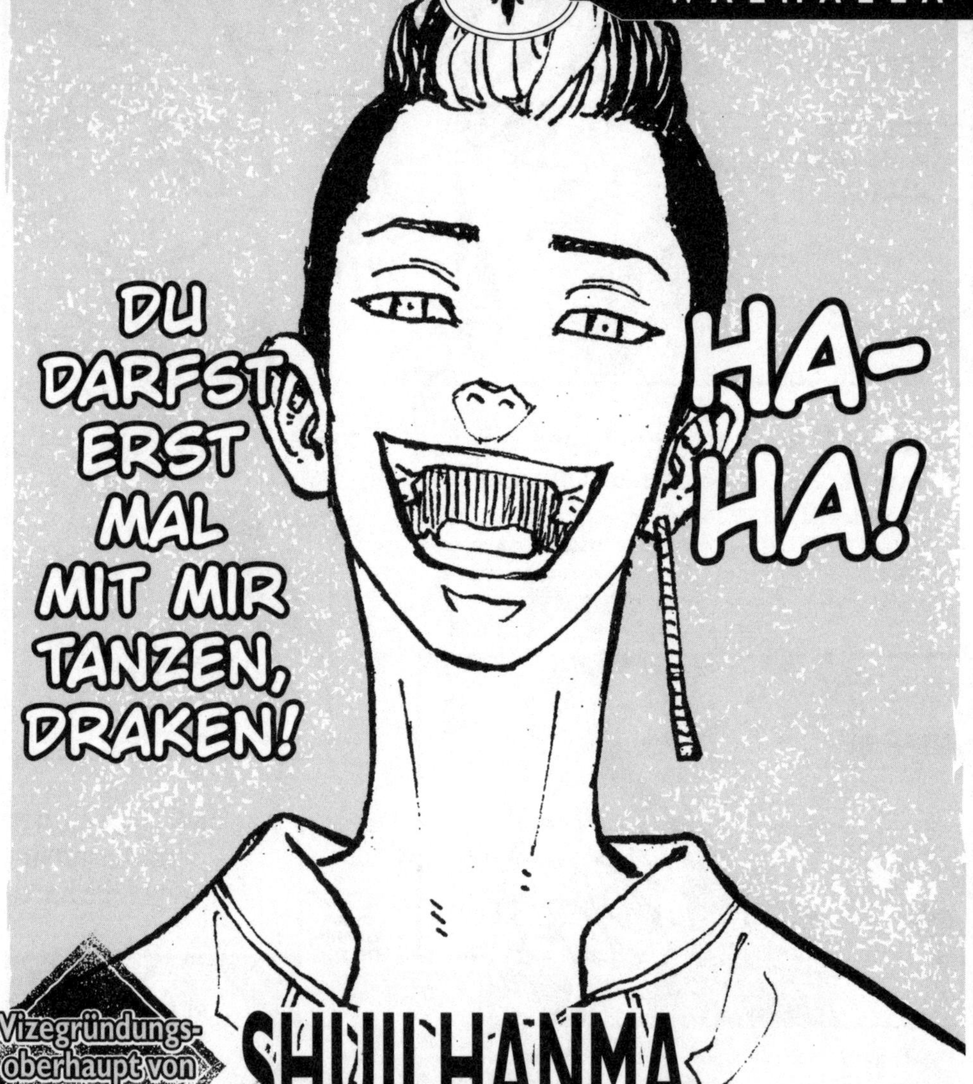

Vizegründungs-oberhaupt von Walhalla

SHUJI HANMA

♦ Größe: 1,92 m ♦ Gewicht: 70 kg ♦ Geburtstag: 27. Oktober 1989

♦ Sternzeichen: Skorpion ♦ Blutgruppe: AB ♦ Themenfarbe: Violett ♦ Liebt: Nervenkitzel ♡

♦ Hasst: jeden außer sich selbst ♦ Besondere Fähigkeit: Zähne einschlagen ♦ Bewundert: Ältere, die ihm was ausgeben

♦ Traum: hundert Diener zu haben, die sich von früh bis spät um alles kümmern, worauf er keinen Bock hat

♦ Bemerkenswerte (oder bedauernswerte) Leistung: Dank seiner ausgezeichneten Reaktionsfähigkeit schafft es niemand, ihm einen direkten Treffer zu verpassen (außer Mikey, aber der ist übermenschlich).

♦ Lieblingsort: dort, wo die Fetzen fliegen

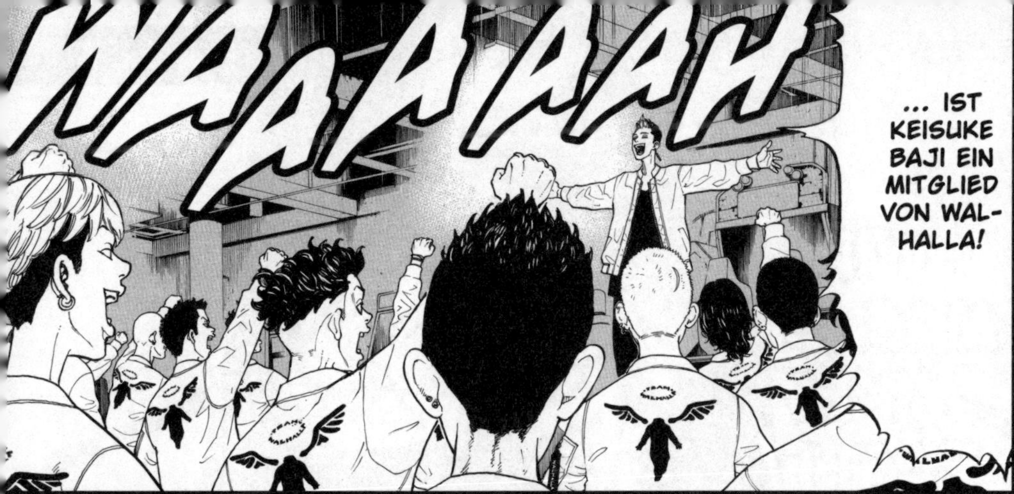

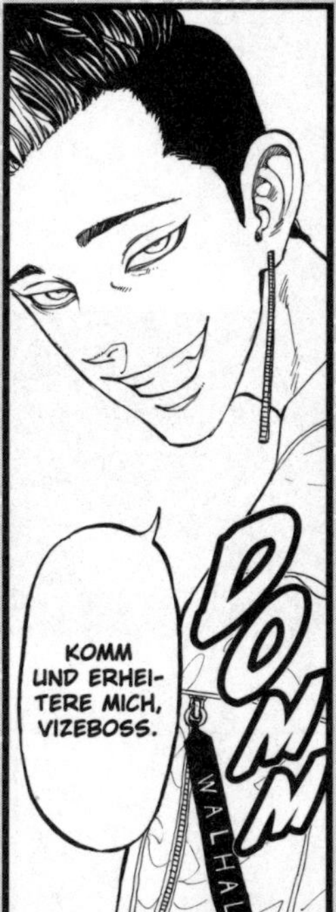

Sein Ziel ist die Vernichtung der Manji-Gang?!

Hanma ist das Vizegründungsoberhaupt von Walhalla und somit die Nummer 2 der Gang. Mit seinen Leuten, die alle aus Manji-feindlichen Gruppierungen stammen, will er die Manji-Gang vernichten, doch aus welchem Grund hat er es auf sie abgesehen?

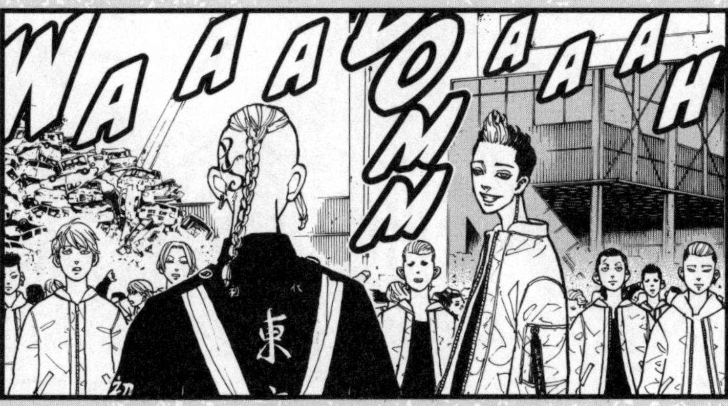

Beim Kampf gegen die Manji-Gang gerät er mit Draken aneinander!

Beim Blutigen Halloween provoziert er Draken, hält sich dann aber zunächst im Hintergrund und nutzt seine Männer als Schutzschild, um das Spektakel aus der Entfernung zu genießen. Wutentbrannt kann Draken schließlich zu ihm durchdringen, woraufhin sie sich einen ebenbürtigen Schlagabtausch liefern.

Danach

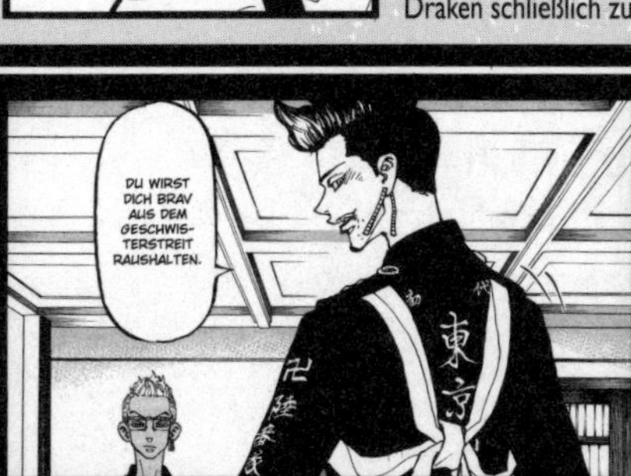

Er unterstellt sich der Manji-Gang und arbeitet mit Kisaki zusammen

Nach der Niederlage von Walhalla tritt Hanma mitsamt seinen Leuten der Manji-Gang bei. Nun macht er in aller Öffentlichkeit gemeinsame Sache mit Kisaki, zu dem er bereits während des Blutigen Halloweens hinter den Kulissen eine Verbindung hatte.

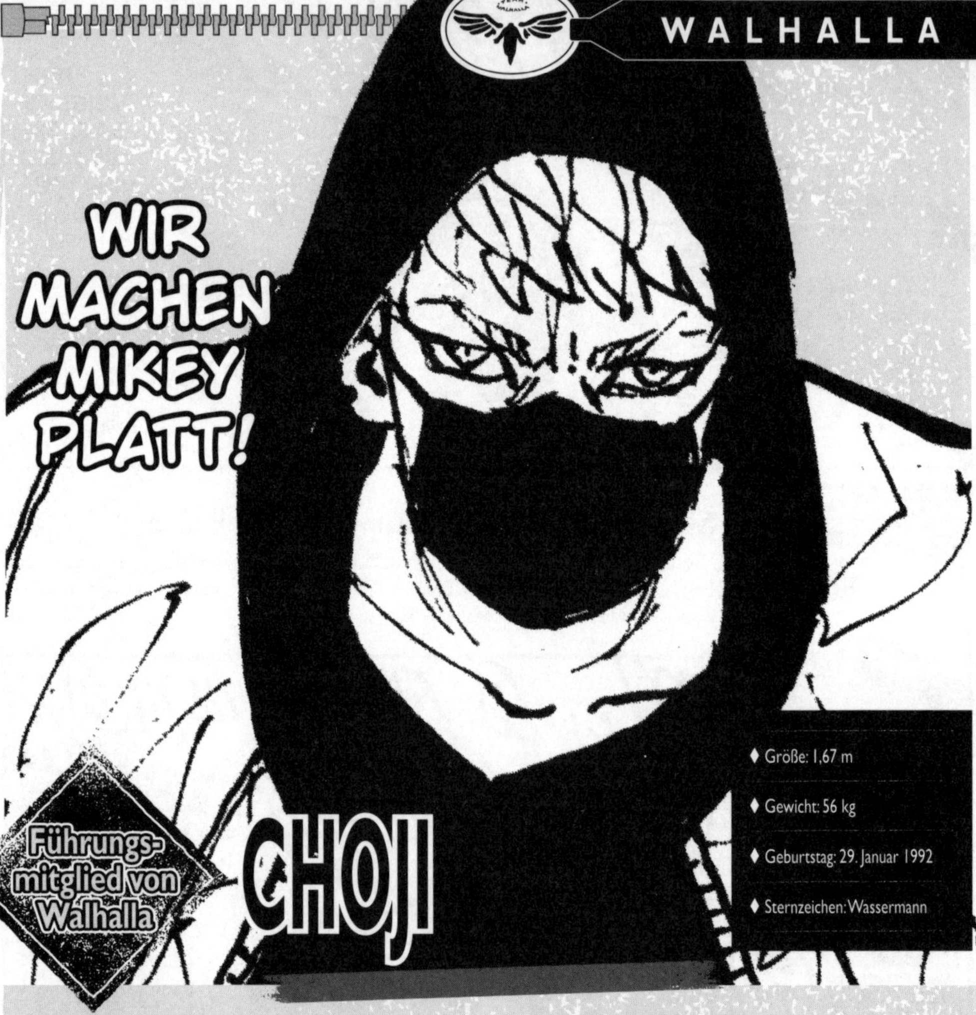

WIR MACHEN MIKEY PLATT!

Führungsmitglied von Walhalla

CHOJI

- ♦ Größe: 1,67 m
- ♦ Gewicht: 56 kg
- ♦ Geburtstag: 29. Januar 1992
- ♦ Sternzeichen: Wassermann

Eigentlich ein Handlanger von Kisaki

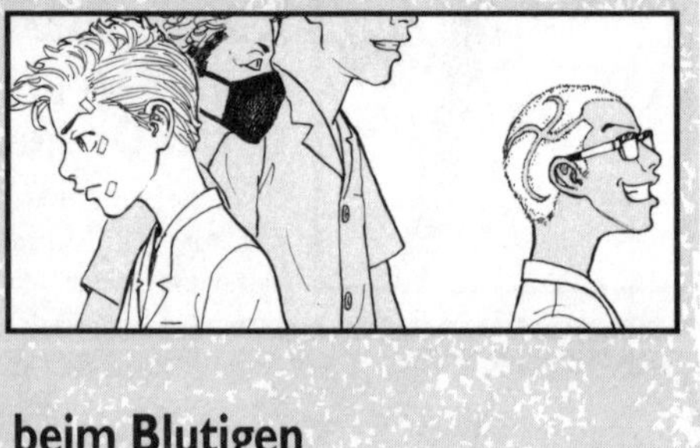

Er war ursprünglich einer von Kisakis direkten Untergebenen, schließt sich jedoch nicht mit diesem zusammen der Manji-Gang an, sondern wird Führungsmitglied bei Walhalla. Was könnte der Grund dafür sein?

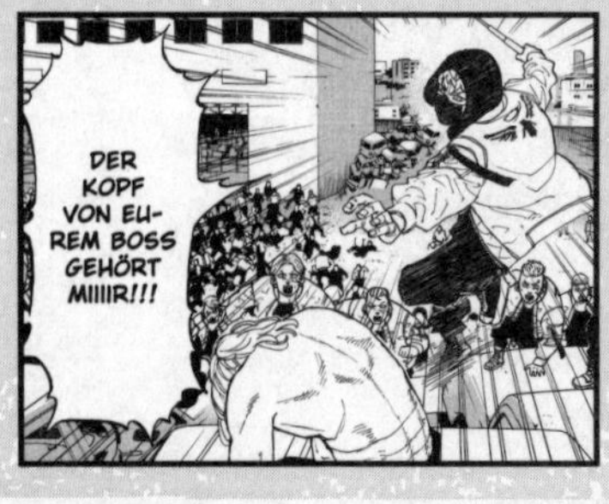

Stürzt sich beim Blutigen Halloween auf Mikey!

Er will Mikey attackieren, als dieser nach einer Konfrontation mit Kazutora kurzzeitig in die Knie geht, wird jedoch im letzten Moment von Kisaki gestoppt. Angesichts Kisakis perfektem Timing und der Tatsache, dass Choji einmal sein Untergebener war, dürfte die ganze Aktion wohl von Kisaki inszeniert worden sein.

Verpasst Mikey einen Dropkick von hinten!

Ein harter Kämpfer, den Kazutora in der Jugendstrafanstalt kennenlernt und für den Kampf gegen Mikey rekrutiert. Chome attackiert Mikey mit einem Dropkick und kann seine Überraschung nicht verbergen, als dieser es ohne Probleme mit ihm und Chonbo gleichzeitig aufnimmt.

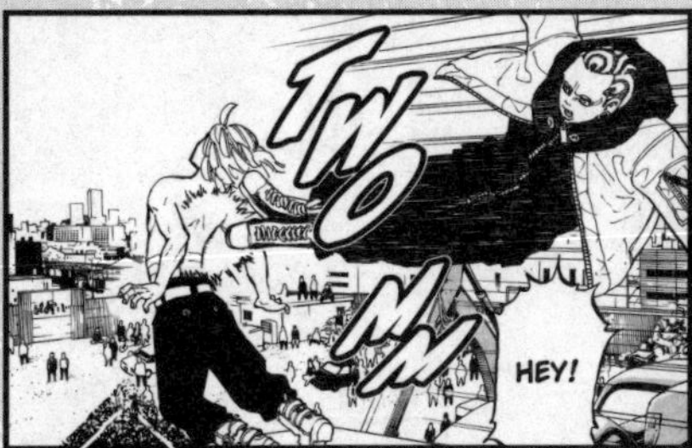

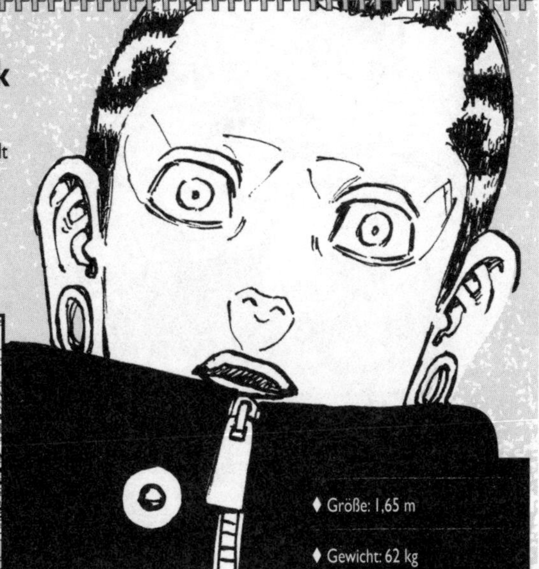

Führungsmitglied von Walhalla

CHOME

- Größe: 1,65 m
- Gewicht: 62 kg
- Geburtstag: 2. März 1991
- Sternzeichen: Fische

Fällt siegessicher über Mikey her, doch dann…

Ein Kampfprofi, der genau wie Chome als einer der Stärksten in der Jugendstrafanstalt galt, in der Kazutora einsaß. Versucht, Mikey mit einem Kick zu überrumpeln, und ist schwer erstaunt über dessen Stärke, als er abgeblockt wird.

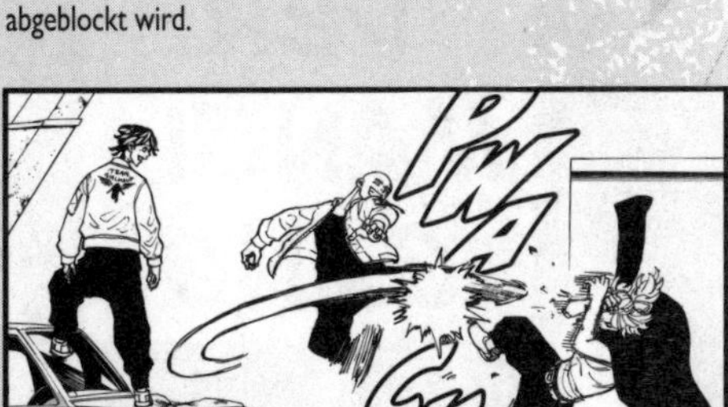

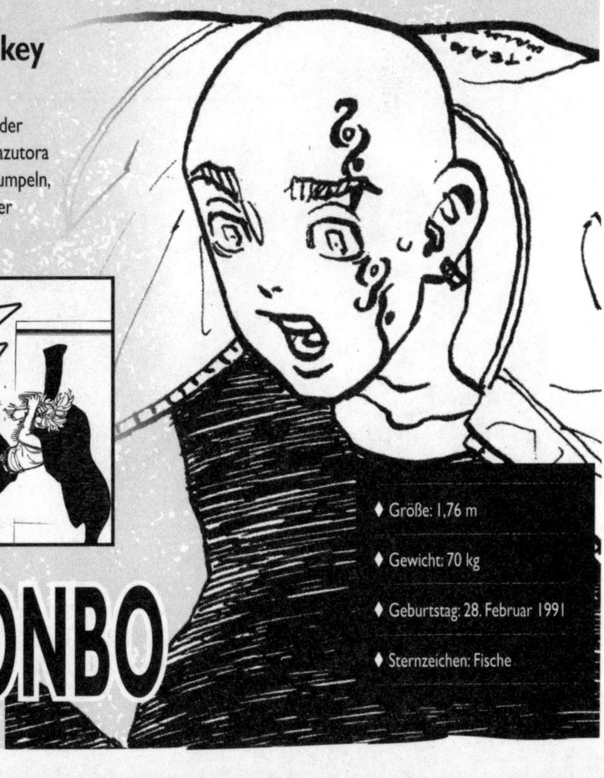

Führungsmitglied von Walhalla

CHONBO

- Größe: 1,76 m
- Gewicht: 70 kg
- Geburtstag: 28. Februar 1991
- Sternzeichen: Fische

Der Abschluss des Blutigen Halloweens

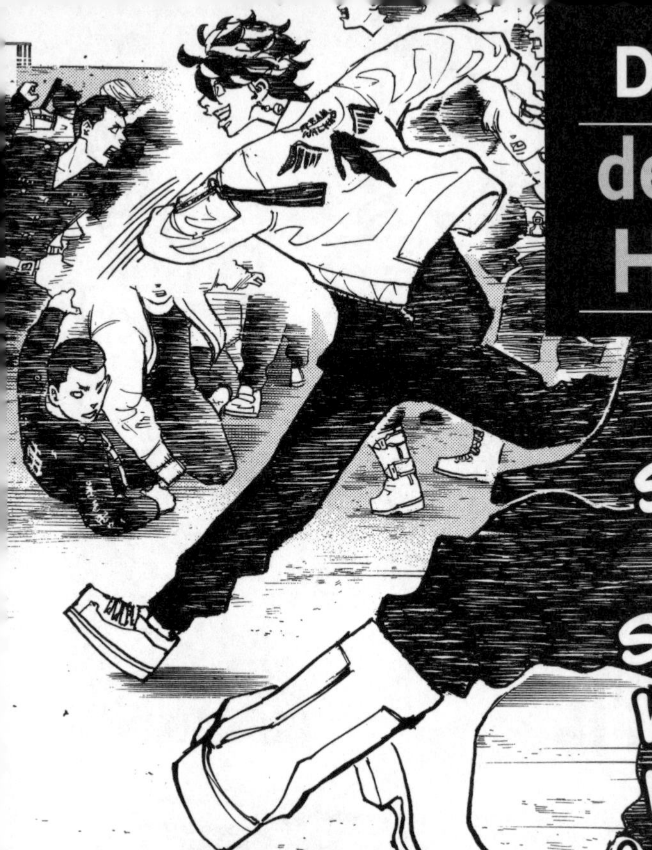

DIE SCHLACHT IST GE-SCHLAGEN! WALHALLA WIRD ALS VERLIERER

TEIL DER MANJI-GANG

Bajis Tod

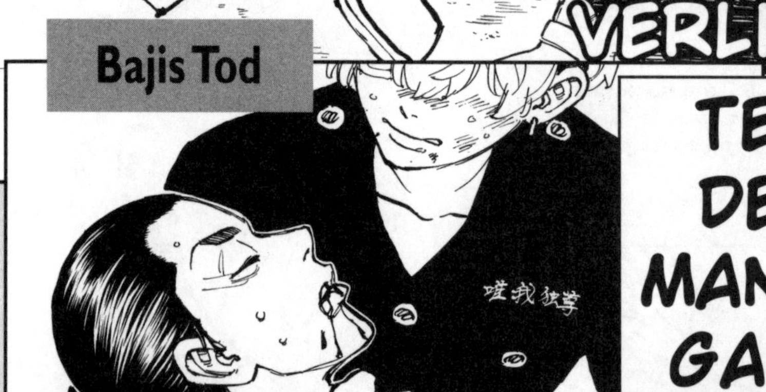

Der große Konflikt zwischen den 150 Mann der Tokyo-Manji-Gang und den 300 Mann von Walhalla endet mit der Niederlage der Letzteren.

Baji, der Walhalla infiltriert hatte, um Kazutora und die Manji-Gang zu beschützen, kommt tragischerweise beim Kampf ums Leben. Kazutora, die Nummer 3 von Walhalla, der nicht nur den Konflikt zwischen den Gangs ausgelöst hat, sondern auch für Bajis Tod verantwortlich ist, lässt sich bereitwillig von der Polizei verhaften, um für seine Fehler geradezustehen.

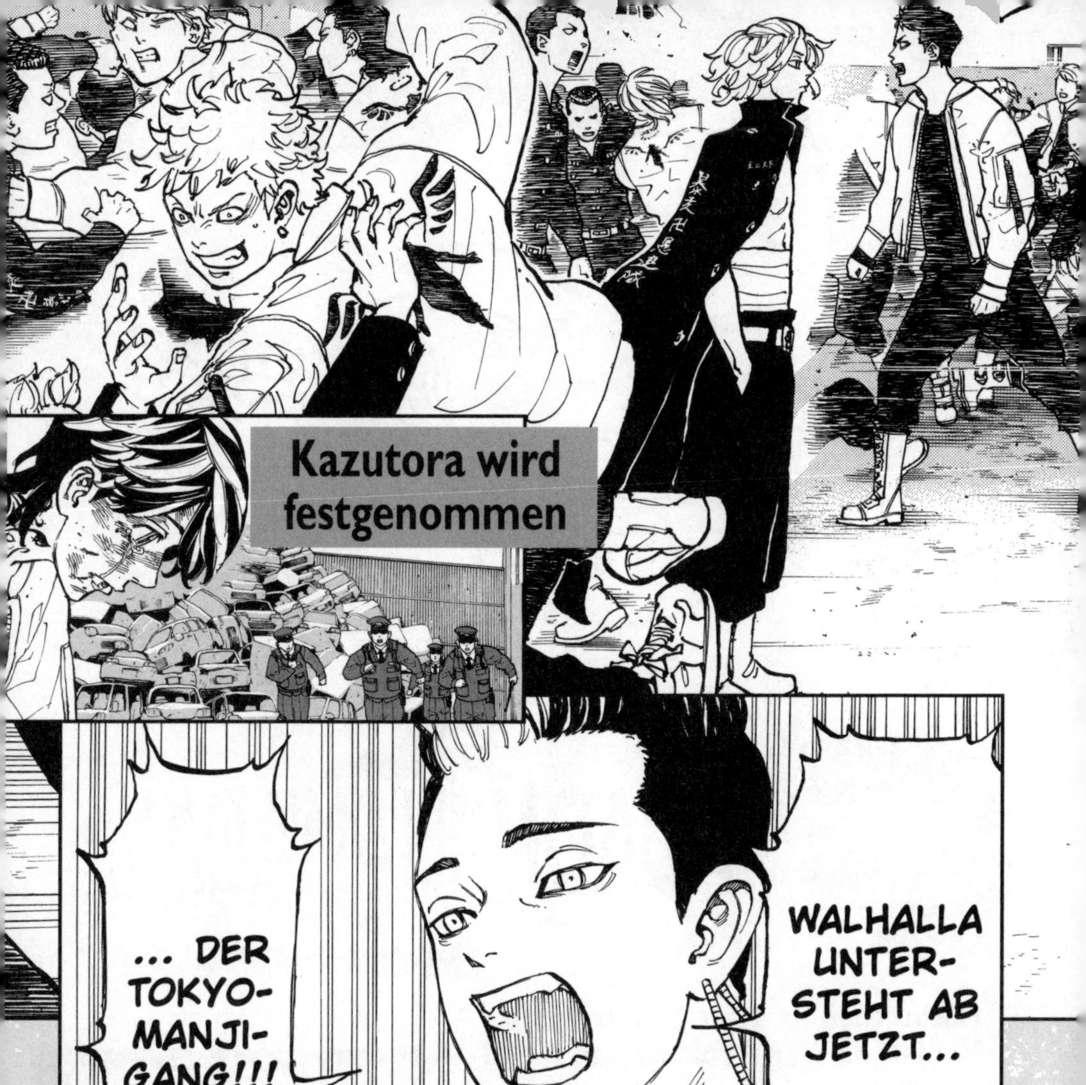

Kazutora wird festgenommen

Hanma wird Mitglied der Manji-Gang!

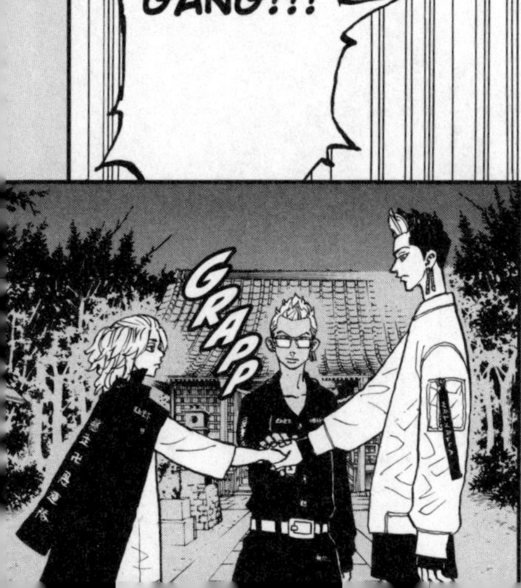

Hanma, der Vizeboss von Walhalla, unterstellt sich mitsamt seinen 300 Leuten der Manji-Gang und wird Kommandant der neu gebildeten 6. Division. Damit wächst die Stärke der Manji-Gang auf 450 Mann an.

Die Sache hat jedoch einen Haken. Die Übereinkunft zwischen Mikey und Hanma und die Vereinigung der beiden Gangs kam durch Kisakis Vermittlung zustande. Das alles gehört zu seinem Plan, Mikey näherzukommen und von innen heraus die Kontrolle über die Gang und ihr Oberhaupt zu übernehmen. Außer Takemichi und Chifuyu bemerkt jedoch niemand etwas von Kisakis Machenschaften.

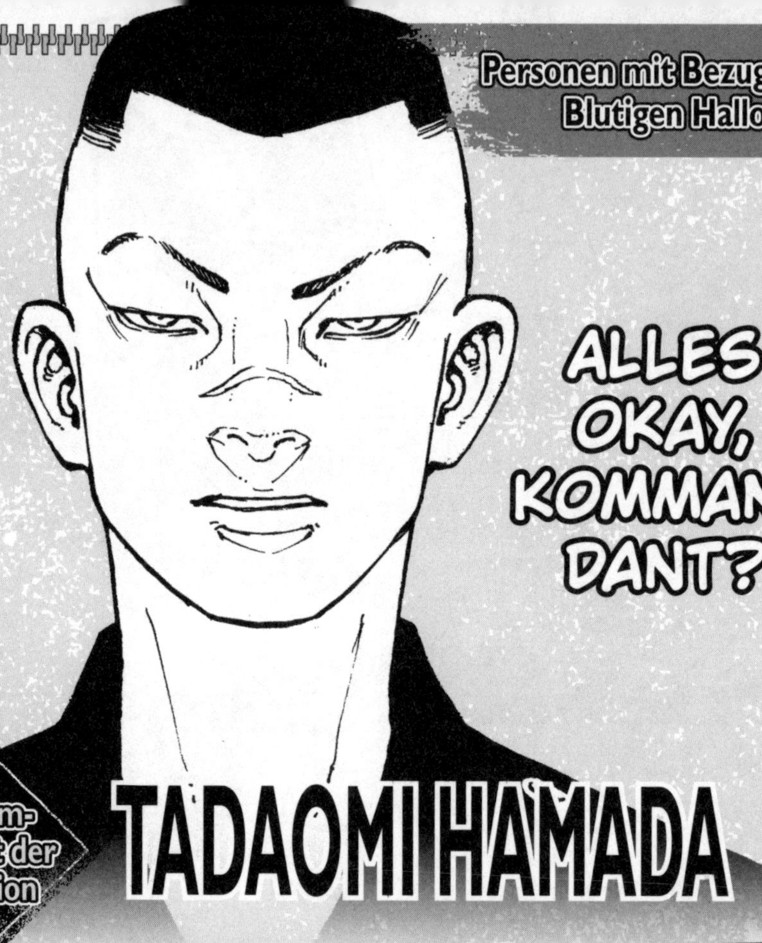

Vizekommandant der 3. Division

TADAOMI HAMADA

Hatte schon vor seinem Eintritt in die Manji-Gang eine Verbindung zu Kisaki

Als Kisaki den Posten des Kommandanten der 3. Division übernimmt, wird Hamada zu dessen Vize. Sie kannten sich allerdings schon, bevor sie in die Manji-Gang eintraten. Takemichi war ihnen sogar einmal begegnet, als Kisaki und Hamada gemeinsam mit Choji unterwegs waren. (Takemichi war jedoch nicht bewusst, wen er vor sich hatte.) Genau wie Choji war er wohl im Hintergrund an Kisakis Plan, die Manji-Gang zu übernehmen, beteiligt.

- Größe: 1,80
- Gewicht: 85 kg
- Geburtstag: 4. August 1991
- Sternzeichen: Löwe

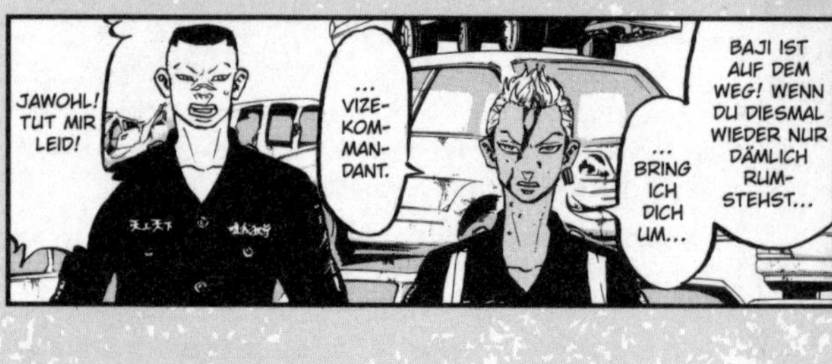

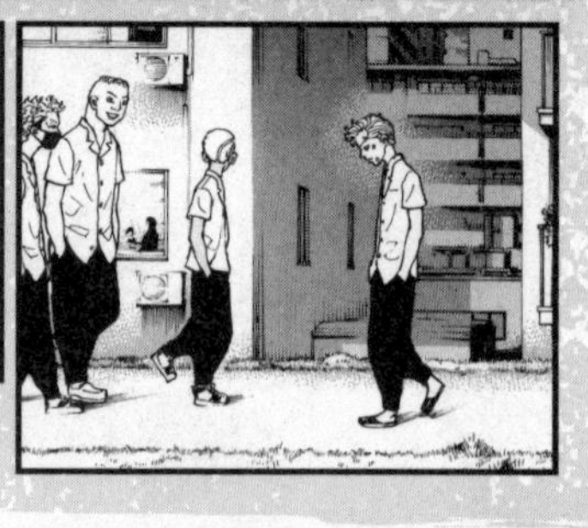

Personen mit Bezug zum Blutigen Halloween

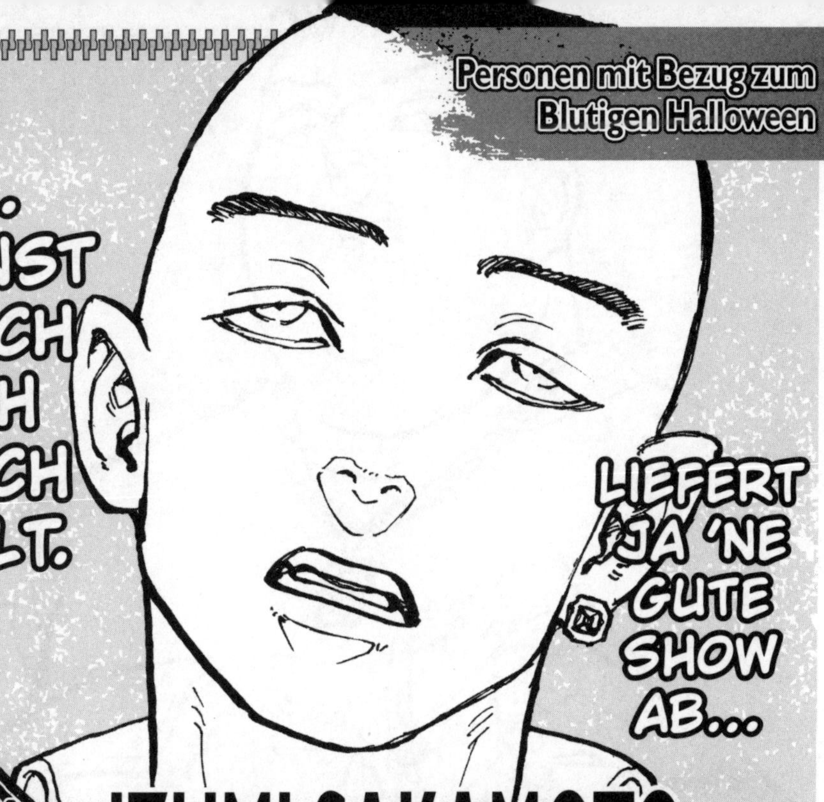

Boss von ICBM
Eine Autorität unter den 1988ern

IZUMI SAKAMOTO

Die Aufsicht beim Blutigen Halloween

Er gilt als einer der ganz Großen unter den 1988ern und genießt großen Respekt in der Welt der Rowdys. Beim Blutigen Halloween soll der Boss der Ikebukuro Criminal Black Members (ICBM) die Aufsicht übernehmen. Er hofft auf eine gute Show, wird jedoch von Kazutora überrumpelt und k. o. geschlagen.

- ♦ Größe: 1,74 m ♦ Gewicht: 72 kg
- ♦ Geburtstag: 1. Mai 1988
- ♦ Sternzeichen: Stier ♦ Blutgruppe: 0
- ♦ Spitzname: Hansen

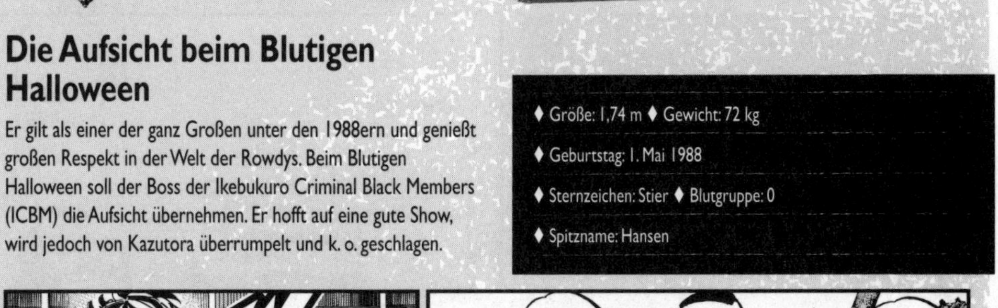

Personen mit Bezug zum Blutigen Halloween

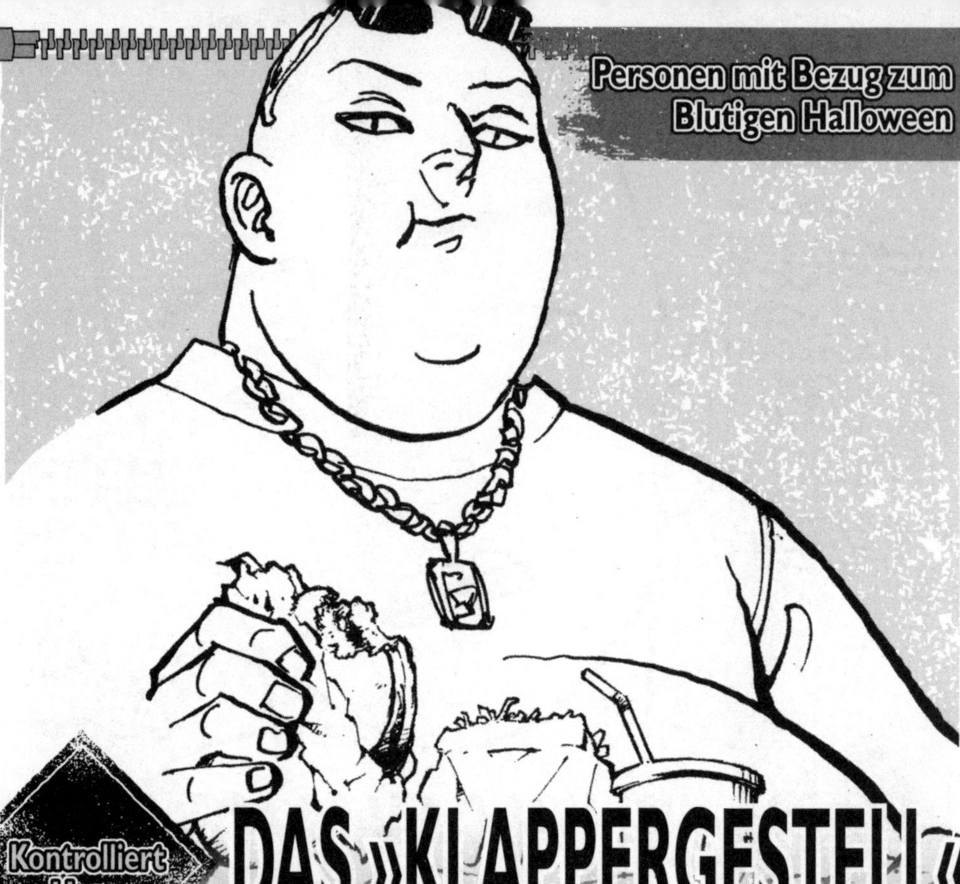

Kontrolliert Ueno

DAS »KLAPPERGESTELL«

- Große: 1,76 m
- Gewicht: 111 kg
- Geburtstag: 8. Dezember 1988
- Sternzeichen: Schütze

Zuschauer beim Blutigen Halloween

Einer der führenden Rowdys von Tokyo, der den Kampf zwischen der Manji-Gang und Walhalla mitverfolgt. Er hat in Ueno das Sagen und soll laut Chifuyu stärker als ein Bulldozer sein. Beim Blutigen Halloween bleibt er allerdings nur Zuschauer, vertilgt währenddessen eine riesige Menge Fast Food und verschwindet mit seinen Männern, kaum dass die Schlacht vorbei ist.

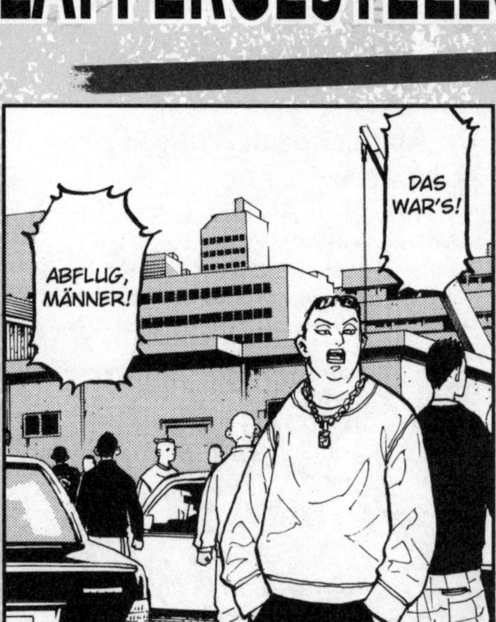

Personen mit Bezug zum Blutigen Halloween

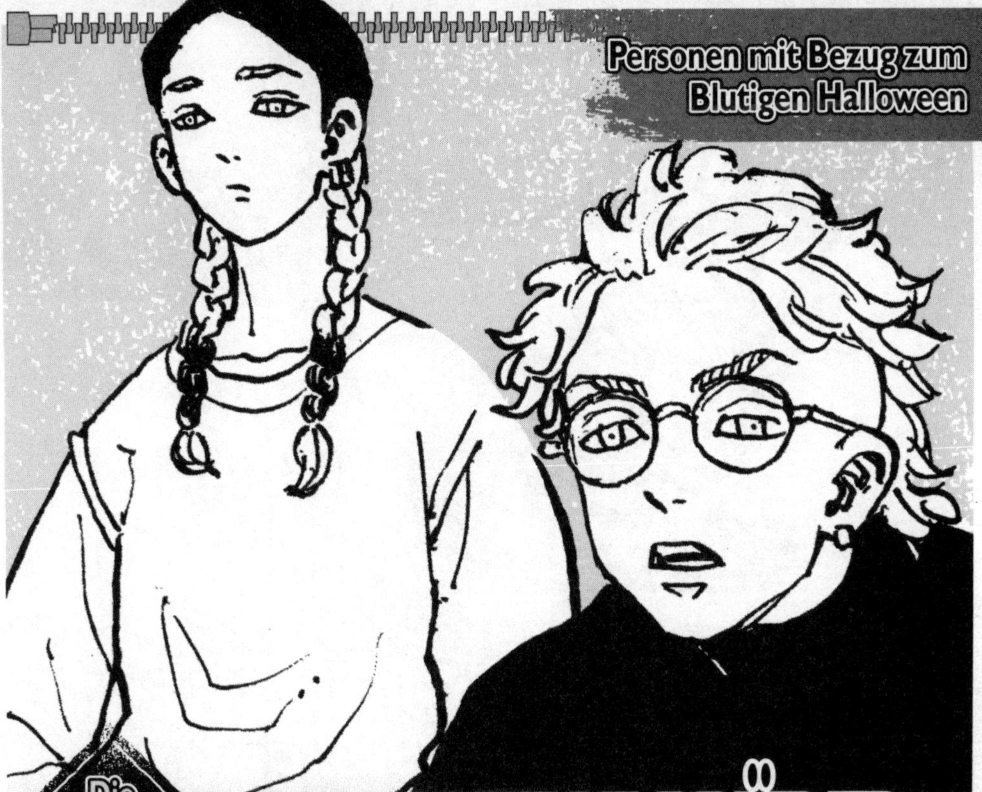

Die charismatischen Geschwister aus Roppongi

DIE HAITANI-BRÜDER

Ran Haitani (der ältere Bruder)	**Rindo Haitani (der jüngere Bruder)**
♦ Größe: 1,83 m	♦ Größe: 1,72 m
♦ Gewicht: 70 kg ♦ Geburtstag: 26. Mai 1987	♦ Gewicht: 65 kg ♦ Geburtstag: 20. Oktober 1988
♦ Sternzeichen: Zwillinge	♦ Sternzeichen: Waage
♦ Blutgruppe: A	♦ Blutgruppe: B

Auf ein Wort von ihnen erscheinen mehr als 100 Leute

Dieses charismatische Geschwisterpaar aus Roppongi braucht nur ein Wort zu sagen und schon kommen mehr als hundert ihrer Soldaten angelaufen. Obwohl sie genau wie Hansen und das Klappergestell auf Kriegsfuß mit der Manji-Gang stehen, beschränken sie sich beim Blutigen Halloween aufs Zusehen.

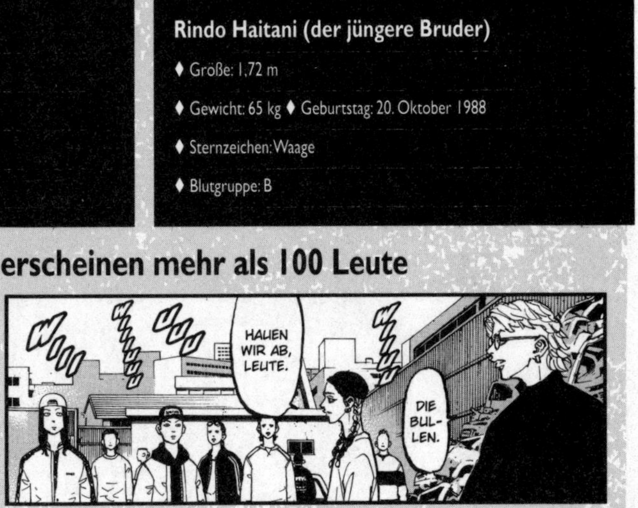

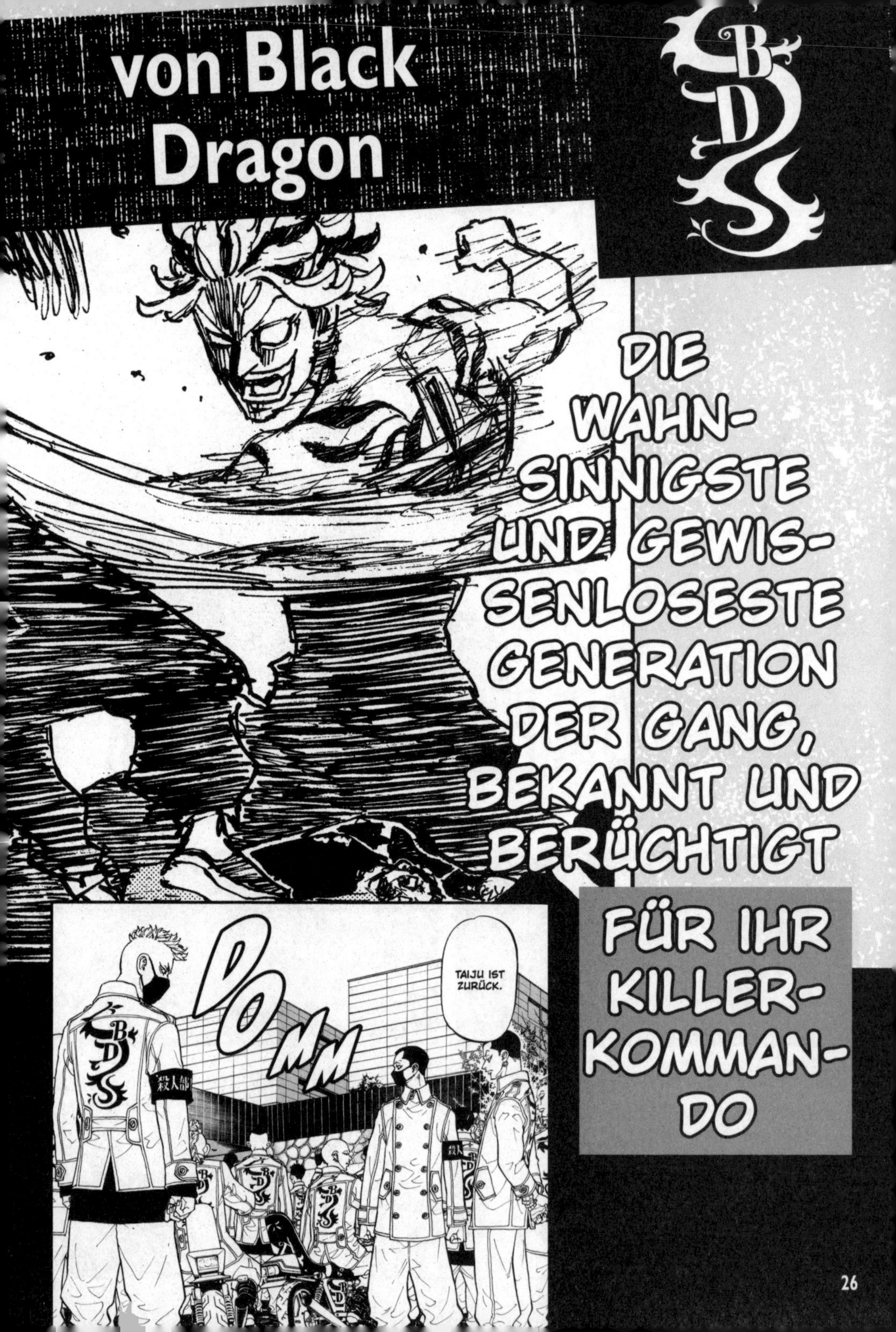
von Black Dragon
DIE WAHNSINNIGSTE UND GEWISSENLOSESTE GENERATION DER GANG, BEKANNT UND BERÜCHTIGT
FÜR IHR KILLERKOMMANDO
TAIJU IST ZURÜCK.
DOMM

Organigramm

Zum Zeitpunkt der Weihnachtsschlacht

Die 10. Generation

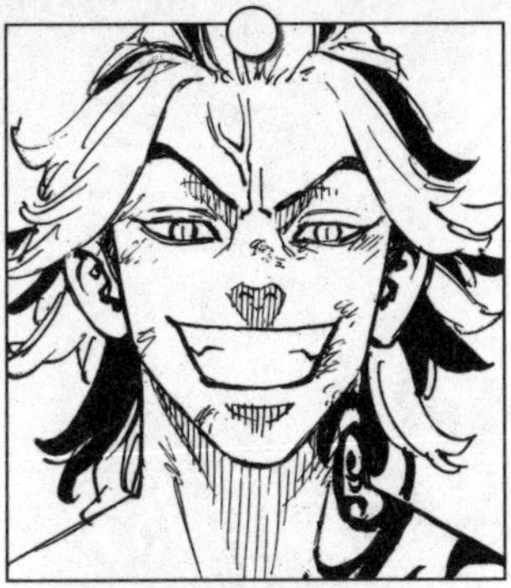

Die 9. Generation von Black Dragon wird von der Manji-Gang vernichtet.

10. Oberhaupt
Taiju Shiba

Überlässt ihm die Neuaufstellung der Gang

Will die Gang zurückbringen, nachdem er aus der Strafanstalt entlassen wird

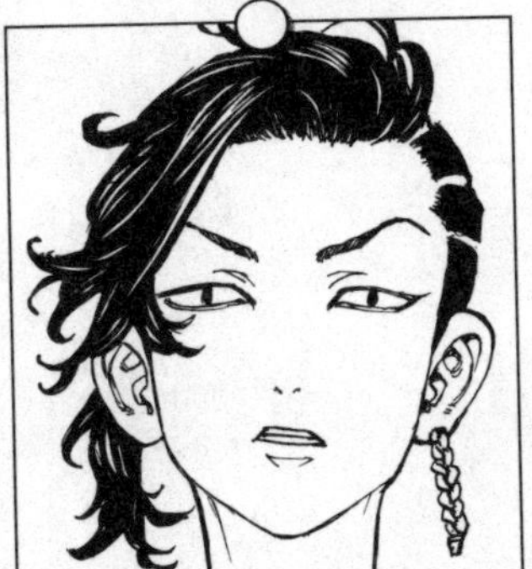

Leibgarde-kommandant
Hajime Kokonoi

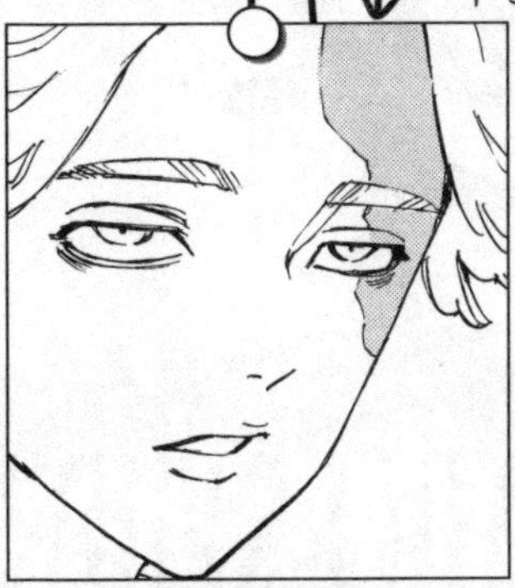

Angriffstrupp-kommandant
Seishu Inui

Truppen, darunter 100 Elitekämpfer

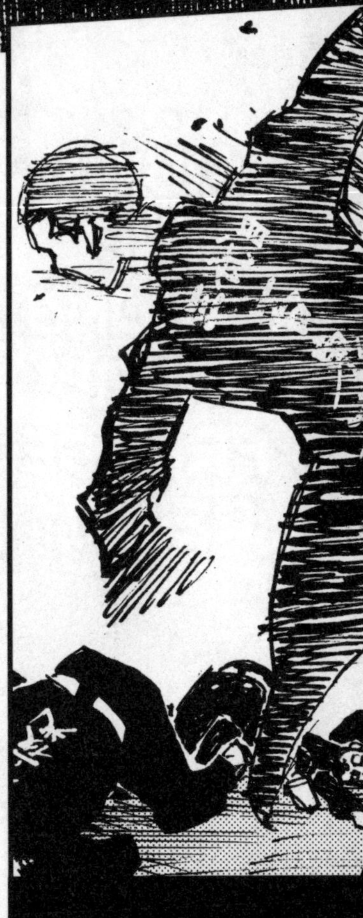

Einst stand Black Dragon an der Spitze aller Rowdys in der Kanto-Region. Nachdem die 9. Generation der Gang jedoch von der Manji-Gang vernichtend besiegt wurde, wird Black Dragon einige Zeit später durch Taiju Shiba neues Leben eingehaucht. Angefangen mit den Uniformen, erneuert er die Gang von Grund auf und macht durch sie Gewalt zum Geschäft. Die 10. Generation von Black Dragon ist eine brutale, knallharte und militärisch organisierte Schlägertruppe, die keine Skrupel hat, ihre Dienste für Geld anzubieten.

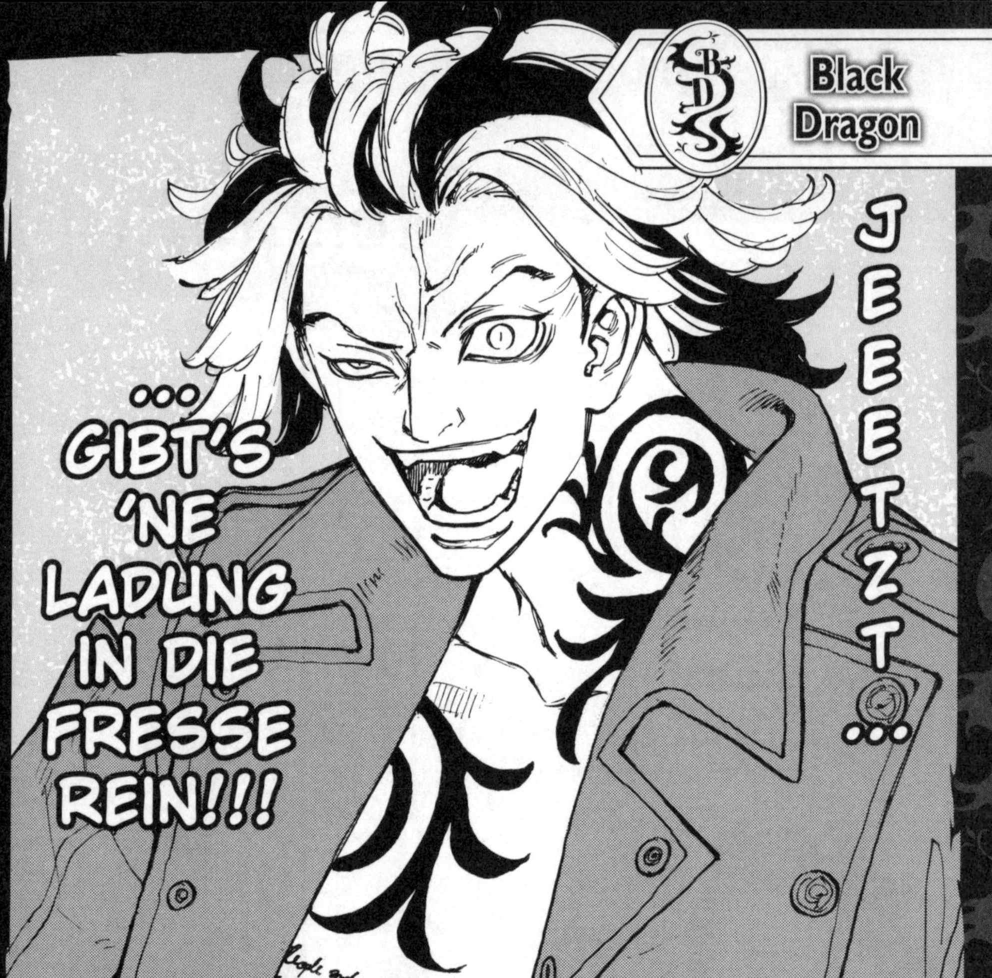

♦ Größe: 1,95 m ♦ Gewicht: 97 kg ♦ Geburtstag: 24. Juli 1989 ♦ Sternzeichen: Löwe

♦ Blutgruppe: A ♦ Themenfarbe: Weinrot

♦ Liebt: öffentliche Aquarien ♦ Hasst: brutale Kerle ♦ Besondere Fähigkeit: kann gut schwimmen (möchte ein Hai sein)

♦ Bewundert: seinen Vater ♦ Kommt nicht so gut zurecht mit / Hat Angst vor: niemandem

♦ Traum: mit 20 Jahren ein Unternehmen zu gründen ♦ Bemerkenswerte (oder bedauernswerte) Leistung: Als sein Vater bemerkte, dass Taiju jedes Mal, wenn er zum Einkaufen geschickt wurde, etwas Geld unterschlug, schob Taiju es seinem kleinen Bruder Hakkai in die Schuhe.

♦ Lieblingsort: das Bellagio in Las Vegas, wo er als kleiner Junge einmal war

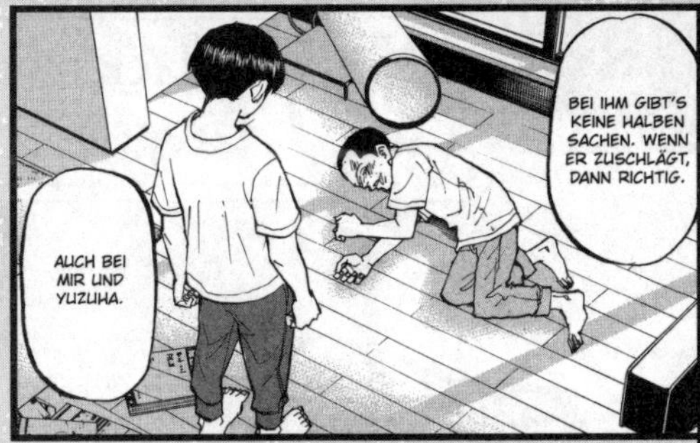

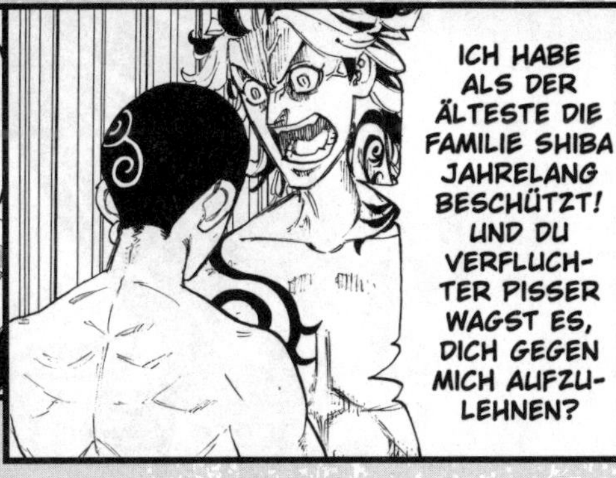

Er herrscht mit Gewalt und verdrehter Liebe über seine Familie

Taiju ist sehr gläubig, geht jedes Jahr zu Weihnachten in die Kirche und auch die Liebe zu seiner Familie ist echt. Doch die Art und Weise, wie er diese Liebe zeigt, ist bizarr. Denn schon seit sie Kinder waren, bestrafte er seine kleinen Geschwister Yuzuha und Hakkai mit Gewalt für ihr Fehlverhalten. Er ist fest davon überzeugt, dass er dies nur aus Liebe tut, und scheint verärgert darüber zu sein, dass seine Geschwister das nicht verstehen wollen.

Gerät mit der Manji-Gang aneinander, die Hakkai retten will

Taiju sieht sich sowohl mit Hakkai, der ihn töten will, als auch mit Takemichi und seinen Freunden, die Hakkai aufhalten wollen, konfrontiert. Er geht mit Fäusten auf Mitglieder der Manji-Gang los, die es gewagt haben, sich in die Familienangelegenheiten der Shibas einzumischen, unterliegt am Ende jedoch Mikey, der sich verspätet dem Kampf anschließt. Schließlich muss er auch vor Hakkais und Yuzuhas wachsendem Widerstand kapitulieren.

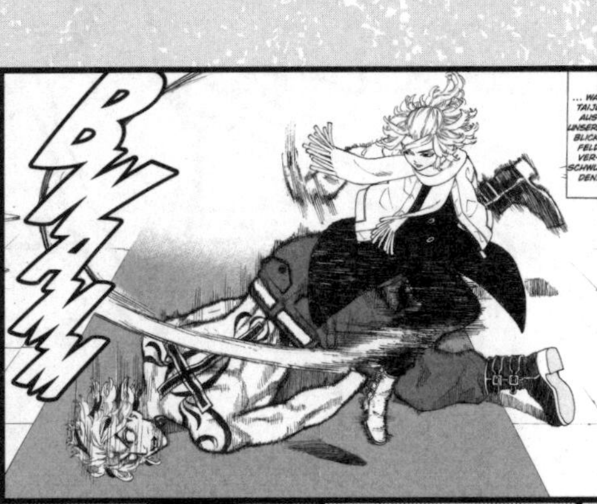

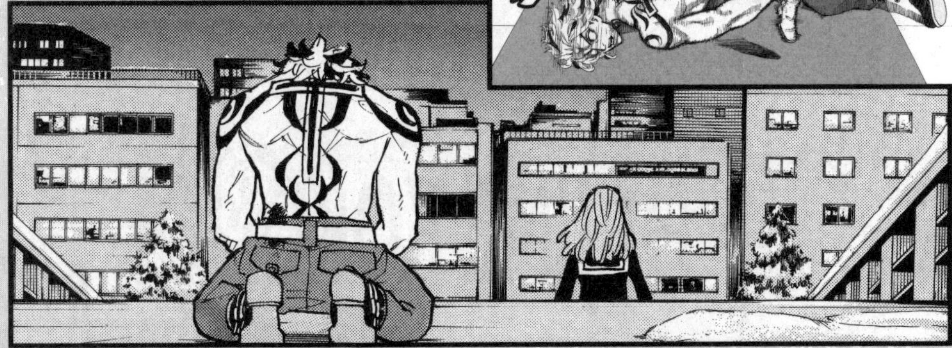

Danach

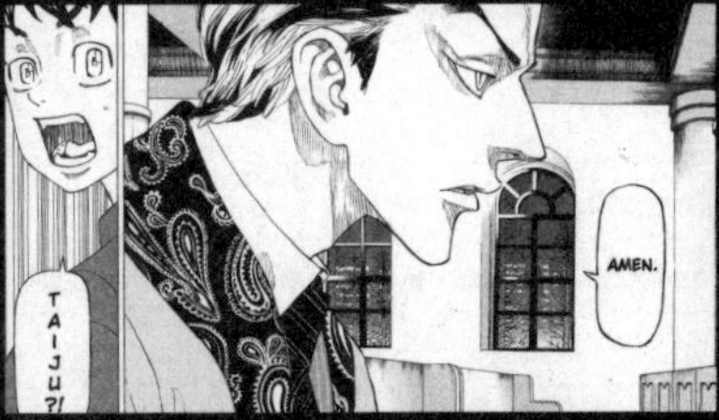

Er betet tagtäglich für Hakkai

Taiju gesteht letzten Endes ein, dass Gewalt nicht alles ist, und verlässt seine Familie. In der Zukunft trifft er Takemichi zufällig wieder, als er in der Kirche für das Seelenheil des verstorbenen Hakkai betet.

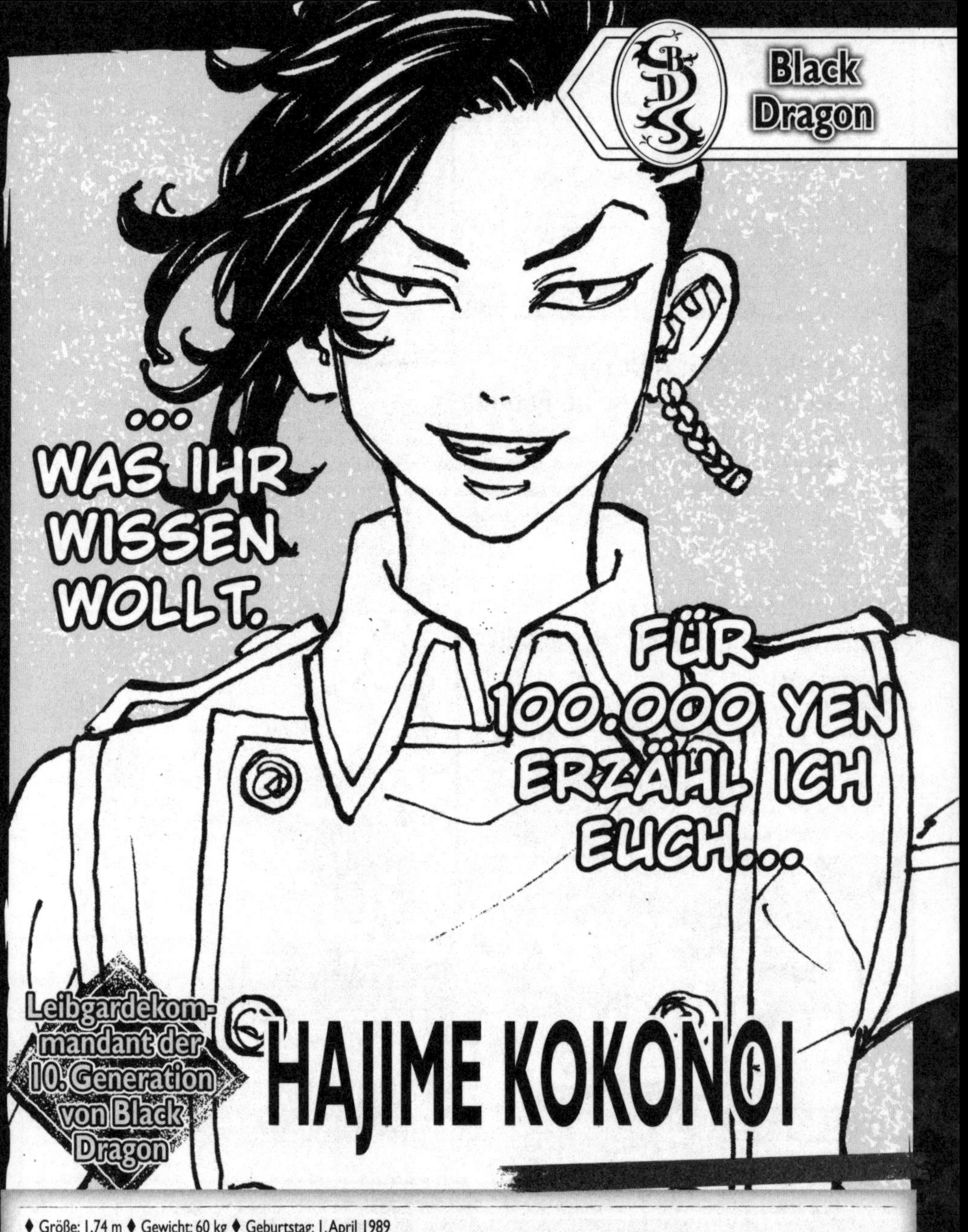

♦ Größe: 1,74 m ♦ Gewicht: 60 kg ♦ Geburtstag: 1. April 1989

♦ Sternzeichen: Widder ♦ Blutgruppe: A ♦ Spitzname: Koko

♦ Themenfarbe: Gold ♦ Liebt: Energiekristalle ♦ Hasst: Geld

♦ Besondere Fähigkeit: sich im Hintergrund zu halten (steht nicht gern im Vordergrund), Unmengen zu essen

♦ Bewundert: Steve Jobs ♦ Kommt nicht so gut zurecht mit / Hat Angst vor: Typen, die er nicht kontrollieren kann, wie zum Beispiel Takemichi Hanagaki

♦ Traum: auf der Gewinnerseite des Lebens zu stehen

♦ Bemerkenswerte (oder bedauernswerte) Leistung: keine, weil ihm schon von klein auf alles leicht fiel ♦ Lieblingsort: die Bücherei

Der Leibgardekommandant, der für Geld auch zu Verrat bereit ist

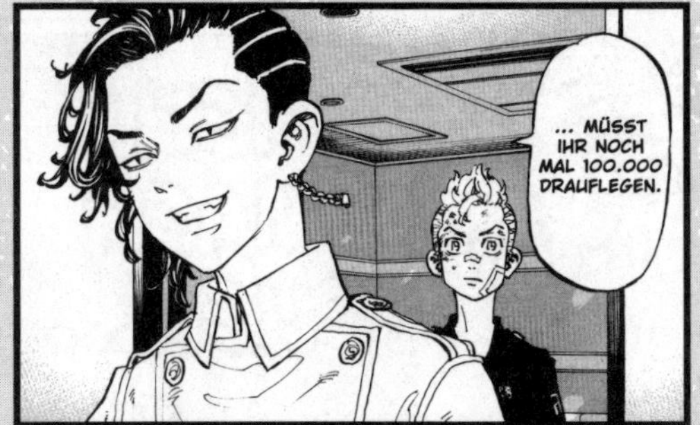

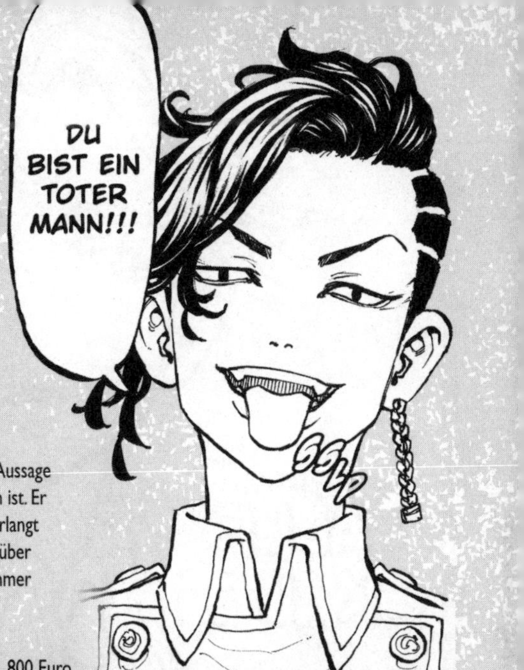

Der Leibgardekommandant der 10. Generation gehorcht nach eigener Aussage Taiju Shiba einzig und allein deswegen, weil er ein Fan von starken Typen ist. Er ist immer auf der Suche nach Gelegenheiten, Geld zu verdienen, und verlangt 100.000 Yen* von Takemichi und seinen Verbündeten für Informationen über Taiju. Wenn er einen Gegner herausfordert oder anpöbelt, streckt er immer wieder gerne die Zunge heraus.

* ca. 800 Euro

Welche besondere Beziehung hat er zu Inupi?

Inupi und er kannten sich schon, bevor es die 10. Generation von Black Dragon gab. Als Koko erfuhr, dass Inupi Black Dragon wieder zurückbringen will, stellte er ihm Taiju Shiba vor, der schließlich Black Dragon neu aufstellte. Offenbar dürfte Koko im Grunde nur wegen Inupi bei Black Dragon gewesen sein, denn nach der Niederlage bei der Weihnachtsschlacht zögert er nicht lange, Taiju den Rücken zu kehren.

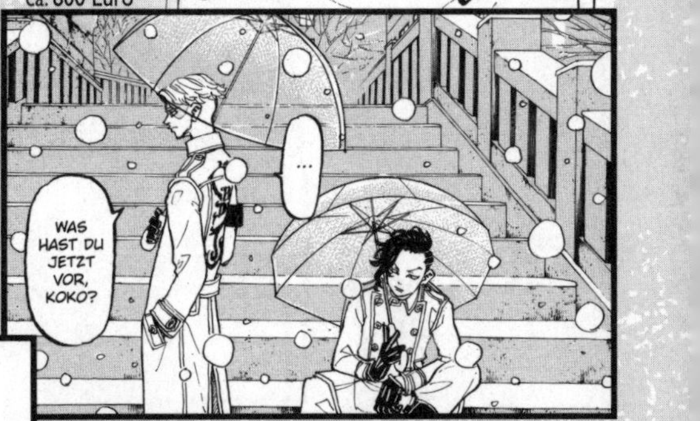

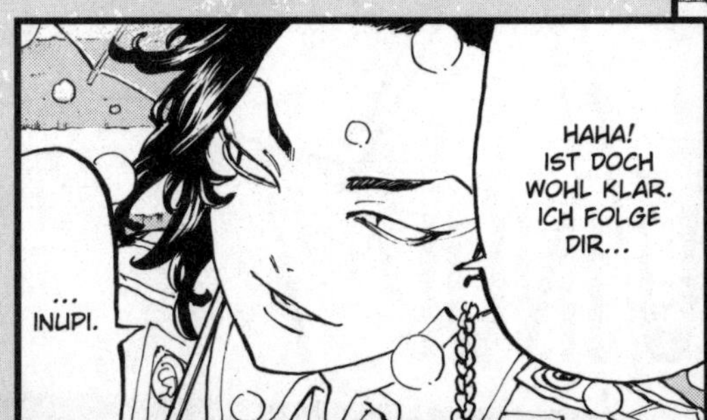

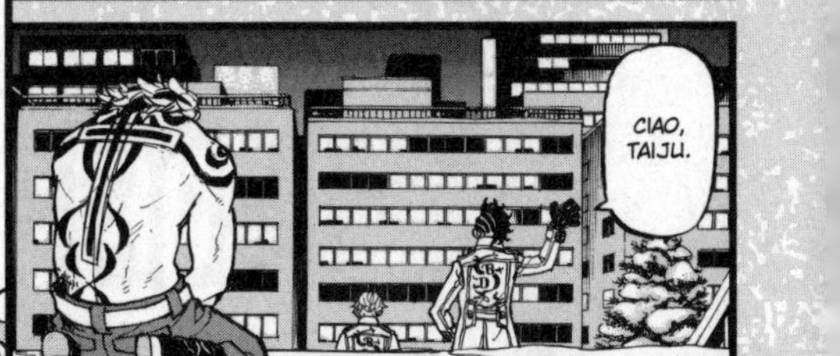

Danach

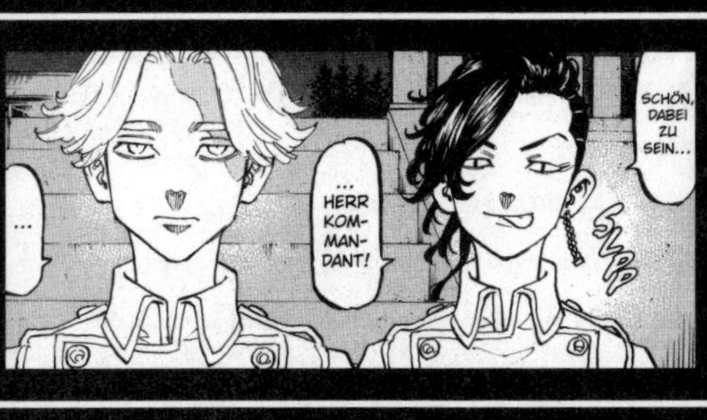

Unterstellt sich mit Black Dragon zusammen Takemichi

Er führt mit Inupi zusammen Black Dragon in der 11. Generation fort. Doch auch, wenn er Takemichi jetzt unterstellt ist, ist Koko ihm gegenüber so respektlos wie eh und je.

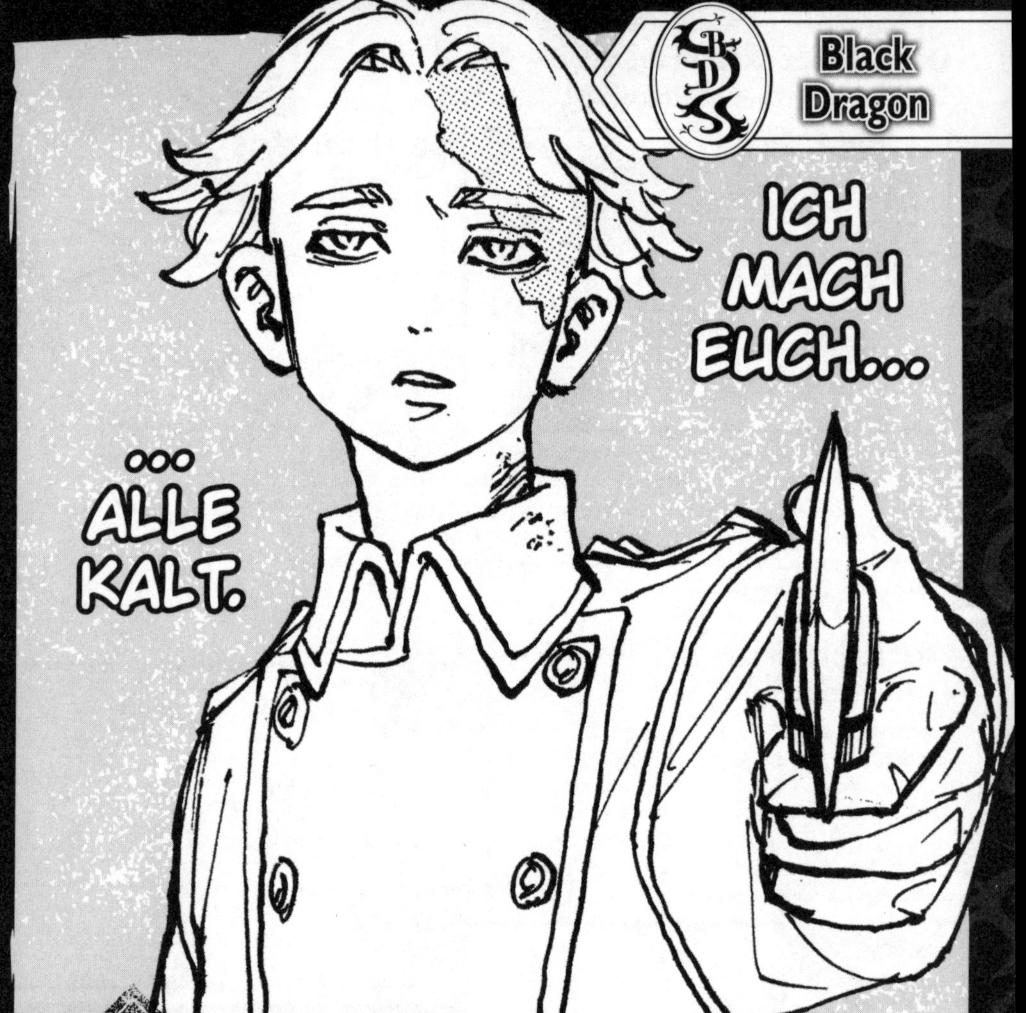

♦ Größe: 1,77 m ♦ Gewicht: 64 kg ♦ Geburtstag: 18. Oktober 1989 ♦ Sternzeichen: Waage

♦ Blutgruppe: B ♦ Spitzname: Inupi ♦ Themenfarbe: Blauviolett ♦ Liebt: Blut zu spenden. Er mag das Gefühl, wenn das Blut aus ihm herausgesaugt wird. Koko kann Spritzen übrigens gar nicht ausstehen. ♦ Hasst: sich zurückzuhalten

♦ Besondere Fähigkeit: gut in allen Ballsportarten ♦ Bewundert: die Mitglieder der 1. Generation von Black Dragon

♦ Kommt nicht so gut zurecht mit / Hat Angst vor: niemandem ♦ Traum: der Wiederaufbau von Black Dragon ♦ Bemerkenswerte (oder bedauernswerte) Leistung: Einmal kam ein Typ bei S.S Motors vorbei, der aussah, als wäre er in seinen Vierzigern. Inupi begrüßte ihn und dachte, dass das der Ladenbesitzer sein, doch es war nur Benkei. Ist der wirklich genauso alt wie Shin'ichiro? ♦ Lieblingsort: S.S Motors

Ein Schläger, der auch vor dem Einsatz von Stichwaffen nicht zurückschreckt

Er hat Black Dragon die Treue geschworen, und gehört als Angriffstruppkommandant zusammen mit Koko zu Taijus innerem Kreis. Verärgert über den unerwarteten Tritt, den ihm Yuzuha verpasst, ist er drauf und dran, sie, wie auch Takemichi, Hakkai und Hina mit einem Messer zu attackieren. Im Gegensatz zu Koko zeigt er normalerweise kaum Emotionen und wirkt auf andere recht kühl und kaltherzig.

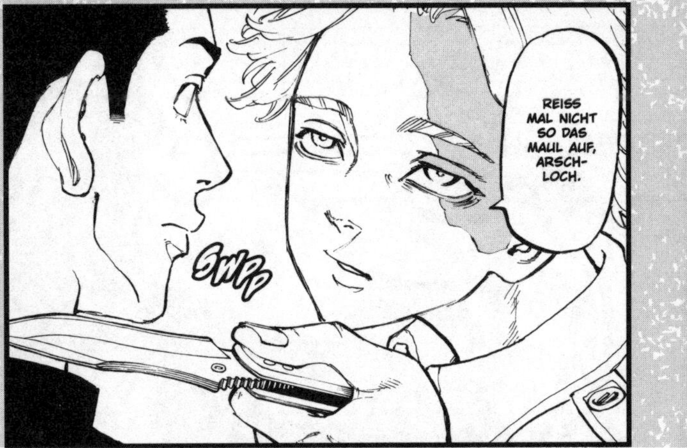

Der Hauptverantwortliche für die Wiederaufstehung von Black Dragon

Als er im letzten Jahr der Mittelschule aus der Jugendstrafanstalt entlassen wird, muss Inupi erfahren, dass die 9. Generation von Black Dragon, der er angehörte, zerschlagen wurde. Entschlossen, Black Dragon selbst wieder zurückzubringen, fordert er Taiju Shiba zu einem Zweikampf heraus, muss jedoch eine herbe Niederlage einstecken. Da er trotzdem nicht in der Lage ist, Black Dragon aufzugeben, erklärt er Taiju zum 10. Oberhaupt, beauftragt ihn mit dem Wiederaufbau der Gang, und stellt sich als Gefolgsmann an dessen Seite.

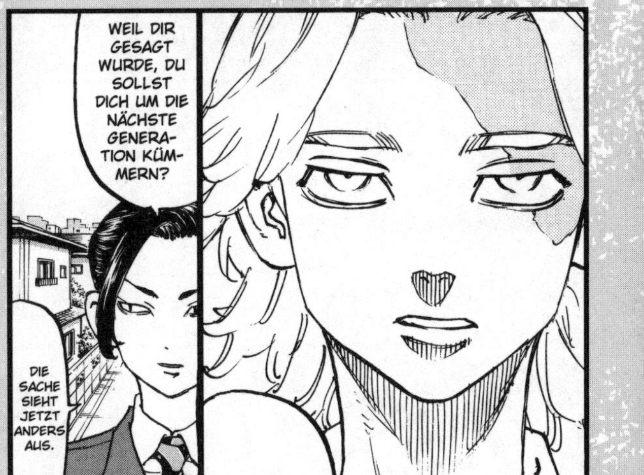

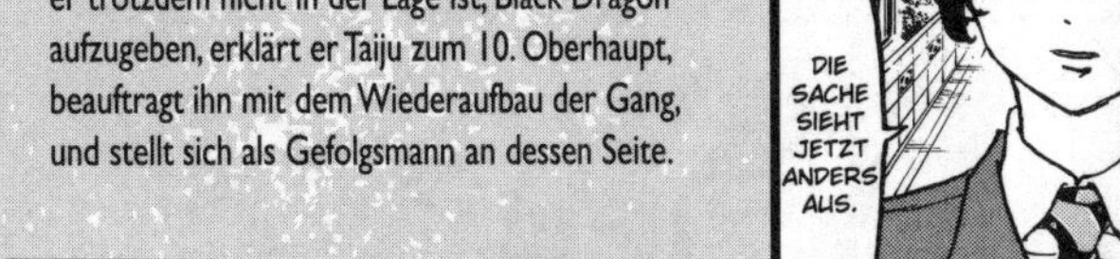

Danach

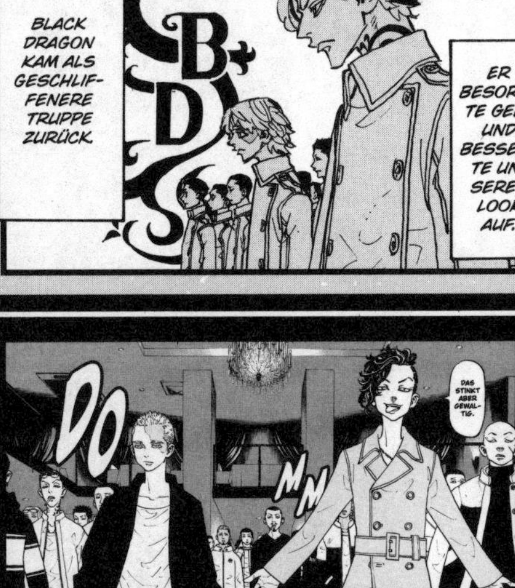

Arbeitet auch in der Zukunft weiter für die Manji-Gang

Nach Taijus Niederlage gegen Mikey schließt er sich der Manji-Gang an und arbeitet auch in der Zukunft noch immer gemeinsam mit Koko für sie.

Der Ausgang der Weihnachtsschlacht

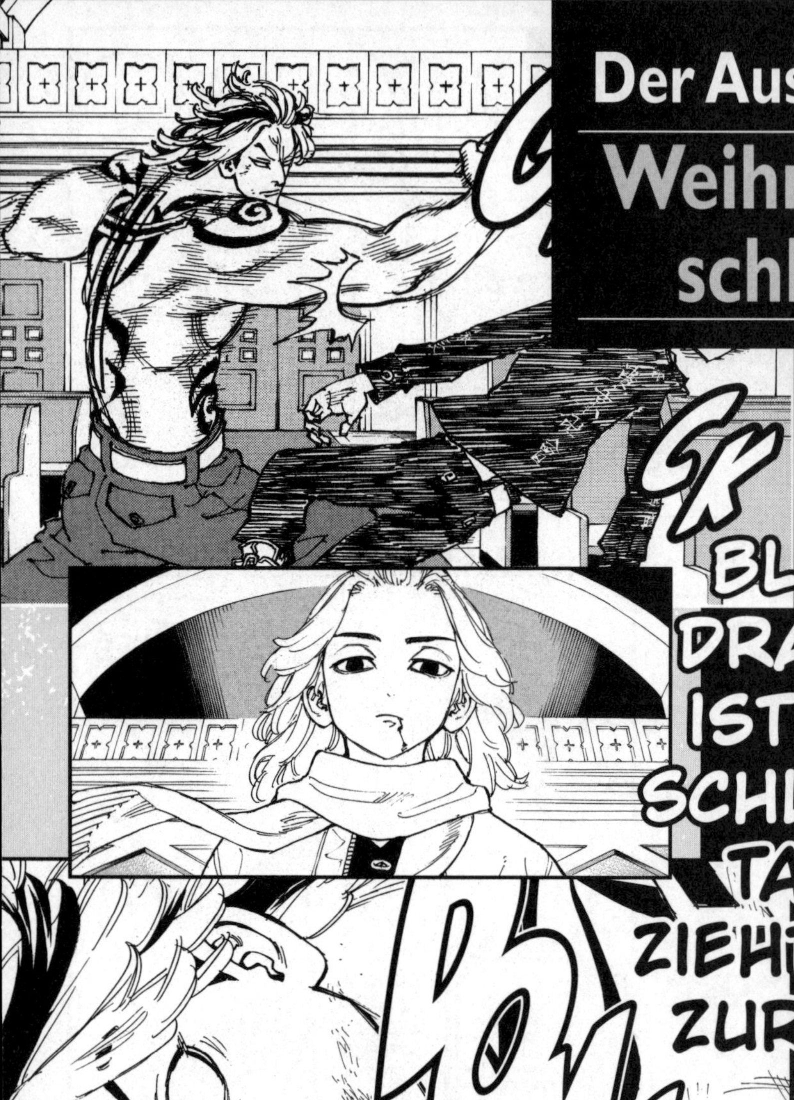

BLACK DRAGON IST GESCHLAGEN

TAIJU ZIEHT SICH ZURÜCK!

Die Weihnachtsschlacht, die durch die Probleme zwischen den Geschwistern Shiba ausgelöst wurde, endet mit einer Niederlage der 10. Generation von Black Dragon. Nachdem Taiju erlebt hat, wie mächtig das Band ist, das Takemichi und seine Freunde verbindet, sieht er schließlich ein, dass Gewalt nicht alles ist, und verlässt Black Dragon. Seine einhundert Elitekämpfer wurden allesamt von Draken aufgerieben.

Nach dem Rücktritt ihres 10. Oberhaupts führen Inupi und Koko die Gang in der 11. Generation fort. Sie beschließen, sich der Tokyo-Manji-Gang zu unterstellen, und stehen nun unter Takemichis Kommando.

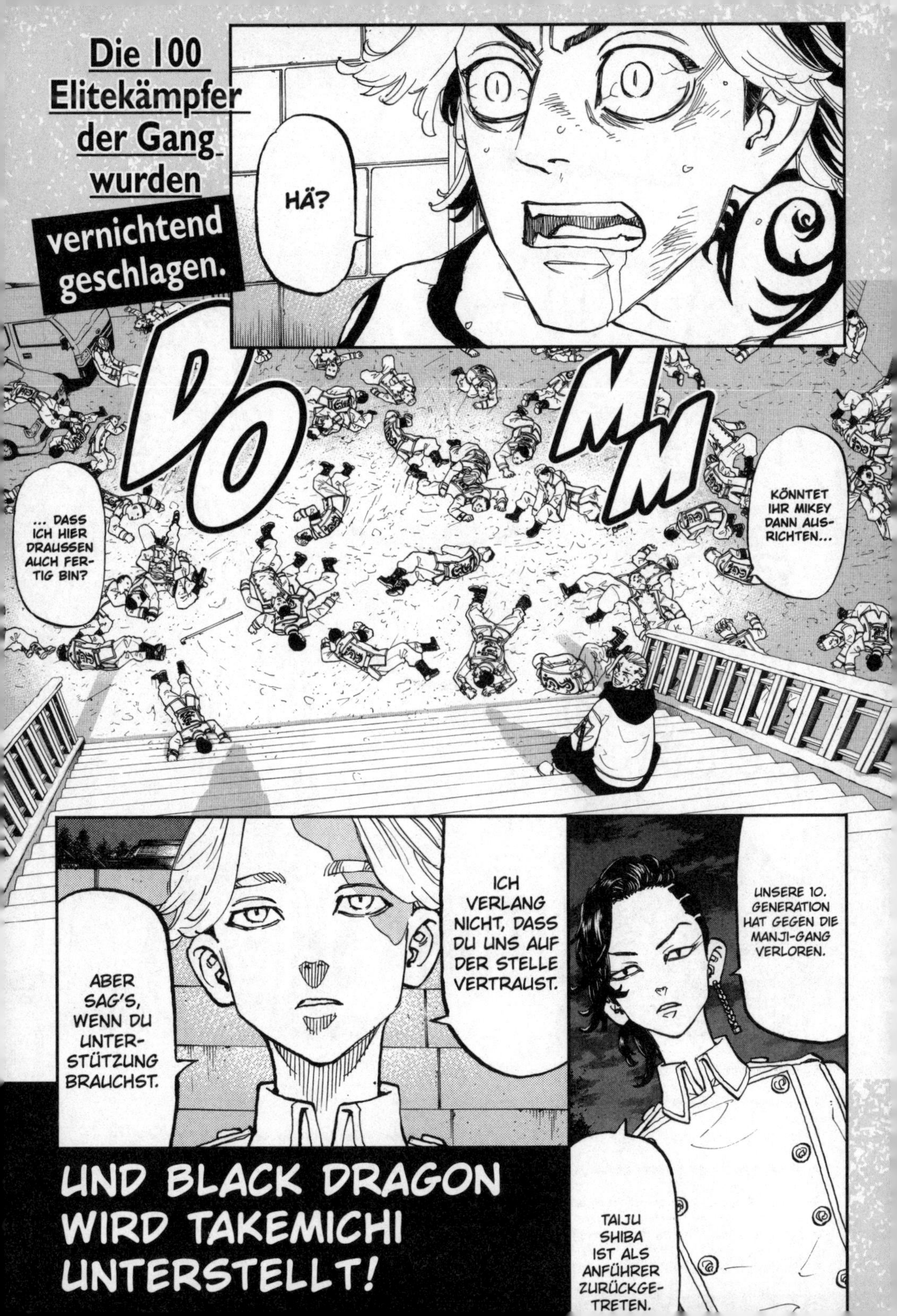

Die 100 Elitekämpfer der Gang wurden vernichtend geschlagen.
HÄ?
DOMM
KÖNNTET IHR MIKEY DANN AUSRICHTEN ...
... DASS ICH HIER DRAUSSEN AUCH FERTIG BIN?
UNSERE 10. GENERATION HAT GEGEN DIE MANJI-GANG VERLOREN.
ICH VERLANG NICHT, DASS DU UNS AUF DER STELLE VERTRAUST.
ABER SAG'S, WENN DU UNTERSTÜTZUNG BRAUCHST.
TAIJU SHIBA IST ALS ANFÜHRER ZURÜCKGETRETEN.
UND BLACK DRAGON WIRD TAKEMICHI UNTERSTELLT!

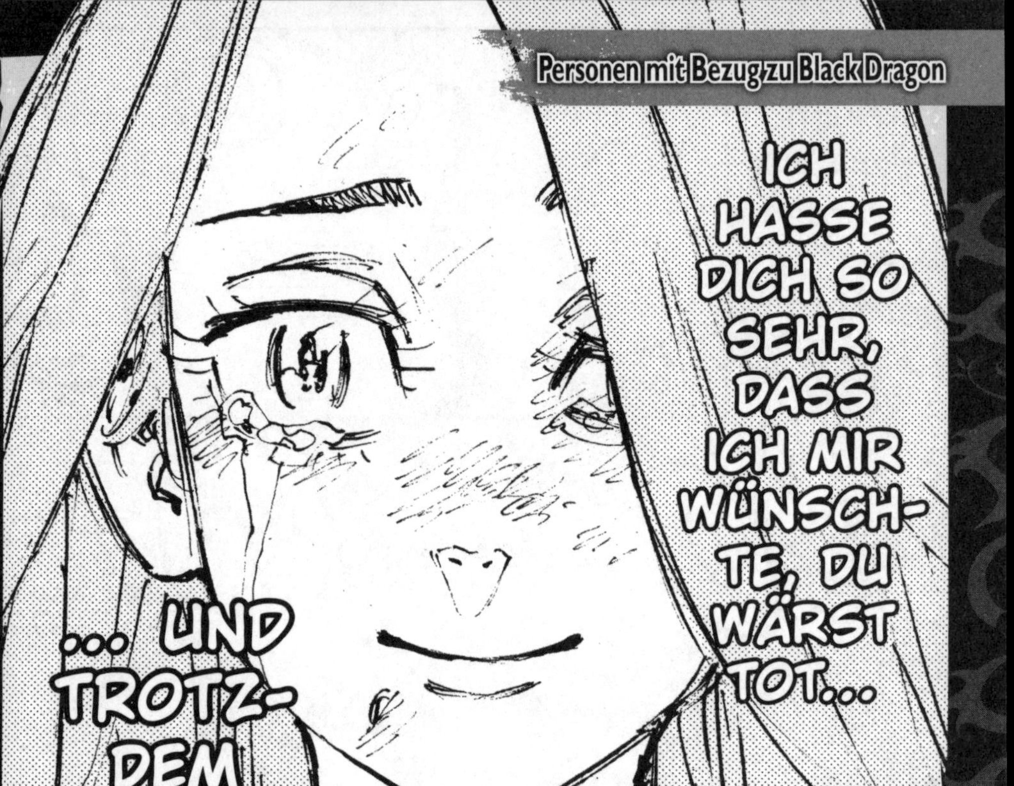

♦ Größe: 1,65 m ♦ Gewicht: 49 kg ♦ Geburtstag: 29. Juni 1990 ♦ Sternzeichen: Krebs

♦ Blutgruppe: 0 ♦ Themenfarbe: Blassorange ♦ Liebt: Hakkais Gesicht im Halbprofil

♦ Hasst: Insekten und Küchenschaben am allermeisten ♦ Besondere Fähigkeit: Bogenschießen (ist Kapitänin des Kyudo-Teams ihrer Schule)

♦ Bewundert: ihre Mutter ♦ Kommt nicht so gut zurecht mit / Hat Angst vor: gut aussehenden Jungs ♦ Traum: dass Hakkai einmal auf eigenen Beinen steht ♦ Bemerkenswerte (oder bedauernswerte) Leistung: Als die Mädchen an ihrer Schule einen Shiba-Fanklub gründeten, dachte sie schon, dass jetzt endlich Hakkais großer Moment gekommen wäre, doch es war ein Fanklub für sie.

♦ Lieblingsort: ein Straßencafé in der Nachbarschaft

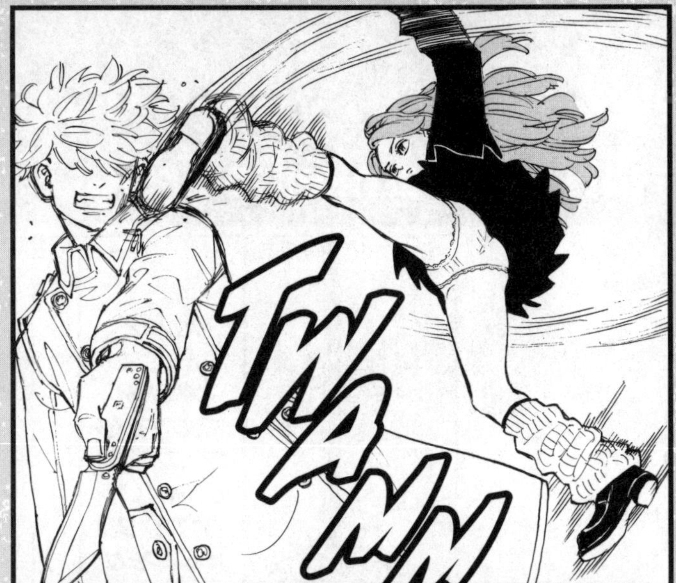

Für ihren Bruder Hakkai stellt sie sich gegen Black Dragon

Yuzuha, die vor dem Grab ihrer Mutter geschworen hat, ihre Familie zu beschützen, ist bereit, alles für ihren kleinen Bruder Hakkai zu tun. Sie zögert nicht, Inupi einen Sprungtritt zu verpassen, als dieser Hakkai mit einem Messer bedroht. Sie hasst Taiju dafür, was er Hakkai unter dem Vorwand familiärer Liebe antut, und versucht ihr Bestes, Hakkai vor der Gewalt ihres großen Bruders zu bewahren.

Angestiftet von Kisaki stößt sie Taiju ein Messer in den Rücken

Kisaki nutzt Yuzuhas Gefühle für Hakkai und ihre Überzeugung, dass nur sie ganz allein die Probleme ihrer Familie lösen kann, aus und bringt sie dazu, Taiju ein Messer in den Rücken zu rammen. Doch nachdem ihr Mitsuya klarmacht, dass das der falsche Weg ist und sie Takemichis leidenschaftliche Gefühle für seine Kameraden erlebt, ändert sich ihre Einstellung, denn nun hat sie bemerkt, dass sie nicht allein ist.

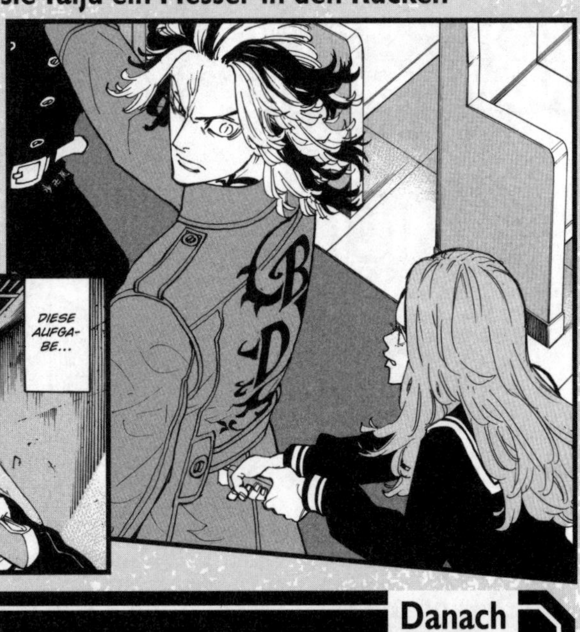

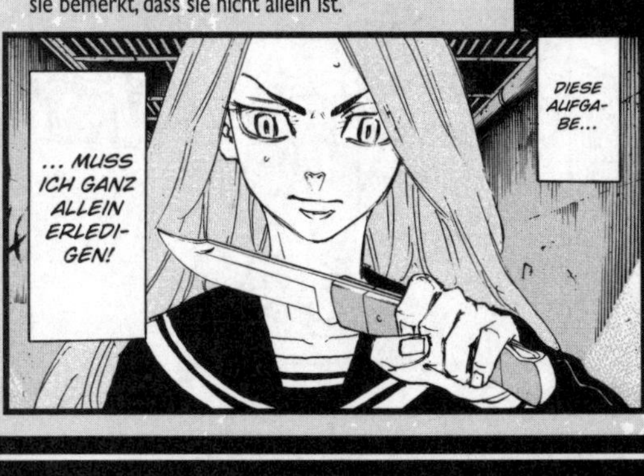

Danach

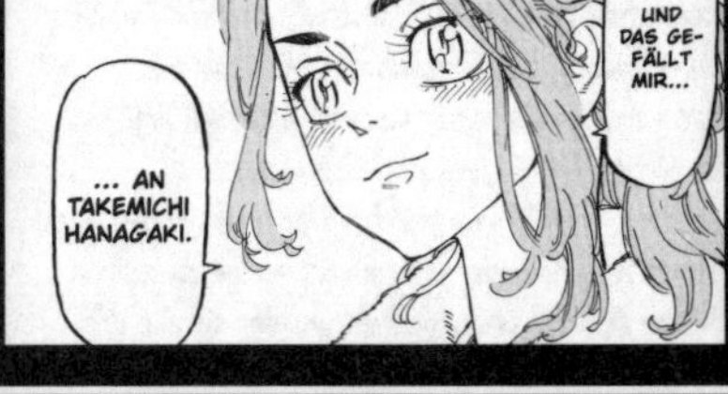

Gefühle für Takemichi, der ihre Brüder verändert hat

Obwohl sie weiß, dass er mit Hina zusammen ist, entwickelt Yuzuha nach der Weihnachtsschlacht Gefühle für Takemichi. In Mitsuya sieht sie dagegen nicht viel mehr als einen Bruder.

Taiju, Yuzuha, Hakkai

Endlich aus ihrer Einsamkeit befreit

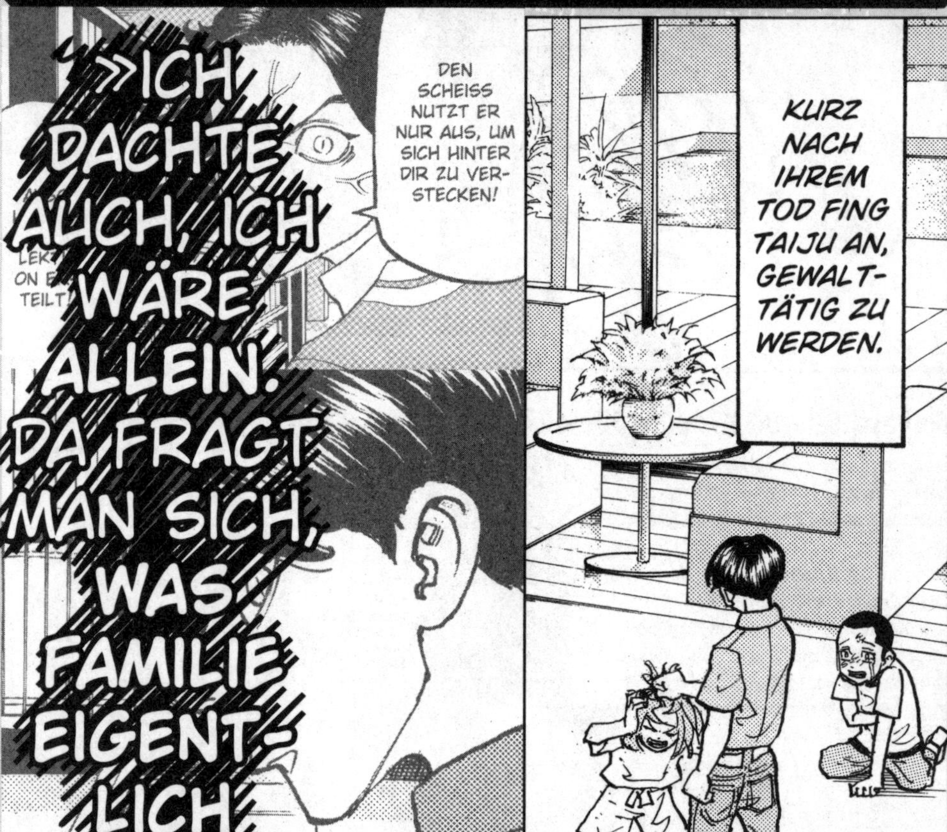

Die außer Kontrolle geratene Liebe der Geschwister Shiba

Alle Probleme der Geschwister Shiba sind auf die übermäßig starke Liebe, die die drei empfinden, zurückzuführen.
Taiju versucht, sich anstelle seines alleinerziehenden Vaters, der aufgrund seiner Arbeit oft nicht zu Hause ist, um seine Familie zu kümmern. Obwohl er Yuzuha und Hakkai gegenüber gewaltätig ist, glaubt er aufrichtig, dass er zu ihrem Wohl handelt.
Yuzuha verspricht am Grab ihrer toten Mutter, dass sie ihre Familie beschützen wird. Sie sticht mit einem Messer auf Taiju ein, weil sie glaubt, sie müsse die Probleme ihrer Familie ganz allein lösen, und sich nicht mehr anders zu helfen weiß.
Hakkai lügt und gibt vor, er hätte Yuzuha beschützt und Schläge für sie eingesteckt, obwohl es umgekehrt war. Nicht in der Lage, sich jemals irgendjemandem anzuvertrauen, hat er es die ganze Zeit über vermieden, sich seiner eigenen Schwäche zu stellen. Doch nun, wo sie begriffen haben, dass sie Familie oder Freunde haben, auf die sie sich verlassen können, wurden sie alle drei von ihrer jeweiligen Einsamkeit befreit und sind endlich aus dem ausweglosen Labyrinth entkommen, in dem sie umherirrten.

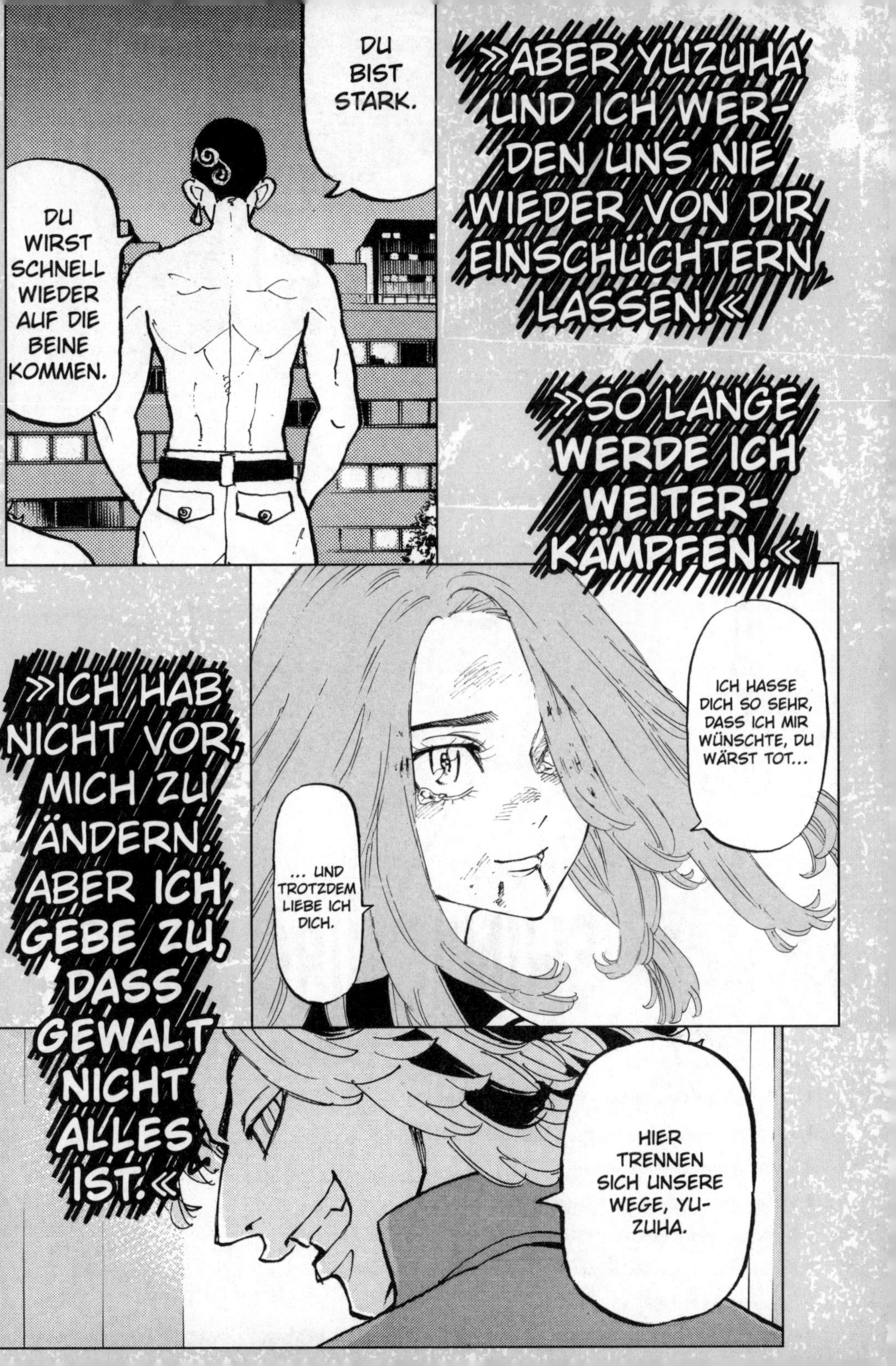
»ABER YUZUHA UND ICH WERDEN UNS NIE WIEDER VON DIR EINSCHÜCHTERN LASSEN.«
DU BIST STARK.
DU WIRST SCHNELL WIEDER AUF DIE BEINE KOMMEN.
»SO LANGE WERDE ICH WEITERKÄMPFEN.«
ICH HASSE DICH SO SEHR, DASS ICH MIR WÜNSCHTE, DU WÄRST TOT …
… UND TROTZDEM LIEBE ICH DICH.
»ICH HAB NICHT VOR, MICH ZU ÄNDERN. ABER ICH GEBE ZU, DASS GEWALT NICHT ALLES IST.«
HIER TRENNEN SICH UNSERE WEGE, YUZUHA.

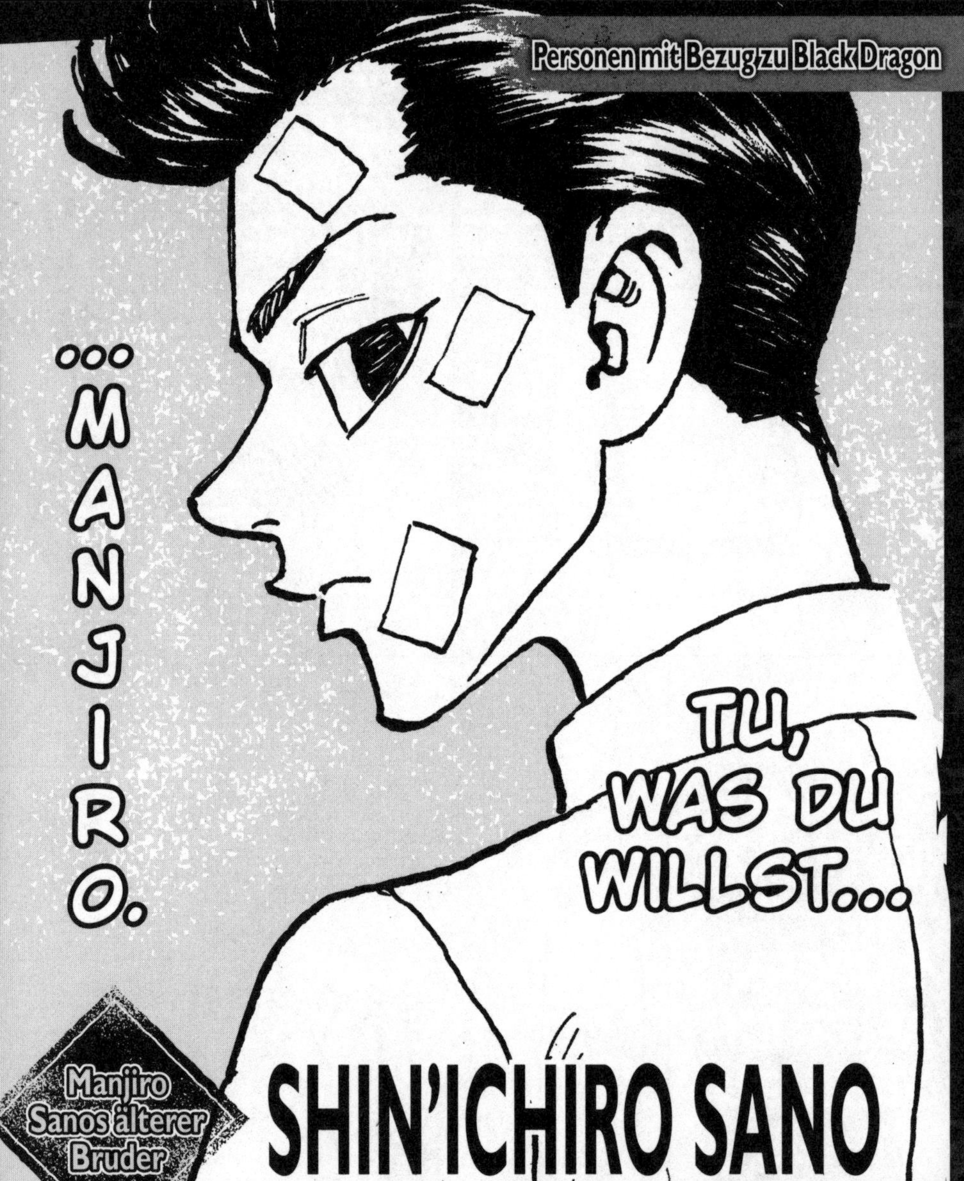

SHIN'ICHIRO SANO

Manjiro Sanos älterer Bruder

- ♦ Größe: 1,82 m ♦ Gewicht: 69 kg ♦ Geburtstag: 1. August 1980
- ♦ Sternzeichen: Löwe ♦ Blutgruppe: 0 ♦ Themenfarbe: Gold
- ♦ Liebt: Cola ♦ Hasst: sich anzustrengen
- ♦ Bewundert: die Mitglieder der 1. Generation von Black Dragon
- ♦ Traum: zusammen mit Izana und Mikey einen Motorradladen zu betreiben
- ♦ Bemerkenswerte (oder bedauernswerte) Leistung: hat seinem Schwarm zwanzigmal erfolglos seine Liebe gestanden
- ♦ Lieblingsort: S.S MOTORS

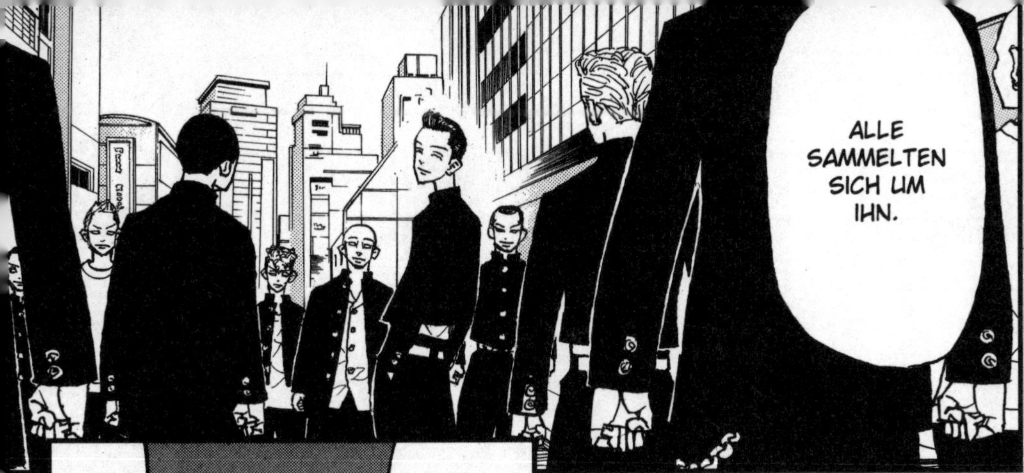

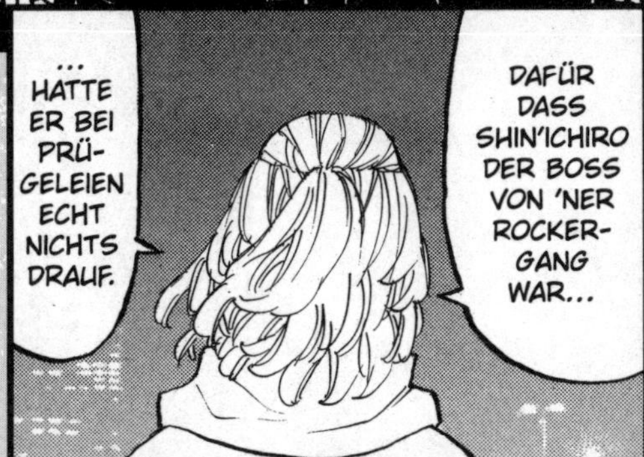

Der Gründer einer legendären Gang!

Shin'ichiro besaß einen rätselhaften Charme und wurde von Rowdys aus ganz Tokyo respektiert. Als Gründer von Black Dragon und Anführer der legendären 1. Generation der Gang stand er an der Spitze aller Rocker. Gleichzeitig aber war er bei Frauen nie sonderlich beliebt, hatte laut Mikey bei Prügeleien nichts drauf und jagte ständig Mädchen hinterher.

Nach seinem Rückzug als Gangoberhaupt betreibt er einen Motorradladen

Nachdem er sich aus der Welt der Rowdys zurückgezogen hatte, eröffnete Shin'ichiro den Motorradladen S.S MOTORS. Sein geliebtes Motorrad, eine Honda »Hawk« CB250T stellte er im Schaufenster aus. Sein Laden wurde zu einem Treffpunkt für junge Rocker, die oft vorbeikamen, um ihn zu besuchen.

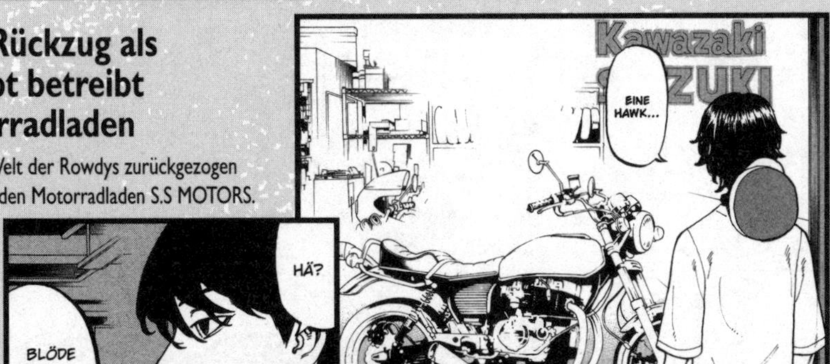

DIE HAWK WIRD ZU MIKEYS ANDENKEN AN SEINEN BRUDER!

Nach Shin'ichiros Tod erbt Mikey das Motorrad seines Bruders, das er nun als ein Andenken und seinen wertvollsten Besitz ansieht. Vor dem Blutigen Halloween rauscht er auf der Hawk durch die Nacht und führt ein Zwiegespräch mit ihr, um die Zweifel, die ihn quälen, fortzublasen.

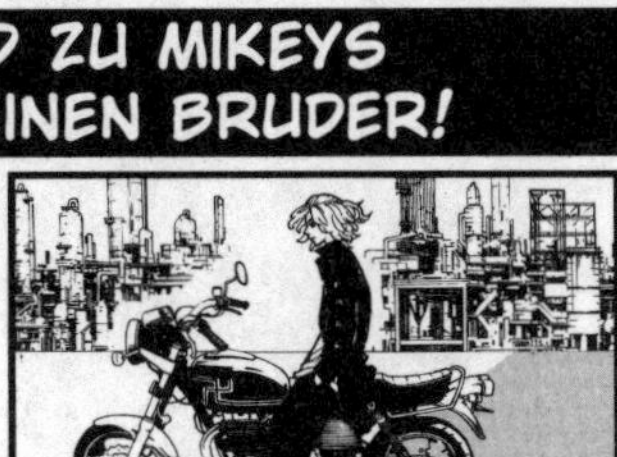

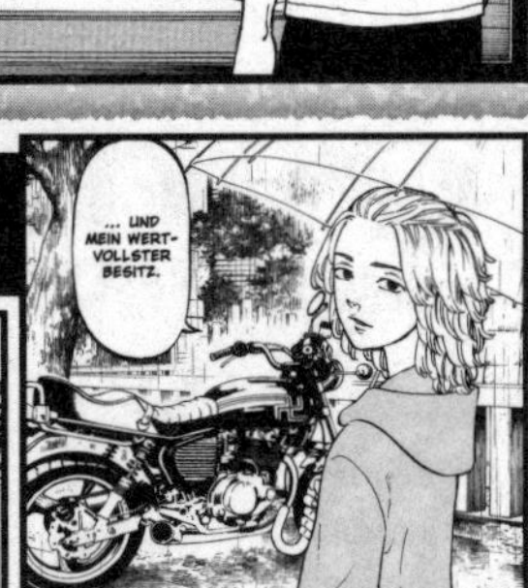

EXKLUSIVER EINBLICK!

Ken Wakui präsentiert!

Die Raumaufteilung des Anwesens der Familie Shiba!

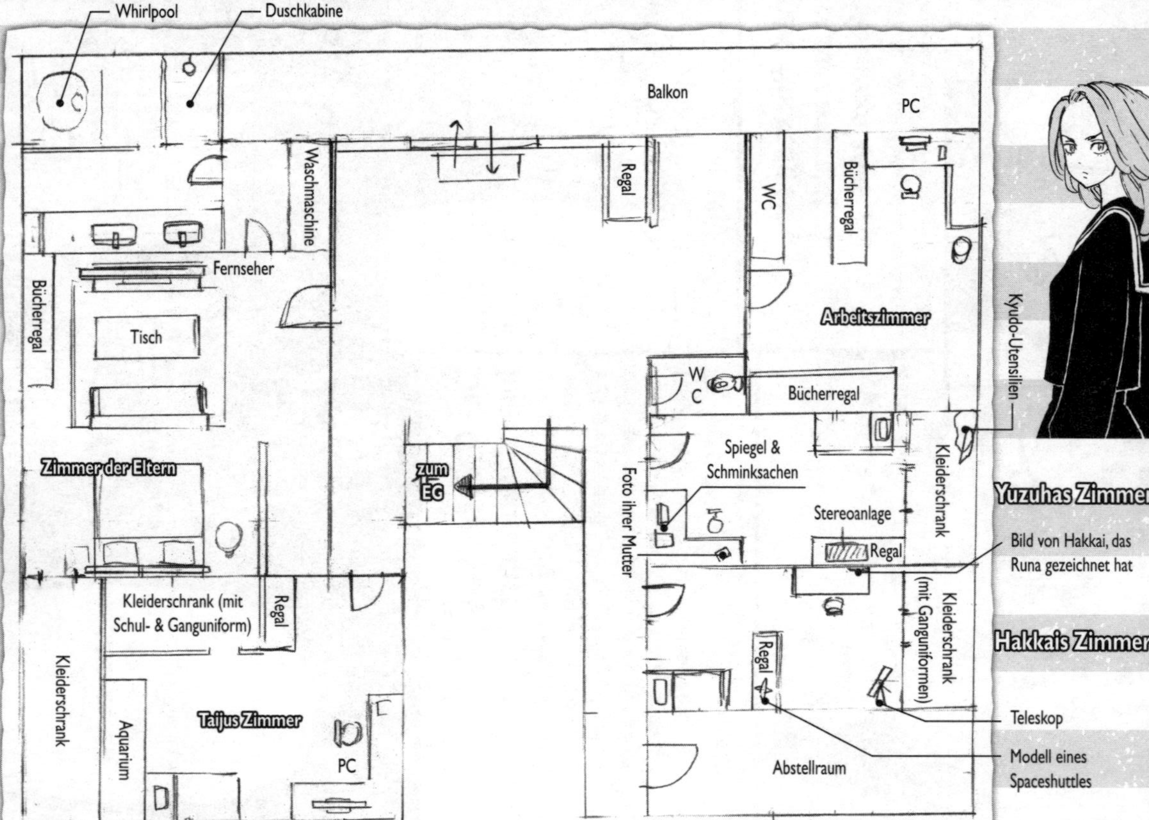

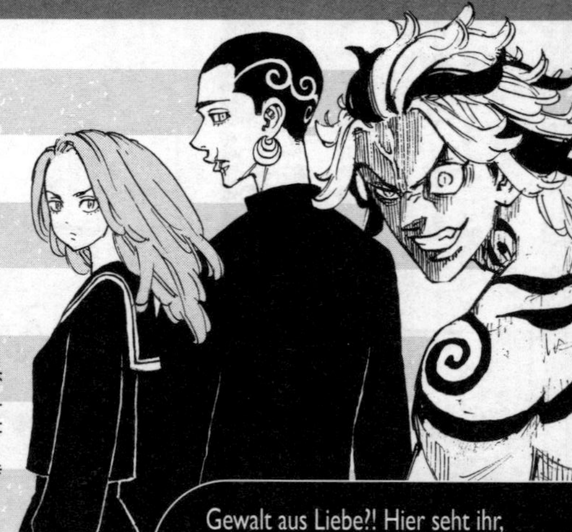

Gewalt aus Liebe?! Hier seht ihr, wo sich das turbulente Leben der Geschwister Shiba abspielt!

Erster Stock

EG

Außenansicht

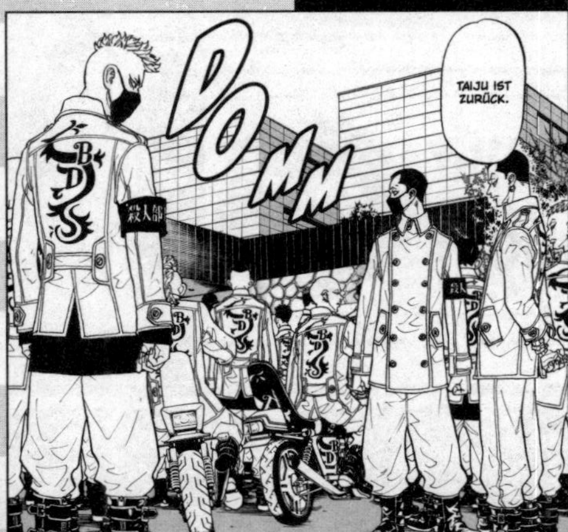

DIE FURCHTEINFLÖSSENDEN MITGLIEDER VON BLACK DRAGON WARTEN DRAUSSEN VOR DER TÜR!

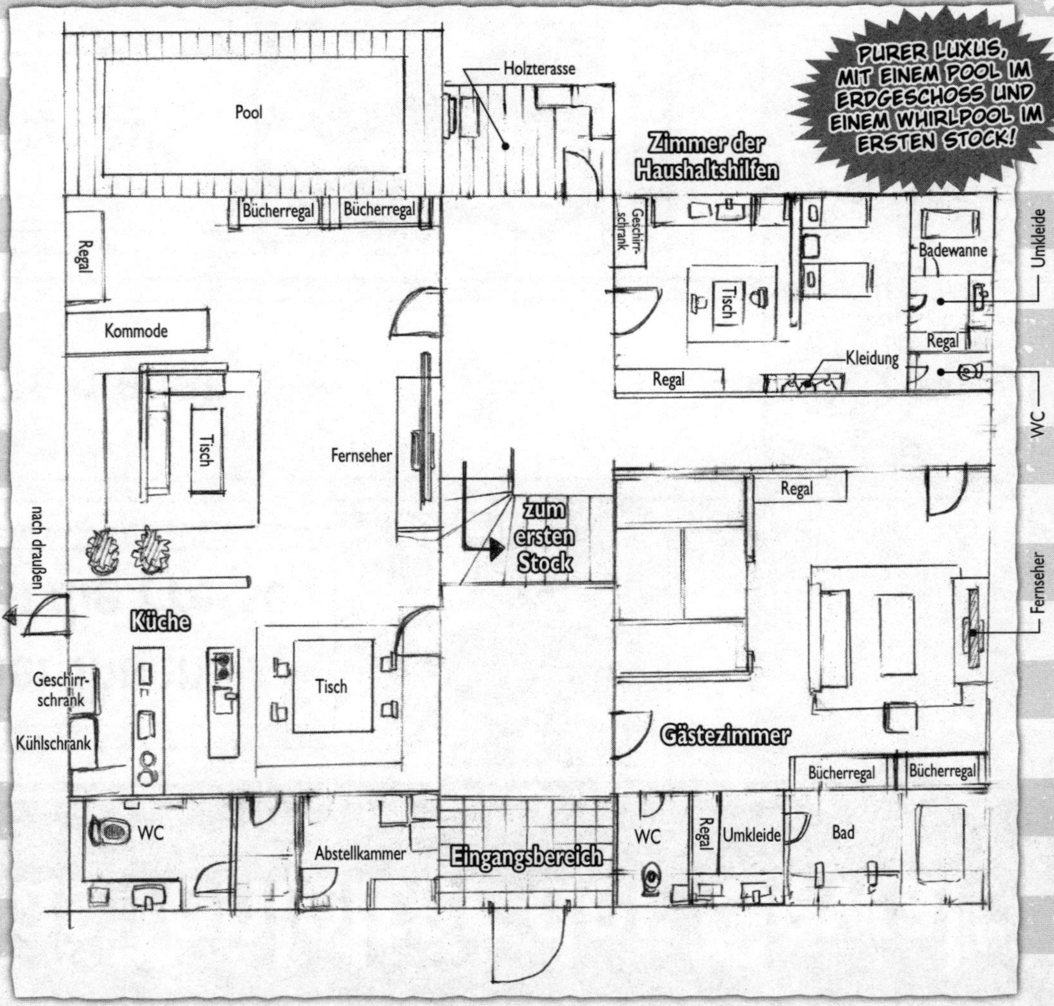

Taiju Shibas Tonleiter der Gewalt

DO Donner ihnen eine in die Fresse

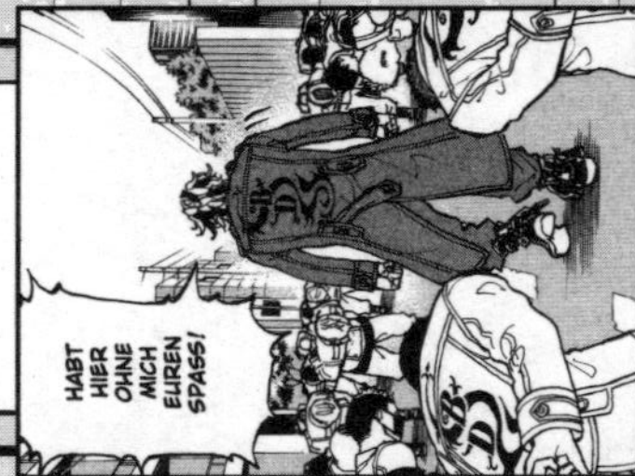

RE Remple sie nieder

MI Misch sie auf

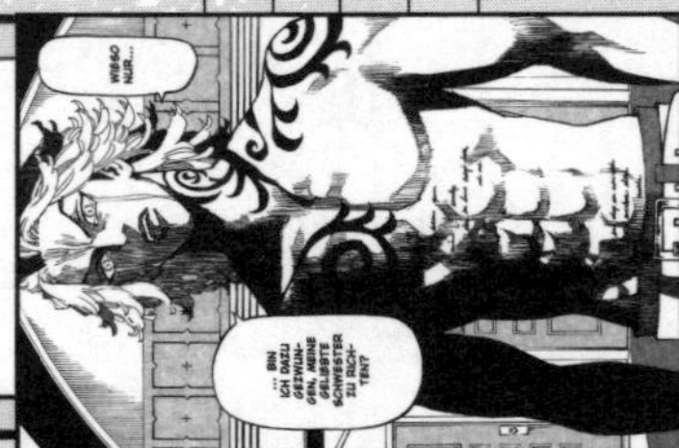

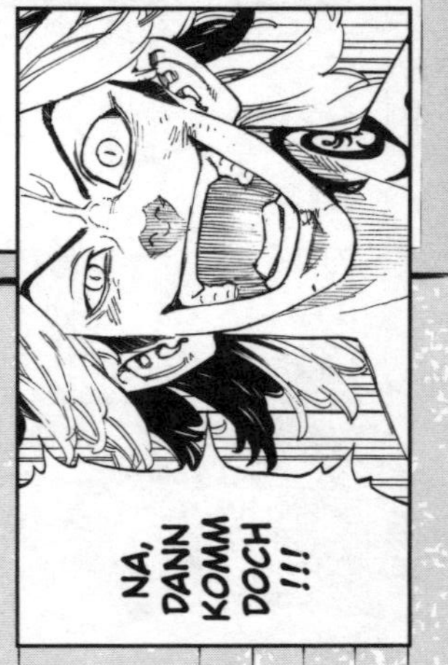

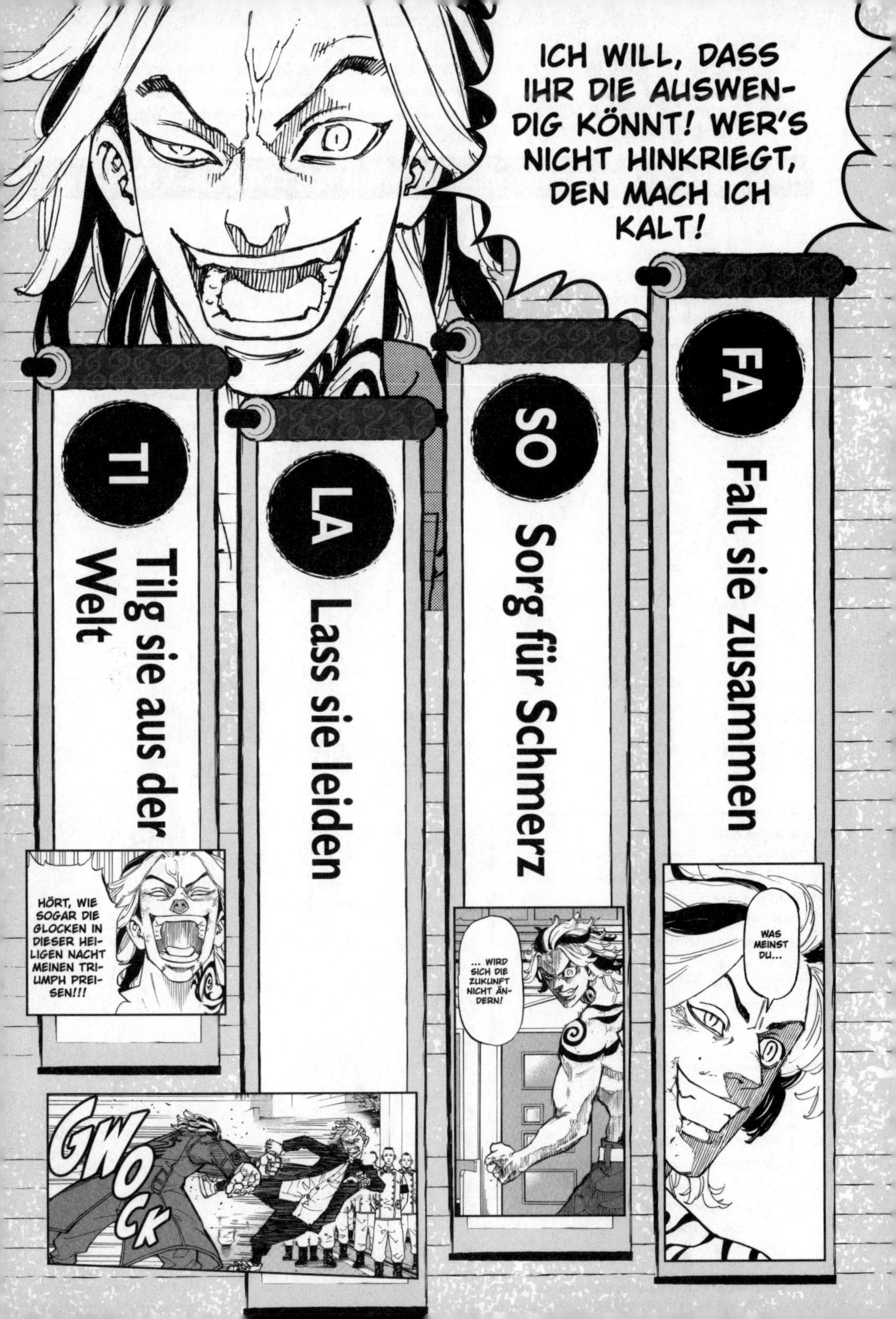
ICH WILL, DASS IHR DIE AUSWEN-DIG KÖNNT! WER'S NICHT HINKRIEGT, DEN MACH ICH KALT!
FA
Falt sie zusammen
SO
Sorg für Schmerz
LA
Lass sie leiden
TI
Tilg sie aus der Welt
WAS MEINST DU...
... WIRD SICH DIE ZUKUNFT NICHT ÄN-DERN!
HÖRT, WIE SOGAR DIE GLOCKEN IN DIESER HEI-LIGEN NACHT MEINEN TRI-UMPH PREI-SEN!!!
GWOCK

Hier seht ihr eine Auswahl von Zeichnungen, die auf dem offiziellen Twitter-Konto der Serie veröffentlicht wurden! Darunter finden sich auch einige unerwartete Eindrücke der Mitglieder von Walhalla und Black Dragon.

Ausgewählte Zeichnungen vom offiziellen Twitter-Konto! Walhalla & Black Dragon

26. Juli 2018:
Baji und Chifuyu.
In der Mittelschulzeit war's nett, einfach so rumzusitzen und zu plaudern. (^^)

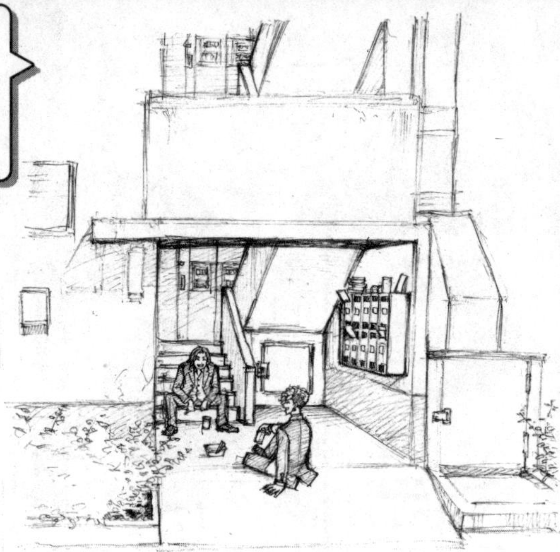

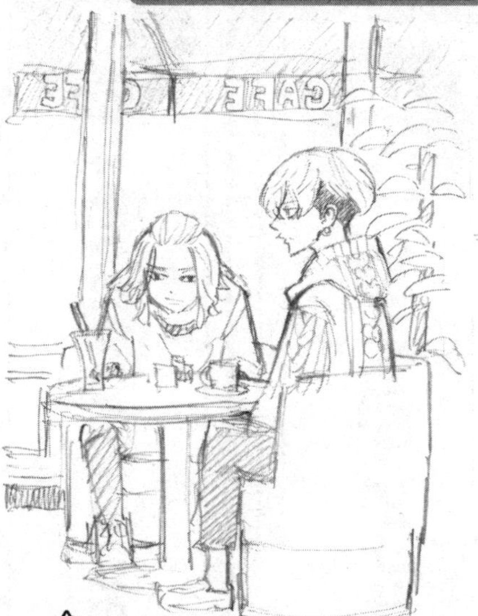

30. August 2018:
Die heutige Skizze. Chifuyu berät sich nach dem Blutigen Halloween mit Mikey, wie es jetzt weitergehen soll.
Mikey: »Aber mal im Ernst, ich werd nicht akzeptieren, dass du die Gang verlässt.«
Beide: »…«
Chifuyu: »Du hast echt mein ganzes Parfait weggefuttert.«
Mikey: »Sorry, es war einfach zu gut.«
Beide: »…«

28. November 2018:
Glückwunsch zu 6000 Followern!
Zu diesem Anlass habe ich den Kommandanten der 6. Division, Shuji Hanma hergebeten! (^^)
Wakui: »Eine Kommentar bitte!«
Hanma: »So mühsam…«
Wakui: »…«

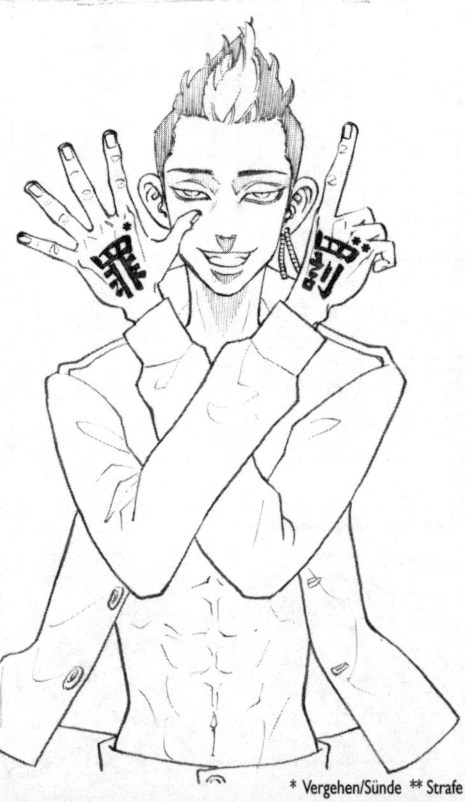

* Vergehen/Sünde ** Strafe

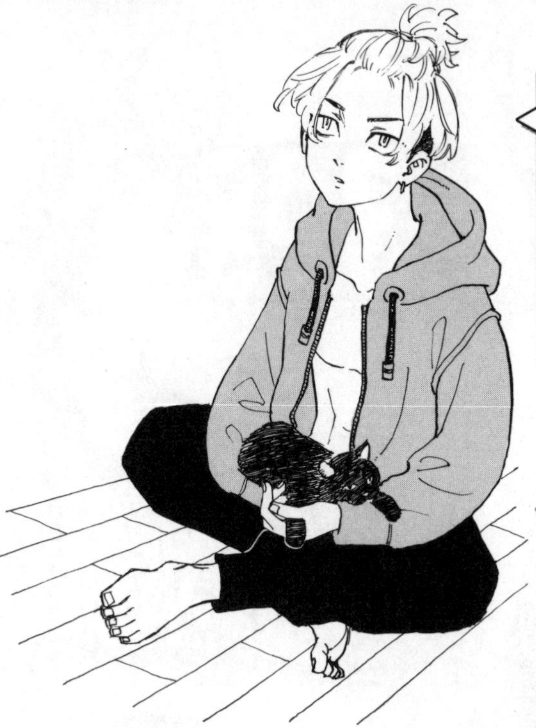

19. Dezember 2018:
Heute ist Chifuyu Matsunos Geburtstag.
1,68 m groß, 58 kg schwer, Blutgruppe 0, fährt eine Suzuki GSX250E, liebt Peyoung-Yakisoba und spielt gern mit seiner schwarzen Katze Peke J.
Chifuyu: »Ach ja, heute ist ja mein Geburtstag.«

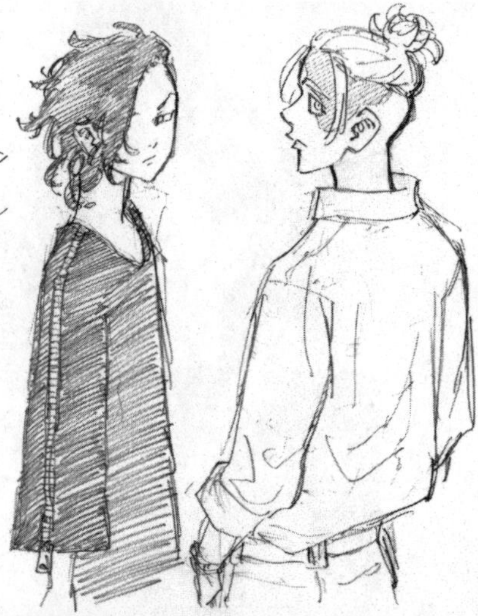

27. März 2019:
Die heutige Skizze.
Seishu Inui:
Geburtstag: 18. Oktober; 1,77 m; 64 kg schwer; Blutgruppe B; Motorrad: Yamaha RZ350
Hajime Kokonoi:
Geburtstag: 1. April; 1,74 m; 60 kg; Blutgruppe A

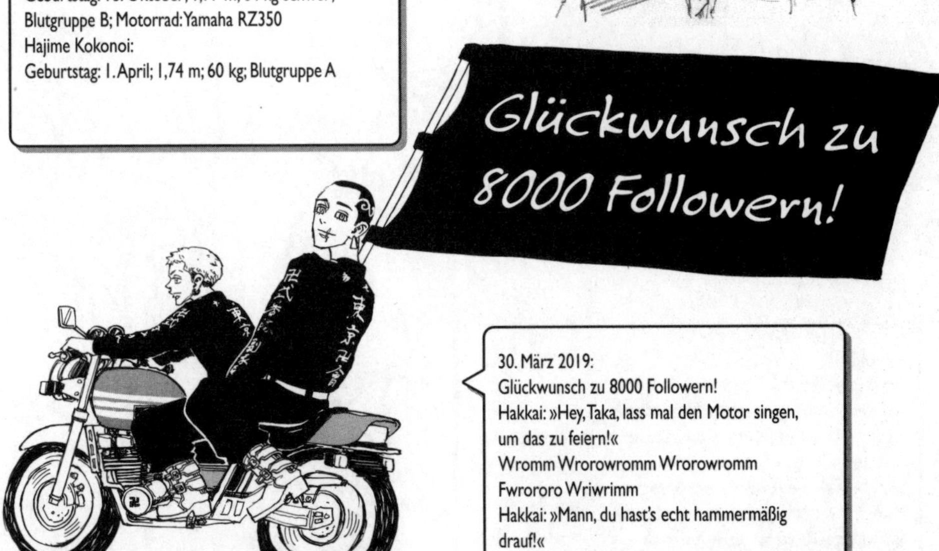

30. März 2019:
Glückwunsch zu 8000 Followern!
Hakkai: »Hey, Taka, lass mal den Motor singen, um das zu feiern!«
Wromm Wrorowromm Wrorowromm
Fwrororo Wriwrimm
Hakkai: »Mann, du hast's echt hammermäßig drauf!«

28. März 2019:
Die heutige Skizze. Heute ist Mitsuyas Geburtstag. (^^)

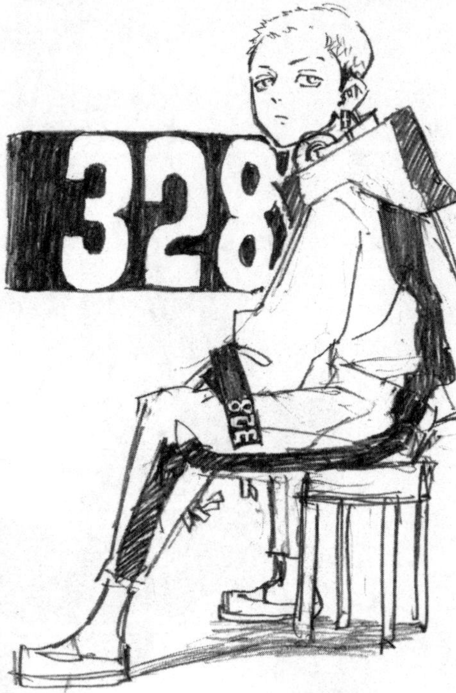

1. April 2019:
Geboren am Tag der Aprilscherze.

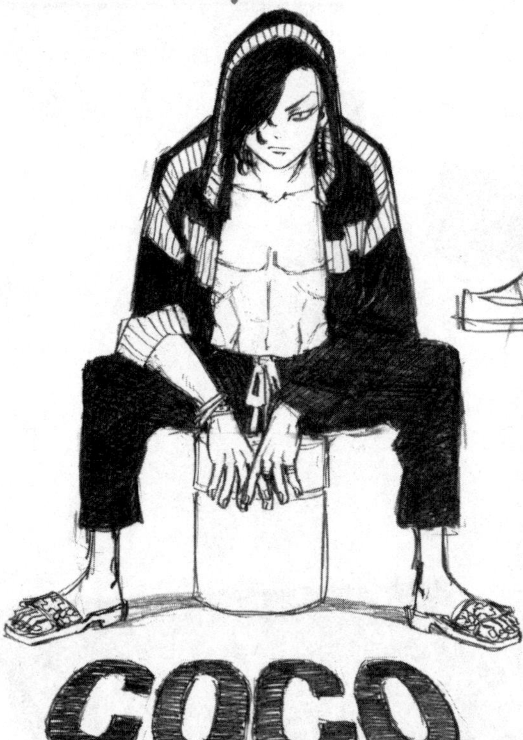

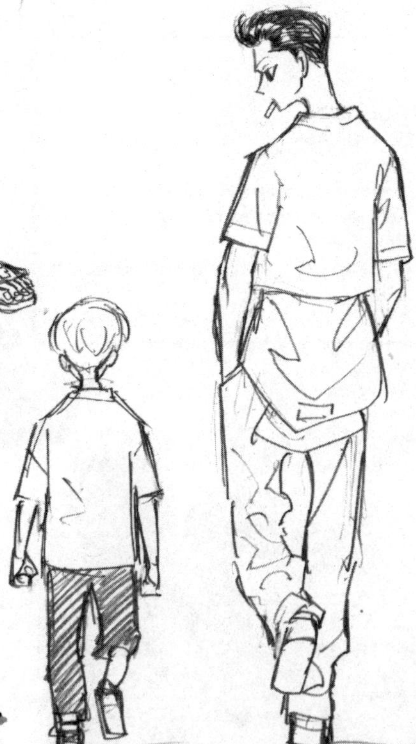

5. April 2019:
Die heutige Skizze.
Shin'ichiro: »Stehst du auch auf Motorräder?«
Manjiro: »Oh ja. Sobald ich auf der Mittelschule bin, werd ich die stärkste Rockergang überhaupt gründen.«
Shin'ichiro: »Haha! Ja, das sieht dir ähnlich!«
Manjiro: »Und dann gibst du mir deine Hawk.«
Shin'ichiro: »Das kannst du vergessen.«

4. September 2019:
Die heutige Skizze. Heute ist der Geburtstag von Hakkai Shiba.
Yuzuha: »Du bist echt so verdammt geschickt. Gibt's eigentlich irgendwas, das du nicht kannst?«
Mitsuya: »Hm? Ich kann nicht gut mit Computern und so 'nem Zeug umgehen.«
Hakkai: »Stimmt. Du tippst ja mit dem Ein-Finger-System auf der Tastatur rum.«
Mitsuya: »Klappe!«
Hakkai Shiba: 1,83 m; 78 kg; Blutgruppe 0; Besondere Fähigkeit: sich von anderen bemuttern zu lassen

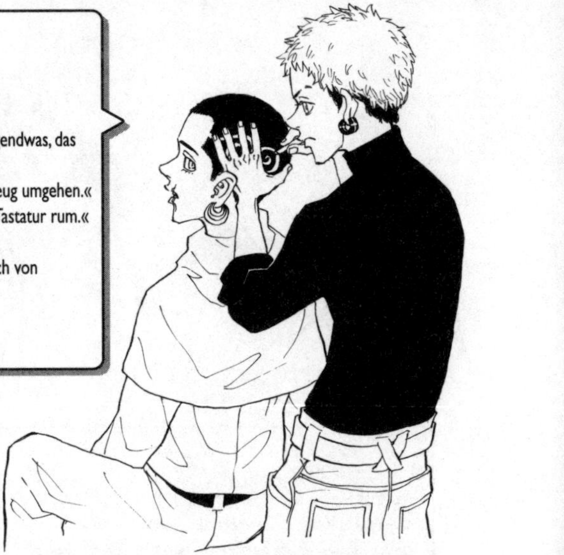

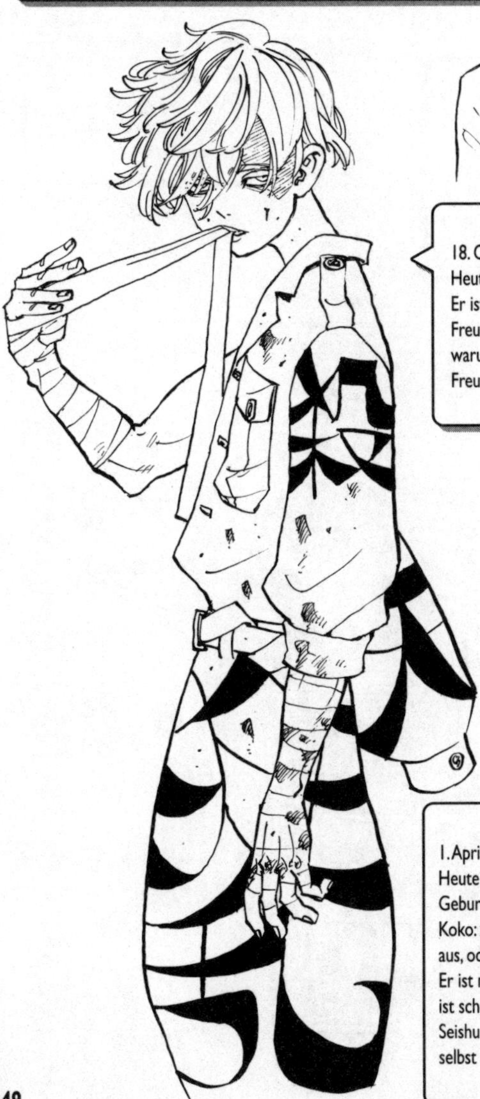

18. Oktober 2019:
Heute ist der Geburtstag von Seishu Inui (Inupi). (^^)
Er ist eine der Schlüsselfiguren beim Kampf mit Tenjiku. Ob er Freund oder Feind ist, warum er so an Black Dragon hängt und warum Koko so treu zu ihm hält, erfahrt ihr in der Tenjiku-Episode! Freut euch schon drauf!

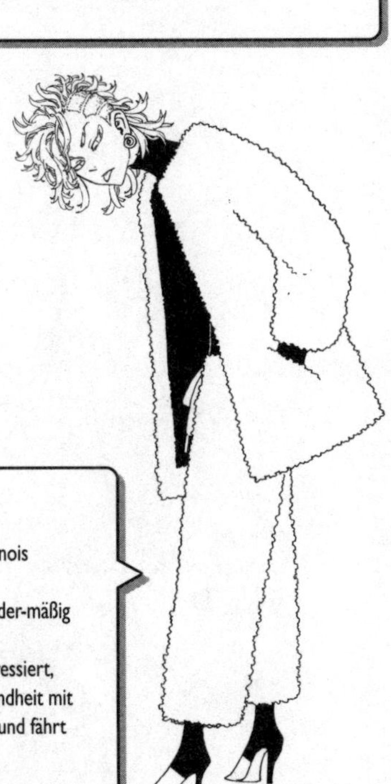

1. April 2020:
Heute ist Hajime Kokonois Geburtstag. (^^)
Koko: »Sieht doch Widder-mäßig aus, oder?«
Er ist nur an Geld interessiert, ist schon seit seiner Kindheit mit Seishu Inui befreundet und fährt selbst nicht Motorrad.

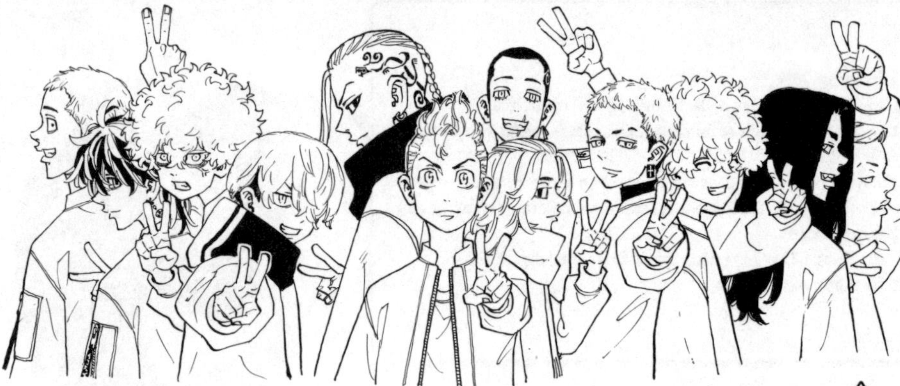

22. Januar 2020:
Glückwunsch zu 20.000 Followern! Danke an alle Fans da draußen!

4. September 2020:
Heute ist Hakkai Shibas Geburtstag. (^^)
Hakkai: »Du kaufst ja viel mehr als sonst.«
Yuzuha: »Ja, weil du da bist, um die Einkäufe zu schleppen.«
Hakkai: »Du weißt schon, dass heute mein Geburtstag ist, oder?«

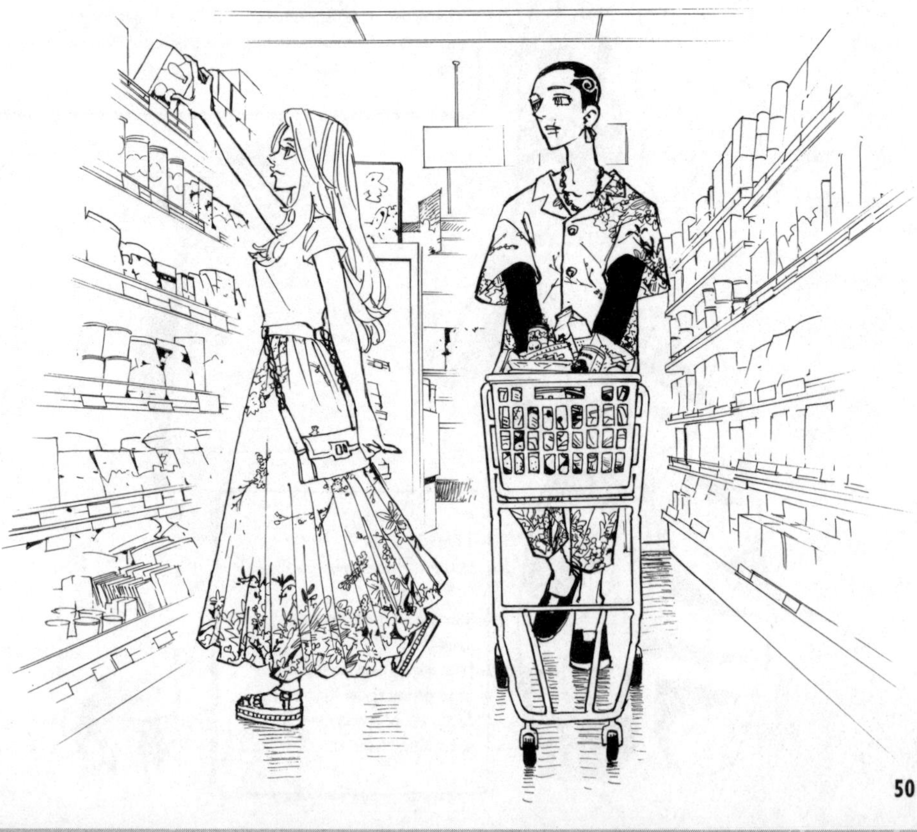

3. November 2020:
Heute ist Keisuke Bajis Geburtstag. (^^)

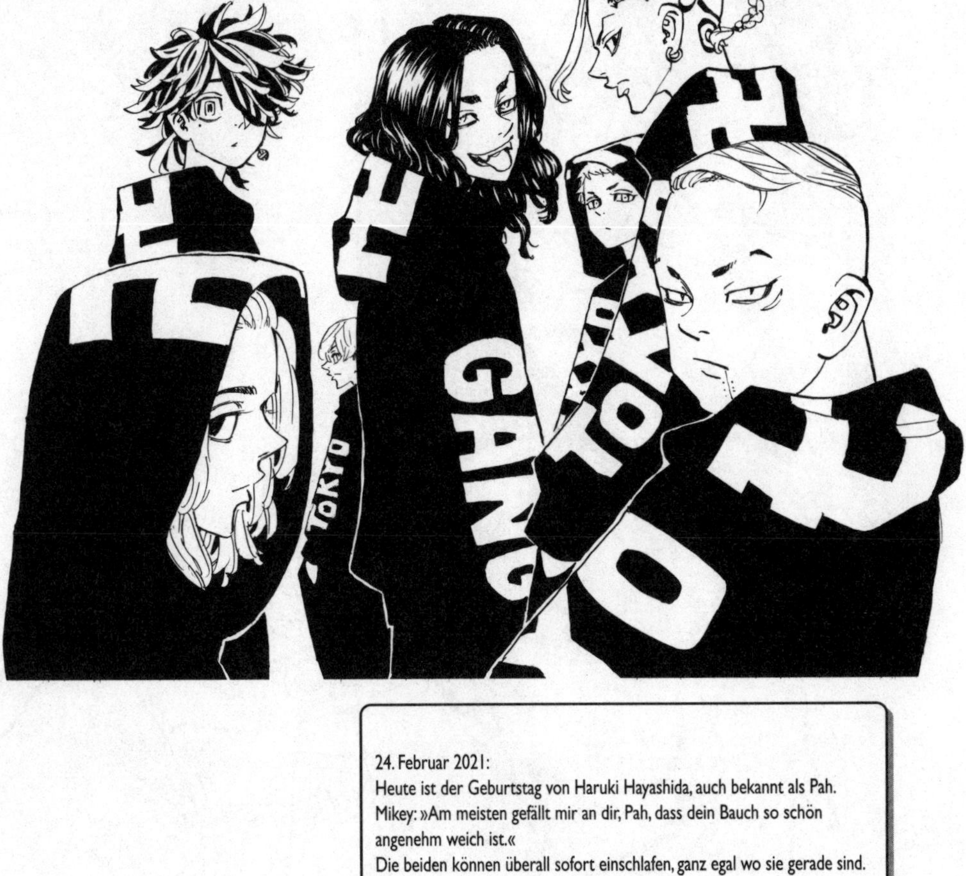

24. Februar 2021:
Heute ist der Geburtstag von Haruki Hayashida, auch bekannt als Pah.
Mikey: »Am meisten gefällt mir an dir, Pah, dass dein Bauch so schön angenehm weich ist.«
Die beiden können überall sofort einschlafen, ganz egal wo sie gerade sind.

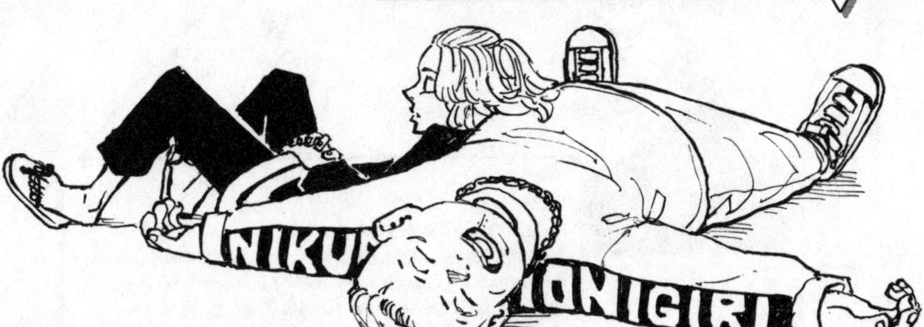

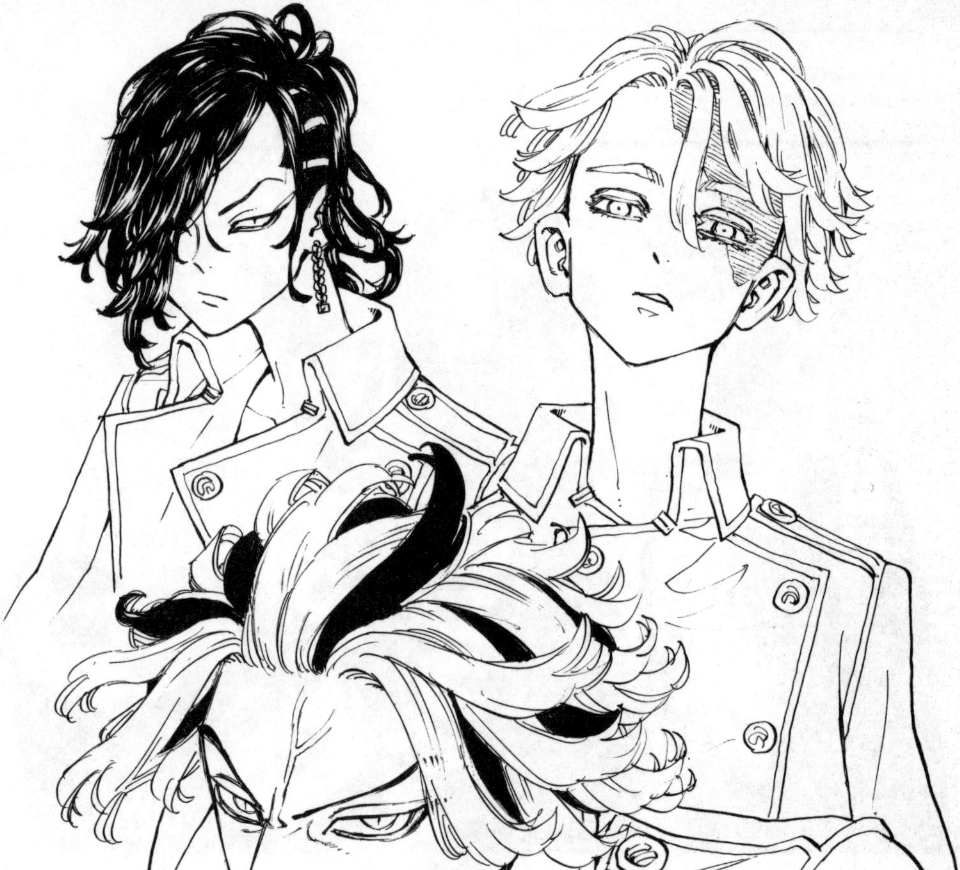

1. April 2021:
Heute ist Hajime Kokonois Geburtstag. (^^)
Besondere Fähigkeit: sich im Hintergrund zu halten (steht nicht gern im Vordergrund), Unmengen zu essen; Hobby: Kartenlegen (Inupi glaubt nichts davon); Liebt: schwimmen; Hasst: alle Ballsportarten (weil er schlechte Augen hat)

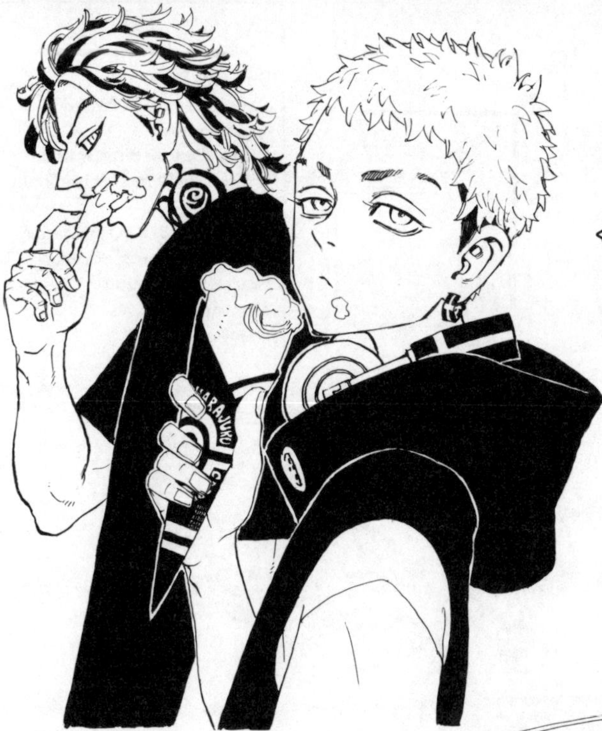

12. Juni 2021:
Heute ist Takashi Mitsuyas Geburtstag! Nach der Weihnachtsschlacht haben sich die beiden heimlich versöhnt und angefreundet. Als die jeweils ältesten ihrer Geschwister scheinen sie sich ganz gut zu verstehen.
Hier ein Schnappschuss, der die beiden beim Crêpe-Essen in Harajuku zeigt. Gleich danach rastete Taiju furchtbar aus, weil er seine Klamotten mit Sahne bekleckert hatte. Mitsuya fand es zum Brüllen komisch.

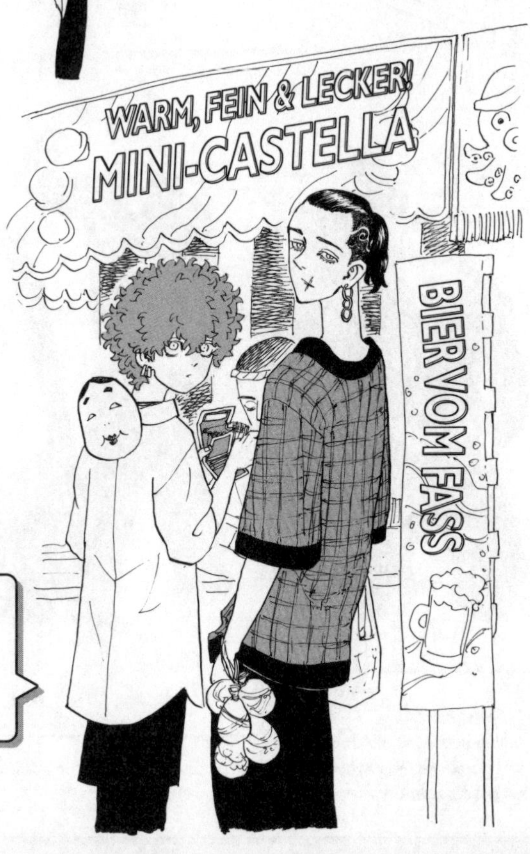

4. September 2021:
Heute ist Hakkai Shibas Geburtstag. (^^)
Hakkai: »Taka, Smiley! Wollt ihr auch was?«

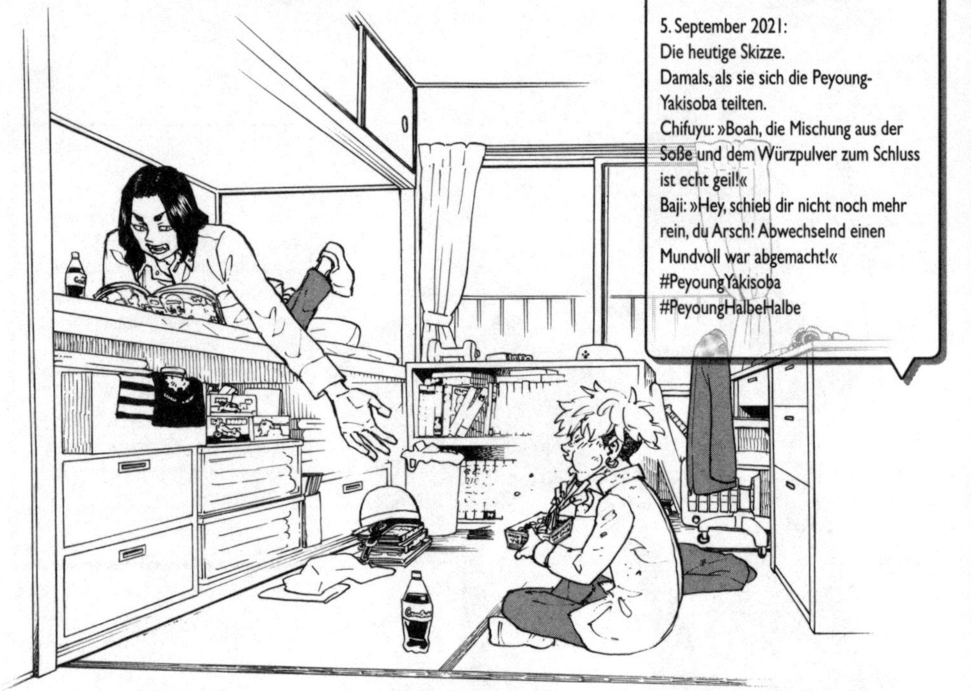

5. September 2021:
Die heutige Skizze.
Damals, als sie sich die Peyoung-Yakisoba teilten.
Chifuyu: »Boah, die Mischung aus der Soße und dem Würzpulver zum Schluss ist echt geil!«
Baji: »Hey, schieb dir nicht noch mehr rein, du Arsch! Abwechselnd einen Mundvoll war abgemacht!«
#PeyoungYakisoba
#PeyoungHalbeHalbe

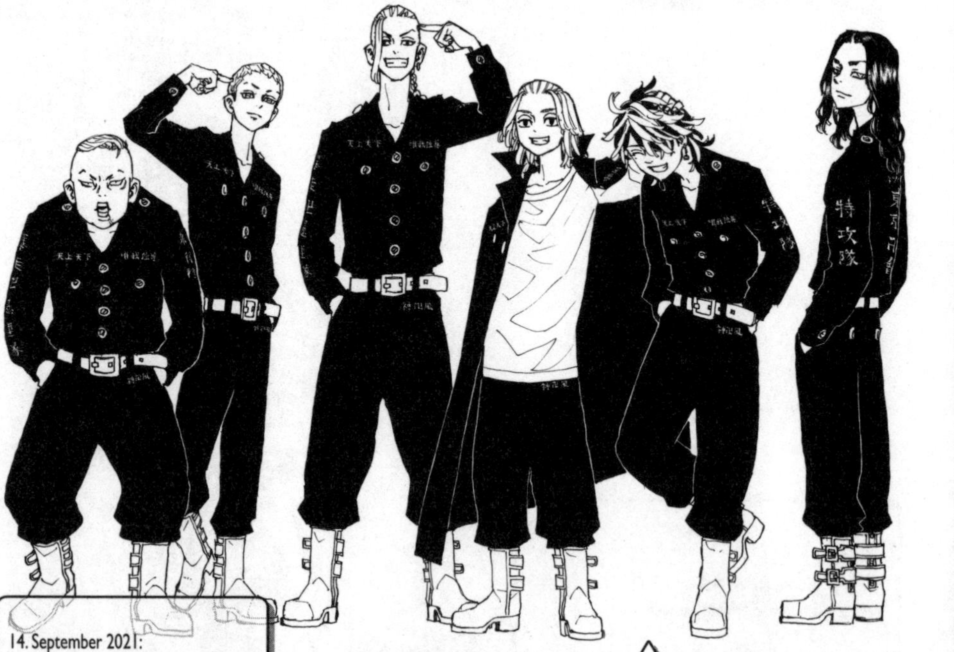

14. September 2021:
Glückwunsch zu 600.000 Followern!
Ich besprach mit meinem Redakteur, was ich zu diesem Anlass zeichnen sollte, und wir waren uns einig: ein Bild der sechs Gründungsmitglieder der Tokyo-Manji-Gang.

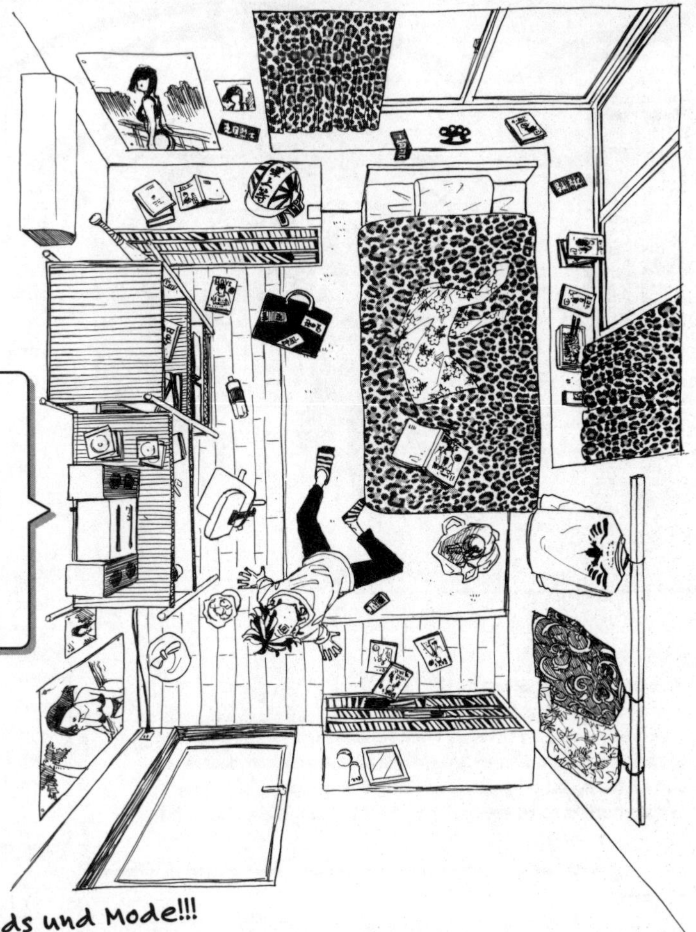

16. September 2021:
Heute ist Kazutora Hanemiyas Geburtstag. (^^)
Seine Mutter: »Kazu, dein Freund mit den Kritzeleien auf den Handrücken ist da!«
Kazutora: »Das sind keine Kritzeleien.«

Scheiß auf Trends und Mode!!!
Das hier ist der Rowdy-Stil!!!

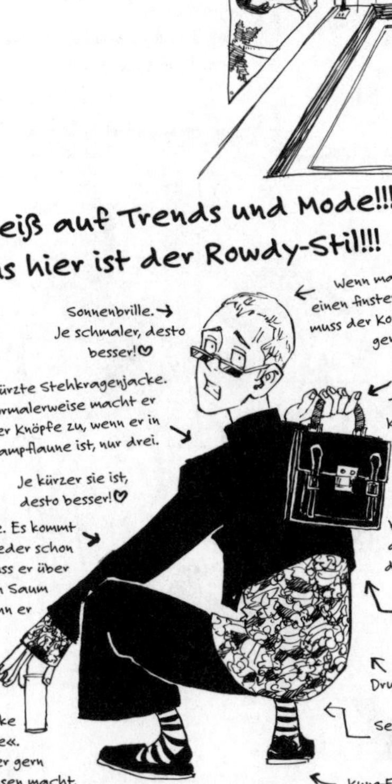

15. Oktober 2021:
Heute ist Ryohei Hayashis Geburtstag. (^^)
Ich wollte ihn in einem schicken Outfit auftreten lassen, aber da wurde Peh stinksauer.

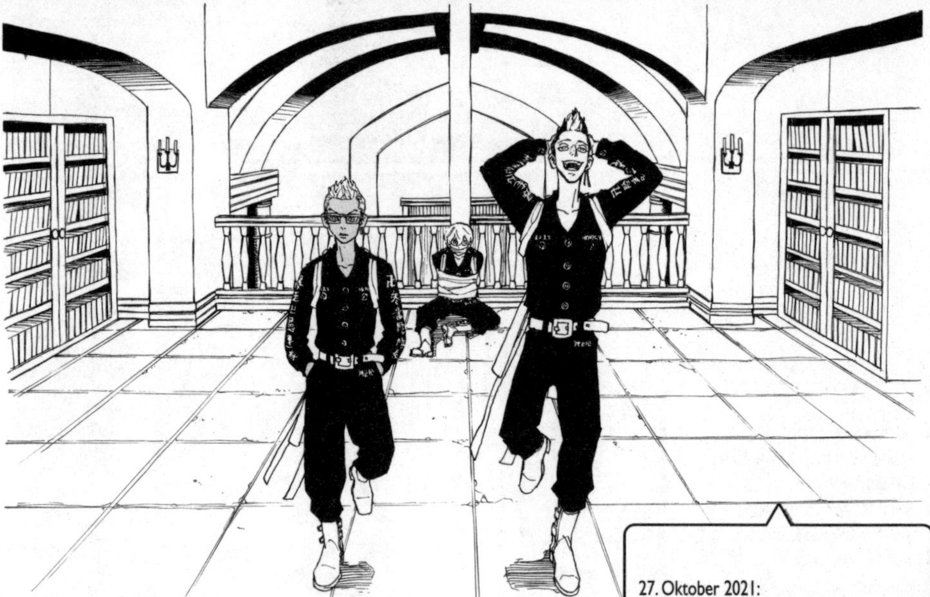

27. Oktober 2021:
Heute ist Shuji Hanmas Geburtstag. (^^)
Für einen ganz kurzen Moment waren Chifuyu und Kisaki während der Weihnachtsschlacht auf einer Wellenlänge.
Hanma: »Tja, damit sind die Hanmas wohl Geschichte, was?«
Kisaki & Chifuyu: »Dachte er echt, wir wären die Hanmas?!«

3. November 2021:
Heute ist Keisuke Bajis Geburtstag. (^^)
Beim monatlichen Treffen der Mikey-Opfer.
Draken: »Kannste dir das vorstellen? Hockt der Mistkerl auf meinem Bett, futtert Ohagi* und tatscht mit seinen klebrigen Drecksgriffeln eins meiner Motorradhefte an.«
Baji: »Und bei mir hat er 'ne Cola über 'n Tierlexikon gekippt.«
Draken: »Heute ist echt der einzige Tag, wo wir mal Ruhe vor seinen Launen haben.«

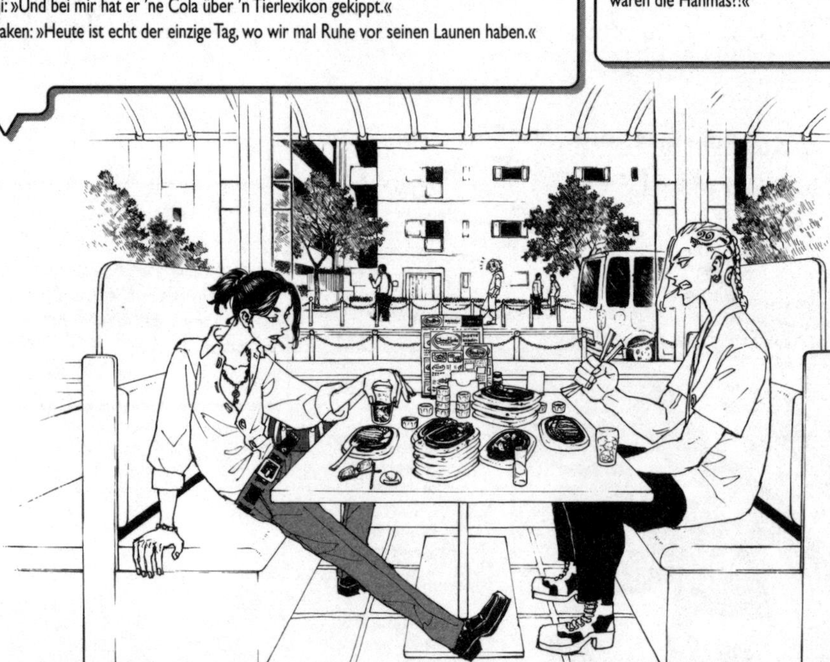

* Klebreisbällchen mit einer süßen Bohnenmus-Glasur

Meine Präfektur ist die Stärkste. Aus der Region, in die Fresse rein.

»Nippon Revengers«
Die Sonderserie an Werbeplakaten für jede Präfektur Japans!

»Nippon Revengers« ist eine Werbekampagne, die am 13. September 2021 in ganz Japan startete! Am 17. September 2021 war in jeder Lokalausgabe der Asahi Shimbun eine dieser Werbungen abgedruckt.

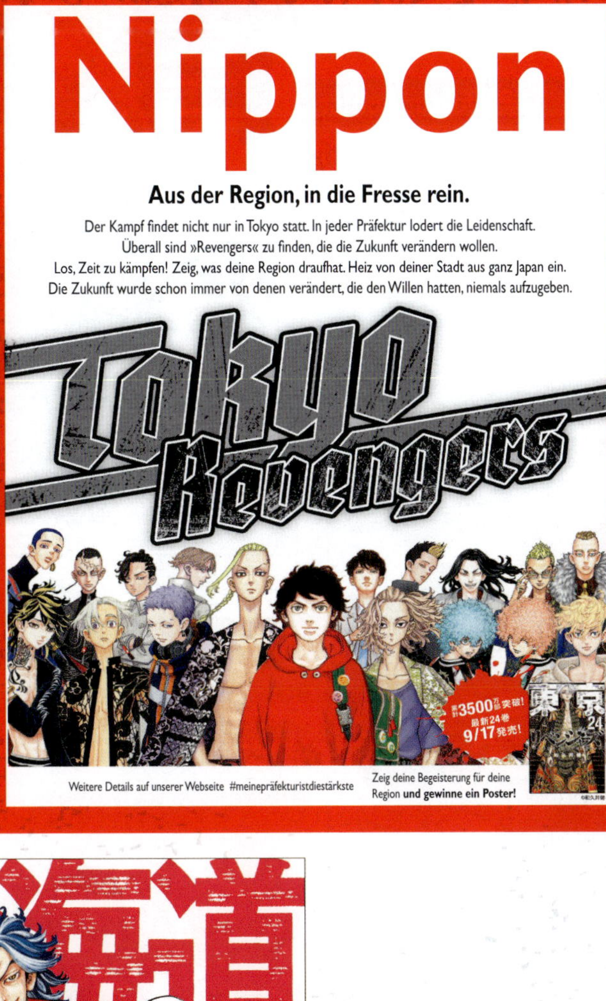

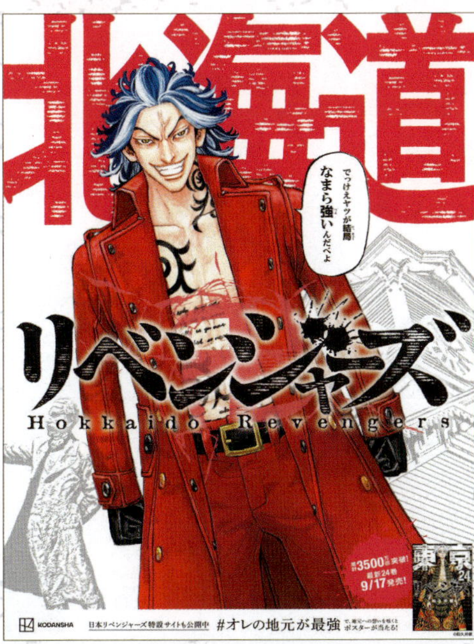

Präfektur Hokkaido

»Wer groß ist*, ist am Ende auch immer verdammt stark.«

Im Hintergrund: die Statue von William S. Clark und der Uhrturm von Sapporo

* Hokkaido ist die größte Präfektur Japans.

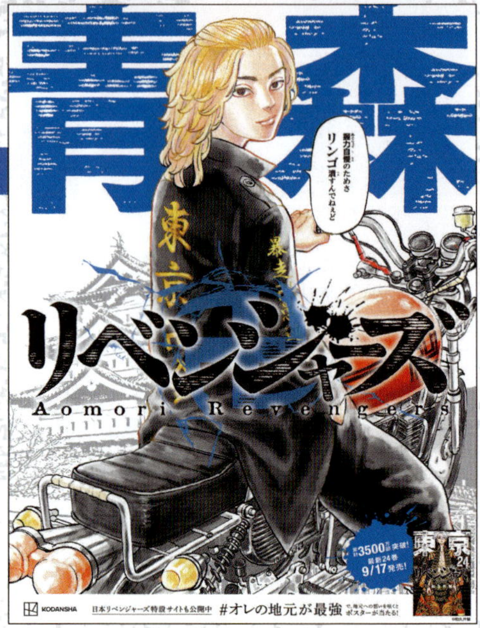

Präfektur Aomori

»Um zu beweisen, dass du kräftig zudrücken kannst, musst du keine Äpfel* zerquetschen.«

Im Hintergrund: die Tsurunomai-Brücke und die Burg Hirosaki

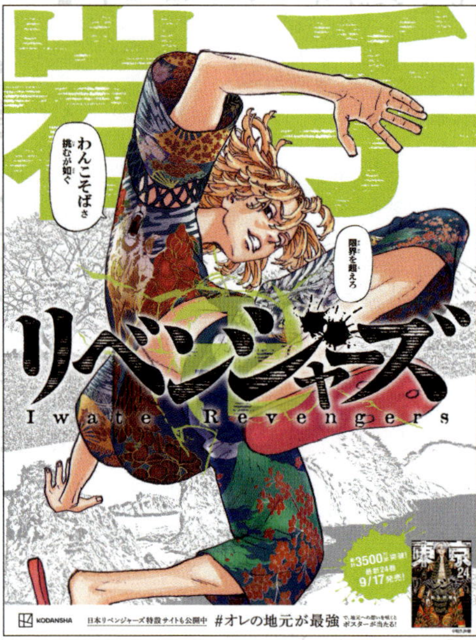

Präfektur Iwate

»Überwinde deine Grenzen, als würdest du dich der Herausforderung von Wanko-Soba stellen.«**

Im Hintergrund: der Berg Iwate und der Jodogahama-Strand

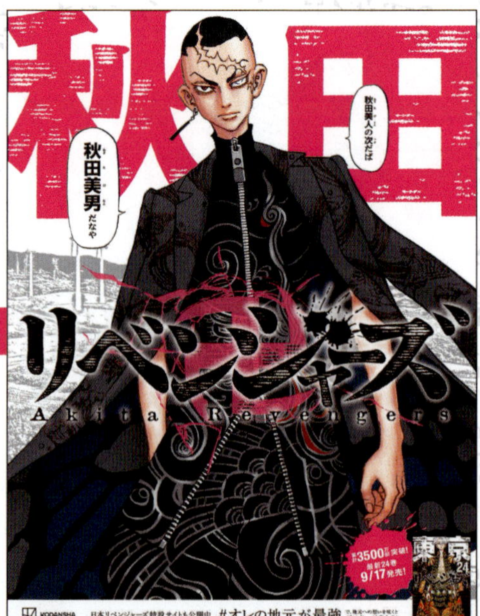

Präfektur Akita

»Nach den Akita-Schönheiten* kommen jetzt die Akita-Prachtburschen.«**

Im Hintergrund: der Tazawa-See und die Nikaho-Hochebene

* Aomori ist für seine Äpfel bekannt.

** Eine Spezialität, bei der man schnell hintereinander kleine Portionen an Buchweizennudeln (soba) essen muss, die so lange in kleinen Schälchen (wanko) nachgereicht werden, bis man aufgibt.

*** Akita ist bekannt für seine schönen Frauen.

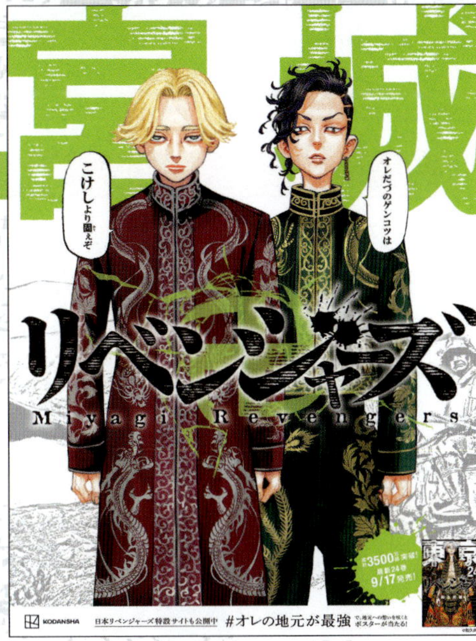

Präfektur Miyagi

»Unsere Fäuste sind härter als Kokeshi-Holzpuppen*«.

Im Hintergrund: der Berg Zao und das Reiterdenkmal von Masamune Date

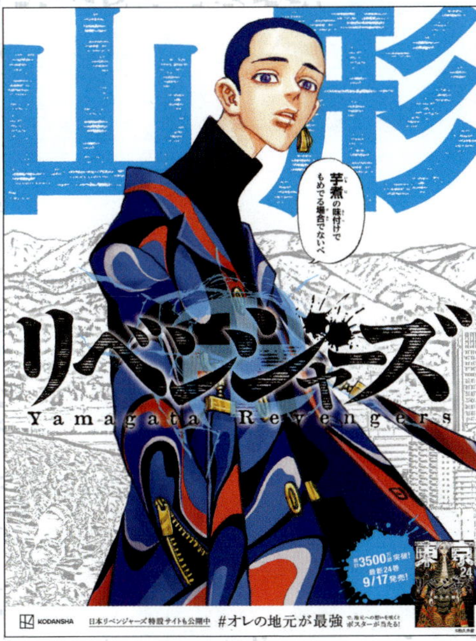

Präfektur Yamagata

»Bei der Würze für Imoni gibt's nichts zu diskutieren.«**

Im Hintergrund: die Zao-Bergkette mit ihren schneebedeckten Bäumen

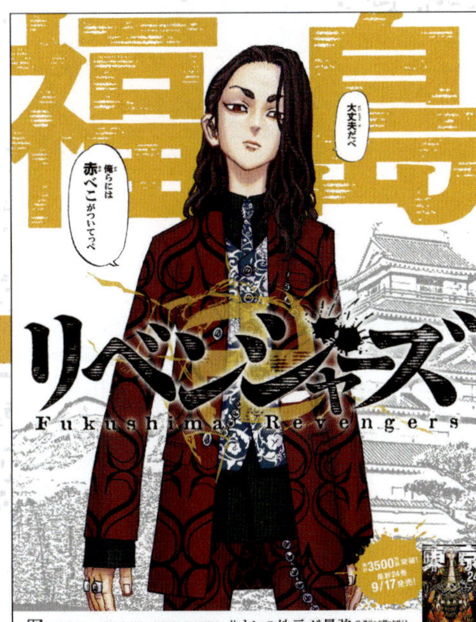

Präfektur Fukushima

»Wir fürchten nichts, denn wir haben die Akabeko* auf unserer Seite.«**

Im Hintergrund: die Goshikinuma-Kraterseen und die Burg Aizu-Wakamatsu

* Die Präfekturhauptstadt Sendai gilt auch als »Kokeshi-Hauptstadt«.
** Eintopf mit Taro-Knollen und Fleisch, für den Yamagata besonders bekannt ist.
*** Legendäre rote Kuh aus der Region Aizu und ein Symbol für Glück, Gesundheit und Stärke.

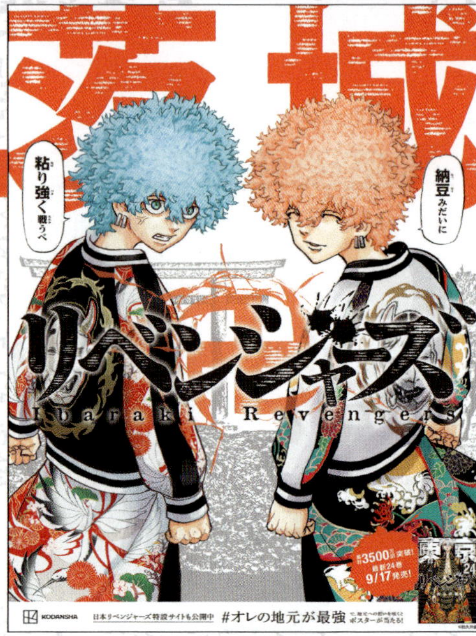

Präfektur Ibaraki

»Im Kampf sind wir genau so zäh wie Natto*-Fäden.«

Im Hintergrund: das Kamiiso-Schreintor des Oarai-Isosaki-Schreins und der Hitachi-Küstenpark

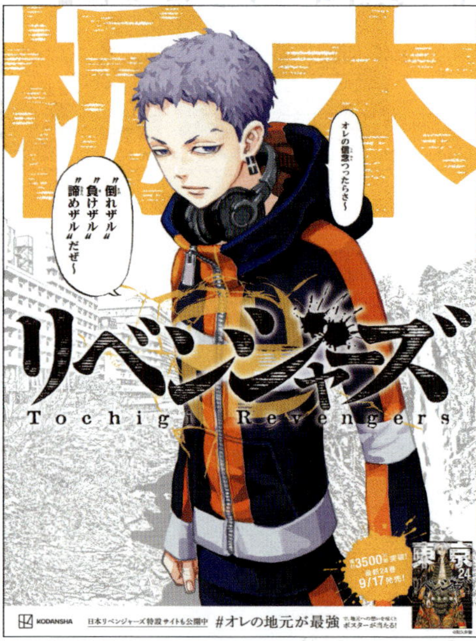

Präfektur Tochigi

»Meine Überzeugungen lauten: Nicht einknicken, nicht verlieren, nicht aufgeben.«**

Im Hintergrund: der Thermalbadeort Kinogawa-Onsen und die Kegon-Fälle

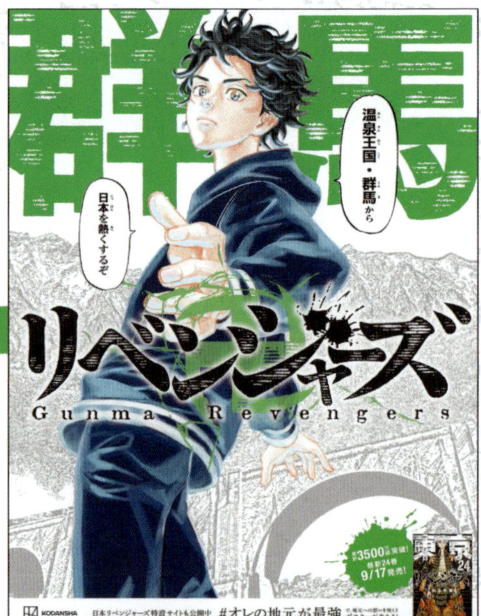

Präfektur Gunma

»Mit seinen heißen Quellen heizt Gunma ganz Japan ein.«

Im Hintergrund: die 3. Usui-Brücke (Meganebashi) und der Berg Tanigawa

* eine klebrige, fädenziehende Spezialität aus vergorenen Sojabohnen

** Anspielung auf die drei Affen, die »nichts sehen, nichts hören, nichts sagen«, und deren Holzbildnis im Toshogu-Schrein in Nikko steht.

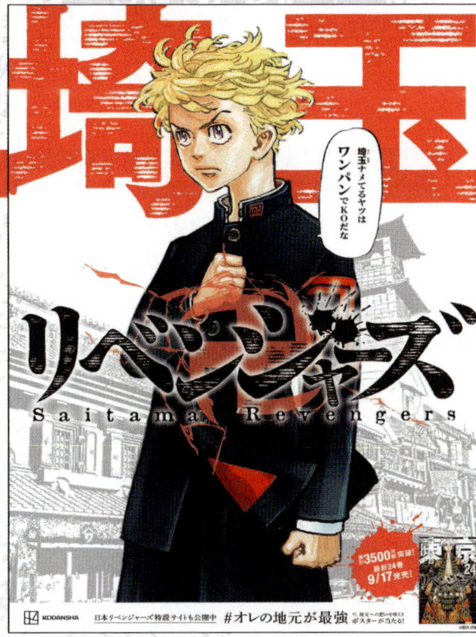

Präfektur Saitama

»Wer sich mit Saitama anlegt, wird mit einem Schlag* erledigt.«

Im Hintergrund: die Altstadt von Kawagoe mit dem Glockenturm Tokinokane

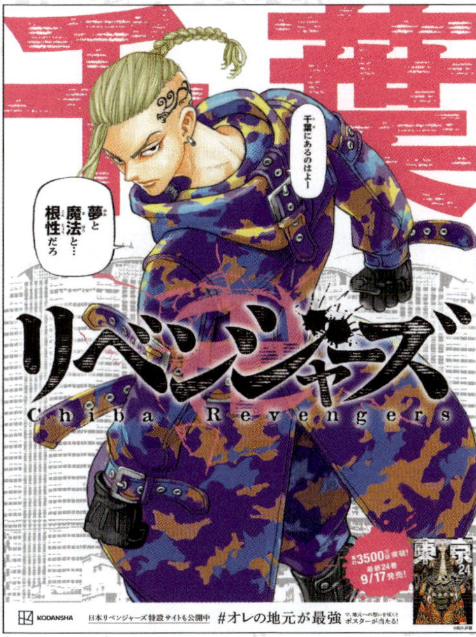

Präfektur Chiba

»In Chiba findet man Träume, Magie… und Kampfgeist.«**

Im Hintergrund: die Planstadt Makuhari

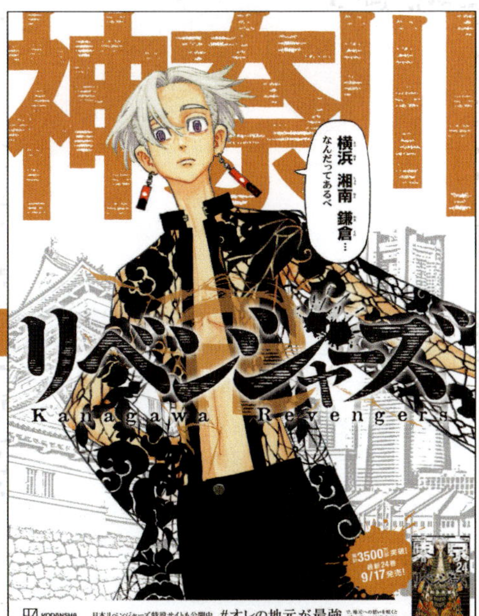

Präfektur Kanagawa

»Yokohama, Shonan, Kamakura…* All das findet man hier.«**

Im Hintergrund: die Burg Odawara und der Stadtteil Minato Mirai von Yokohama

* Anspielung auf den Manga »One Punch Man«, dessen Hauptfigur Saitama heißt

** Anspielung darauf, dass sich das Disneyland Tokyo in der Präfektur Chiba befindet

*** An diesen Orten, insbesondere in Shonan, soll es besonders viele Rockergangs geben. In Kanagawa spielen auch viele Rowdy-Mangas der 1990er-Jahre.

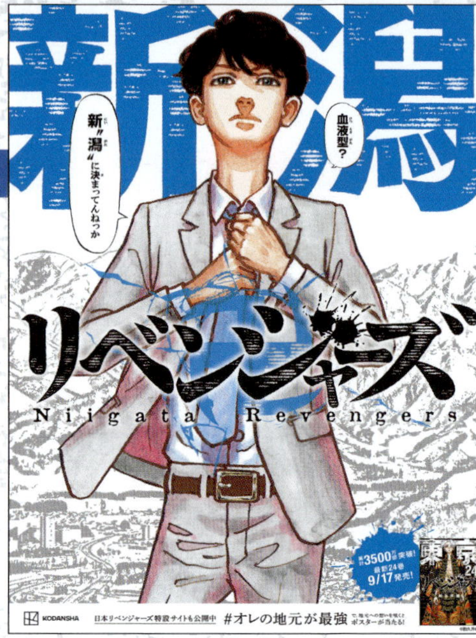

Präfektur Niigata

»Welche Blutgruppe ich habe? Nii-gata* natürlich.«

Im Hintergrund: das Skigebiet Echigo-Yuzawa

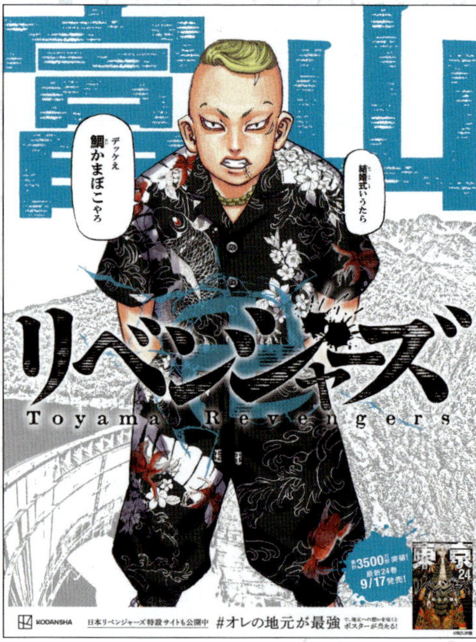

Präfektur Toyama

»Auf 'ner Hochzeit muss 'ne riesengroße Kamaboko-Meerbrasse her.«**

Im Hintergrund: die Kurobe-Talsperre

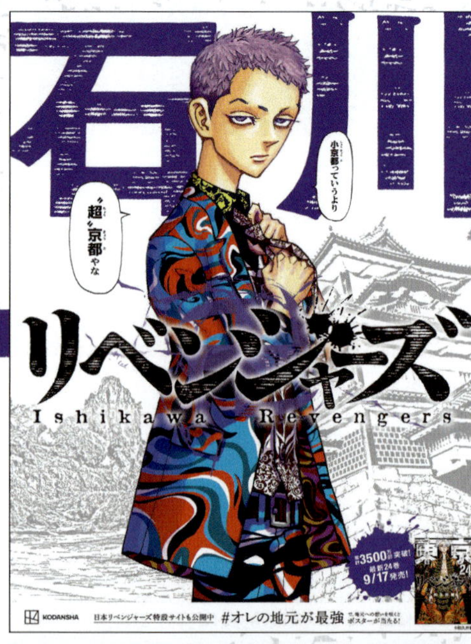

Präfektur Ishikawa

»Wohl eher ›Super-Kyoto‹ als ›Kleines Kyoto‹*.«**

Im Hintergrund: die Burg Kanazawa und die Stadt Wajima

* Wortspiel mit dem Präfekturnamen und der Nachsilbe -gata für Blutgruppen im Japanischen (z. B. A-gata = Blutgruppe A)

** Aus Surimi (Krabbenfleischersatz) nachgebildete Meerbrasse, die auf Hochzeiten in Toyama oft als Gastgebergeschenk verteilt werden.

*** Beiname der Präfekturhauptstadt Kanazawa

Präfektur Fukui

»Koshihikari* kommt nicht aus Niigata, sondern aus Fukui!«

Im Hintergrund: die Tojinbo-Steilküste und der Mikatago-See

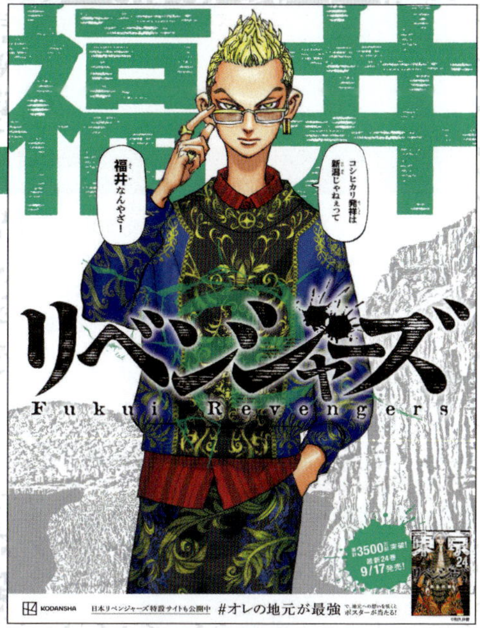

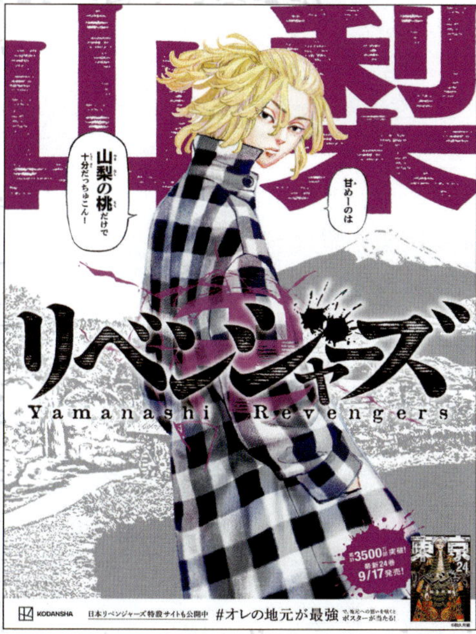

Präfektur Yamanashi

»Süß müssen nur die Pfirsiche aus Yamanashi sein.«

Im Hintergrund: das Dorf Oshino mit seinen acht Teichen (Oshino Hakkai)

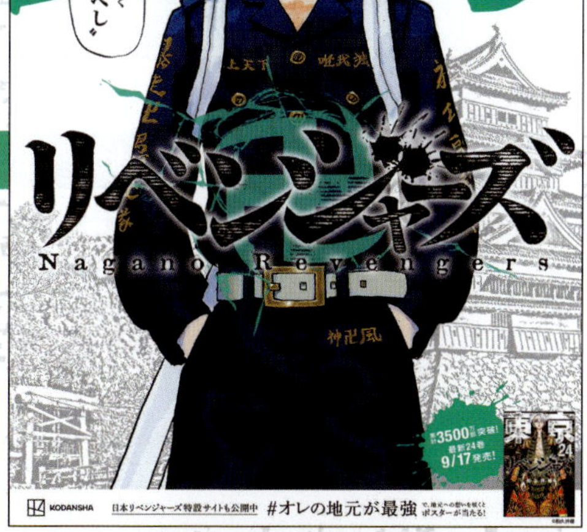

Präfektur Nagano

»Bei Soba-Nudeln und bei 'ner Prügelei muss man zuschlagen.«**

Im Hintergrund: das Kamikochi-Tal und die Burg Matsumoto

* Eine der meistangebauten Reissorten in Japan, die erstmals Mitte des 20 Jh. in Fukui gezüchtet wurde. Heute ist unter diesem Namen jedoch eher eine Luxurreissorte aus Niigata bekannt.

** Die bekannteste Buchweizennudelsorte in Japan kommt aus Nagano.

Präfektur Shizuoka

»Auf Englisch übersetzt heißt Shizuoka ›Silent Hill‹… Ziemlich cool, oder?«

Im Hintergrund: Teefelder und der Berg Fuji

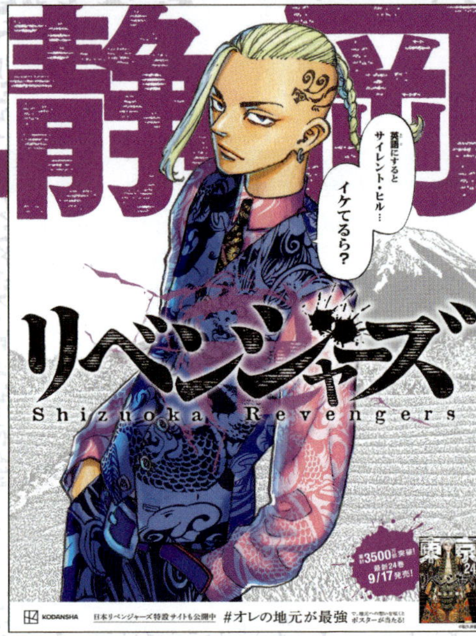

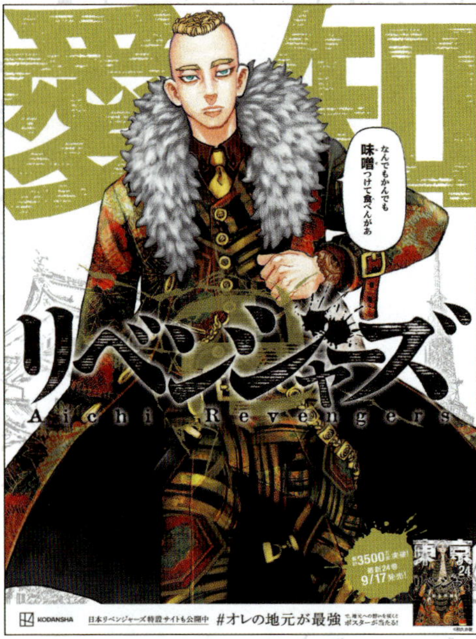

Präfektur Aichi

»Ich könnte alles mit Miso* essen.«

Im Hintergrund: die Burg Nagoya und der Fernsehturm Mirai Tower

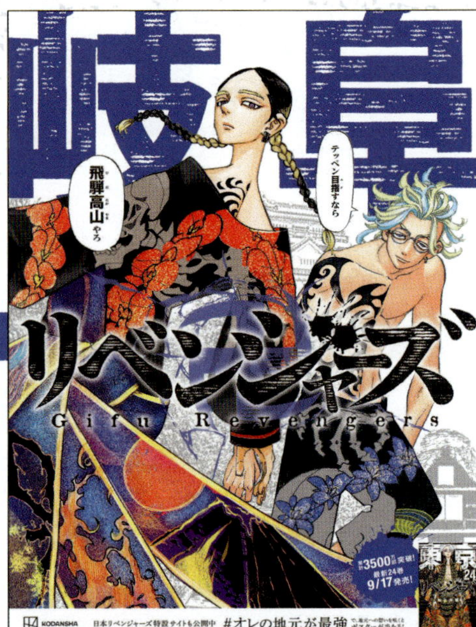

Präfektur Gifu

»Wenn du an die Spitze willst, komm nach Hida-Takayama.«**

Im Hintergrund: das historische Dorf Shirakawa-go und die Burg Gifu

* Aichi ist für die Produktion von rotem Miso (Sojabohnenpaste) bekannt, welches dort auch sehr gerne gegessen wird.

** Die Stadt Takayama liegt inmitten der Japanischen Alpen, unter denen die höchsten Berge Japans nach dem Fuji zu finden sind.

Präfektur Mie

»Du kannst natürlich die Götter um Hilfe bitten*, aber deine Kumpels sind auch für dich da.«

Im Hintergrund: die Meoto-Felsen und die Reis-Terrassen von Maruyama

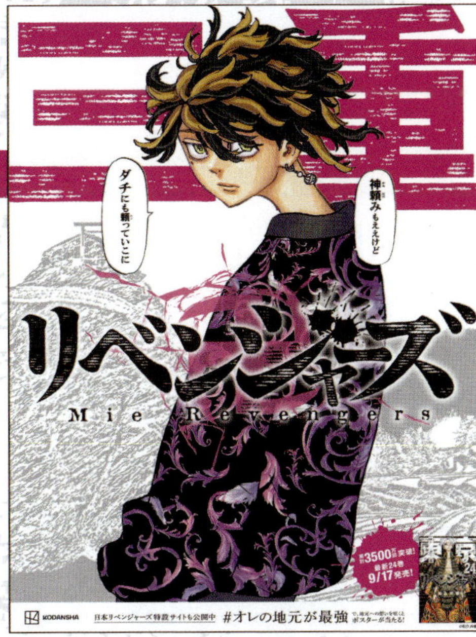

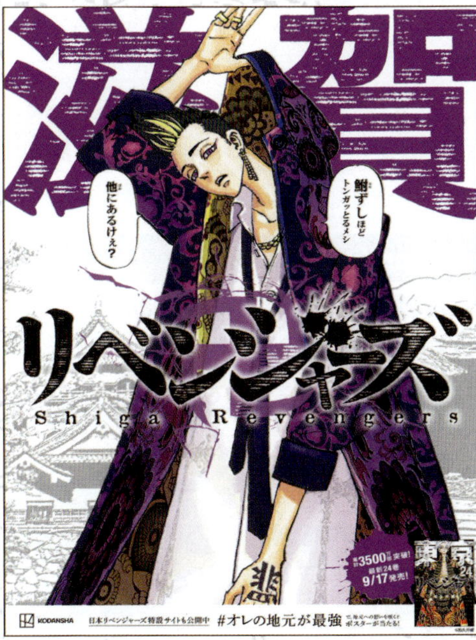

Präfektur Shiga

»Gibt's ein intensiveres Gericht als Funazushi?«**

Im Hintergrund: die Burg Hikone und der Biwa-See

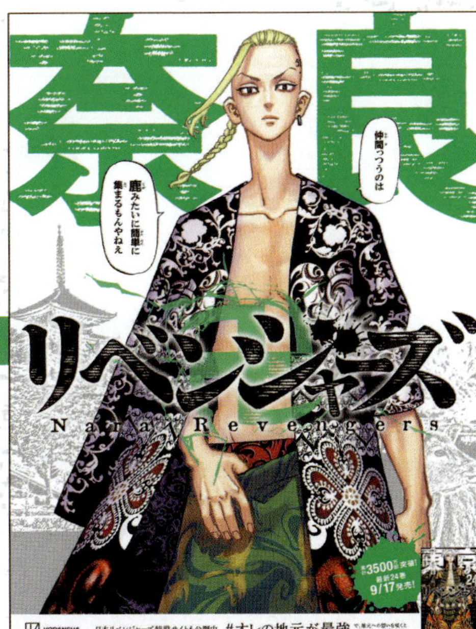

Präfektur Nara

»Gute Kumpels schart man nicht so leicht um sich wie Hirsche.*«**

Im Hintergrund: die Hirsche im Nara-Park und die fünfstöckige Pagode des Kofuku-Tempels

* In Mie liegt der Großschrein von Ise, die wichtigste heilige Stätte des Shinto-Glaubens.

** Sushi-Spezialität, bei der Fisch erst einige Zeit in Reis fermentiert wird und dadurch einen sehr starken Geruch bekommt.

*** Die im Nara-Park freilaufenden Hirsche sind äußerst zutraulich und kommen sofort angelaufen, wenn man Futter für sie hat.

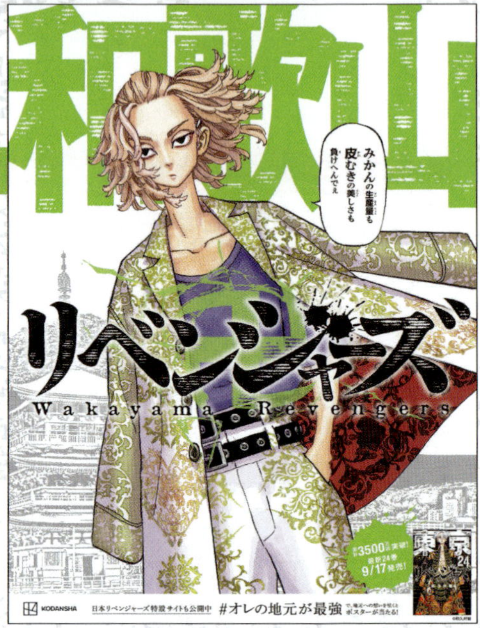

Präfektur Wakayama

»Beim Anbau und beim Schälen von Satsumas* macht uns keiner was vor.«

Im Hintergrund: die dreistöckige Pagode des Seiganto-Tempels und der Strand von Shirahama

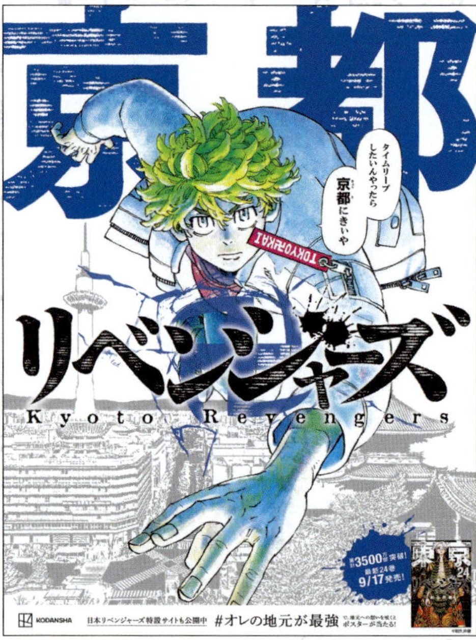

Präfektur Kyoto

»Wenn ihr durch die Zeit reisen wollt, kommt nach Kyoto.«**

Im Hintergrund: der Kyoto-Tower und die fünfstöckige Pagode des Kizomizu-Tempels

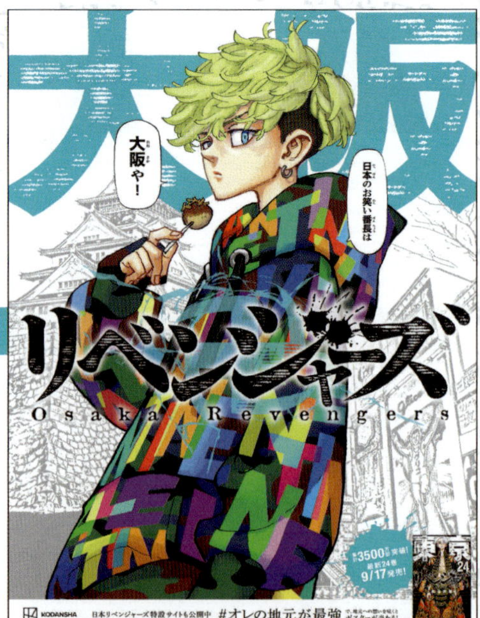

Präfektur Osaka

»In der Comedy* ist Osaka die unschlagbare Nummer Eins.«**

Im Hintergrund: das Viertel Dotonbori und die Burg Osaka

* Wakayama ist das Hauptanbaugebiet von Satsuma-Früchten. Von dort kommt auch eine spezielle Technik, Satsumas zu schälen und schön zu zerteilen.

** Als alte Kaiserstadt gilt Kyoto als Kulturhauptstadt Japans, in der sich Tradition und Moderne mischen.

*** Osaka ist die Heimat von Manzai, einer Form der Stand-up-Comedy, die in ganz Japan sehr beliebt ist.

Präfektur Hyogo

»Die Hyogo-Gang besteht aus mehr als nur aus Kobe.«

Im Hintergrund: der Hafen von Kobe und die Burg Himeji

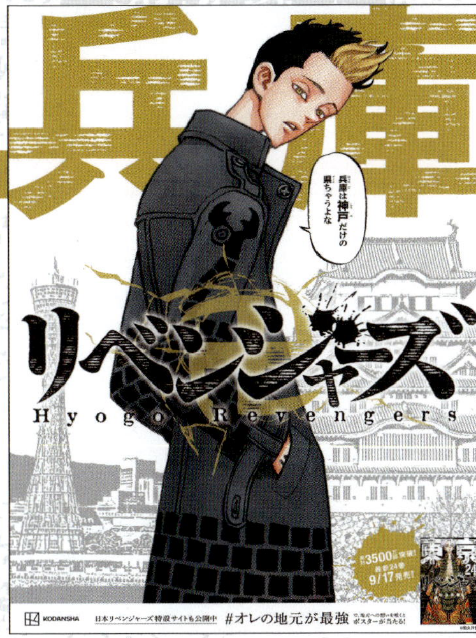

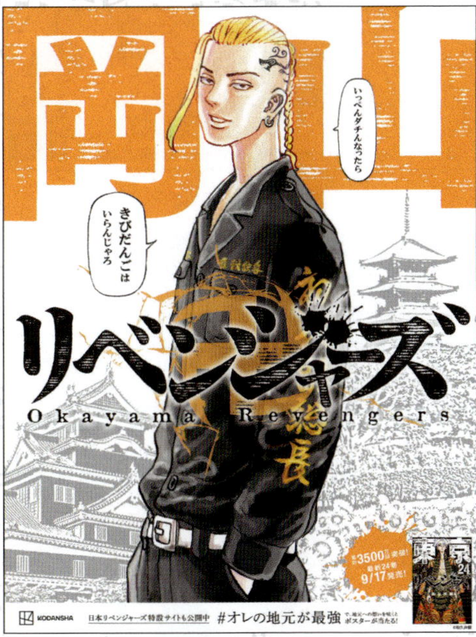

Präfektur Okayama

»Sind wir erst mal Kumpels, braucht's keine Kibi-Dango* mehr.«

Im Hintergrund: die Sonnenblumenfelder beim Bitchu-Kokubunji-Tempel und die Burg Okayama

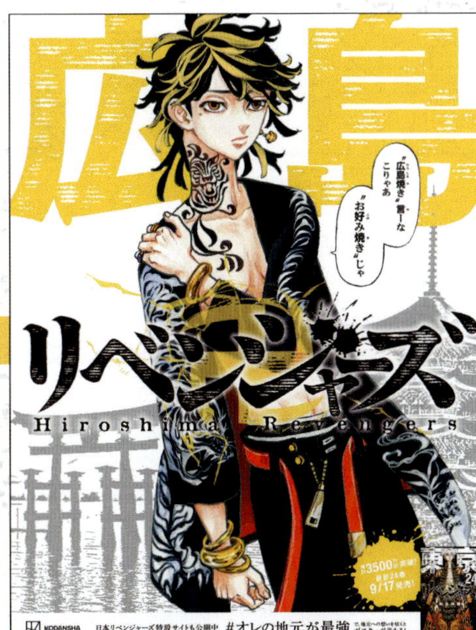

Präfektur Hiroshima

»Sagt nicht ›Hiroshima-yaki‹. Das heißt ›Okonomiyaki‹.«**

Im Hintergrund: die fünfstöckige Pagode sowie das große Schreintor des Itsukushima-Schreins

* Traditionelle Süßigkeit aus der Region in Klößchenform; Anspielung auf das Märchen »Momotaro«, in der die Hauptfigur Gefährten mithilfe von Kibi-Dango rekrutiert.

** Okonoymiyaki ist eine Art belegter Pfannkuchen. In Hiroshima wird die lokale Variante als einzig rechtmäßige angesehen.

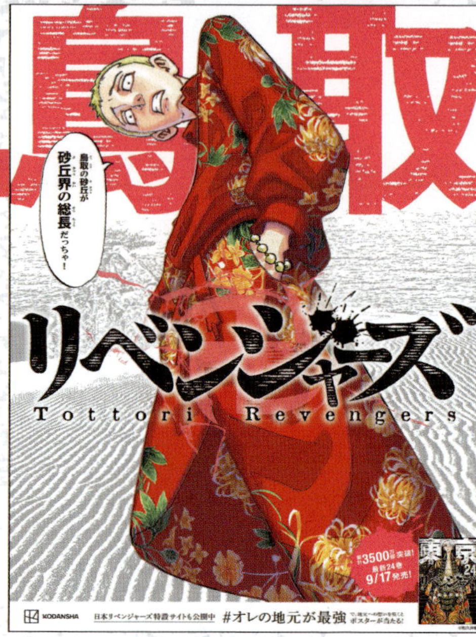

Präfektur Tottori

»Die Dünen von Tottori sind der Boss der Dünenwelt!«

Im Hintergrund: die Tottori-Dünen und der Fels Sengan Matsushima

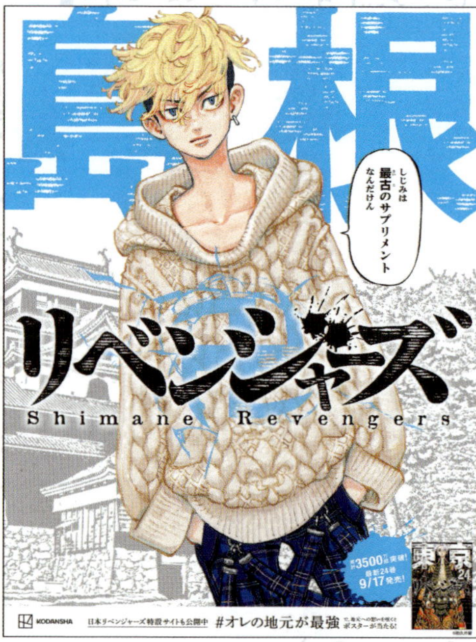

Präfektur Shimane

»Körbchenmuscheln* sind das älteste Nahrungsergänzungsmittel.«

Im Hintergrund: die Burg Matsue

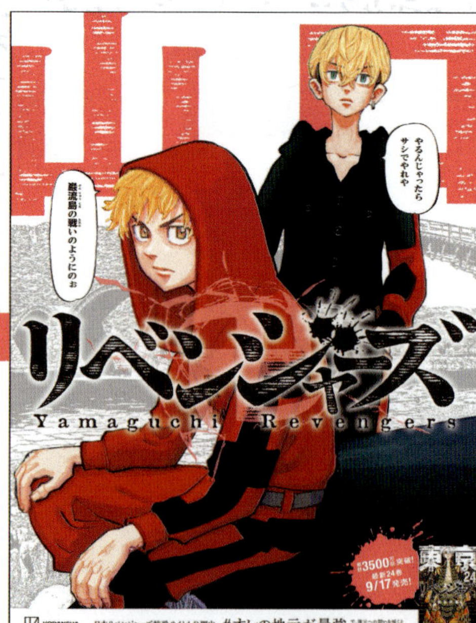

Präfektur Yamaguchi

»Wenn du kämpfen willst, dann Mann gegen Mann, wie bei Ganryujima**.«

Im Hintergrund: das Akiyoshi-Karstplateau und die Kintai-Brücke

* Die japanische Art dieser Muscheln, von denen am meisten in Matsue gefangen werden, ist seit Jahrhunderten dafür bekannt, gut für die Leber zu sein.

** Austragungsort des Duells zwischen den beiden legendären Schwertkämpfern Musashi Miyamoto und Kojiro Sasaki.

Präfektur Kagawa

»Ich verpass dir einen Schlag, der genauso viel Biss hat wie Udon*.«

Im Hintergrund: die Honen'ike-Talsperre

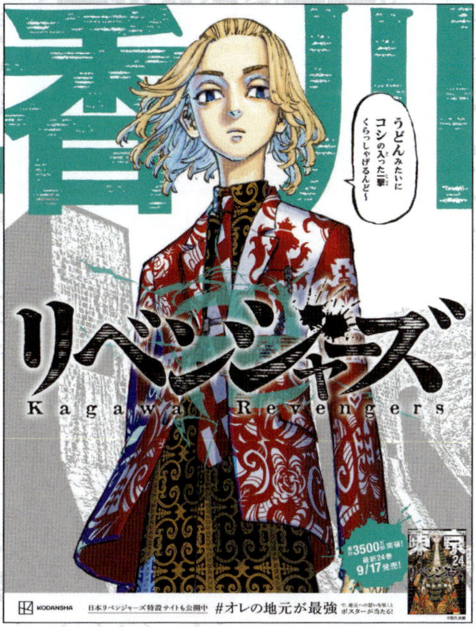

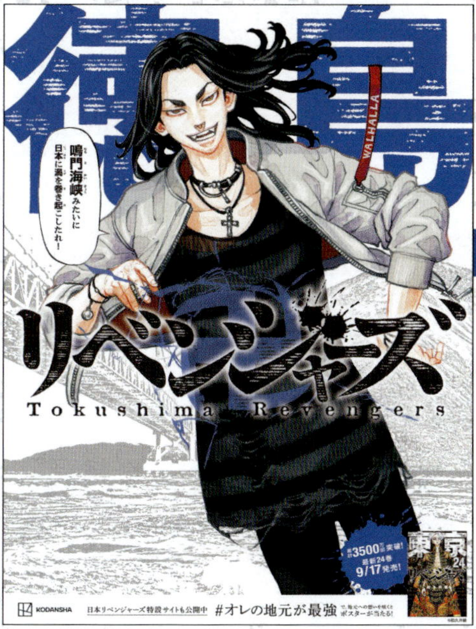

Präfektur Tokushima

»Wirble Japan auf wie die Strudel der Naruto-Straße!«**

Im Hintergrund: die Onaruto-Brücke und der Berg Tsurugi

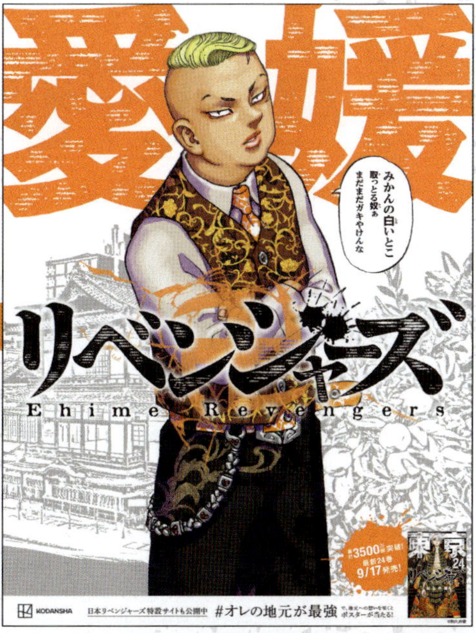

Präfektur Ehime

»Nur kleine Kinder knibbeln die weißen Fäden von 'ner Mandarine runter.«

Im Hintergrund: das historische Thermalbad Dogo-Onsen und Mandarinenplantagen

* Dicke Weizennudeln. Kagawa ist der größte Produzent von Udon und bekannt für seine Udon-Kultur.

** Meerenge im Südosten der Seto-Inlandsee, bekannt für seine großen Gezeitenstrudel

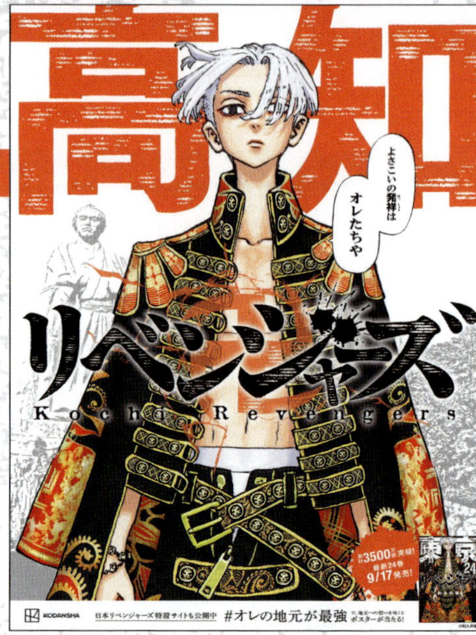

Präfektur Kochi

»Yosakoi* stammt aus unserer Gegend.«

Im Hintergrund: der Katsurahama-Strand und die Statue von Ryoma Sakamoto

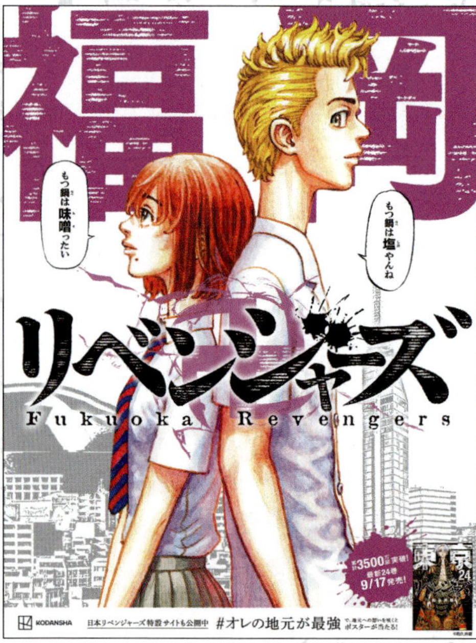

Präfektur Fukuoka

»In Motsunabe kommt nur Salz.«**
»Nein, da muss Miso rein.«

Im Hintergrund: der Stadtteil Seaside Momochi

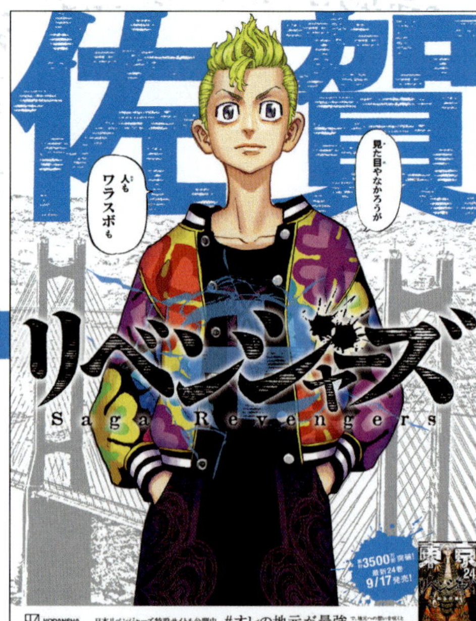

Präfektur Saga

»Man sollte nie nach dem Äußeren gehen, weder bei Menschen noch bei Warasubo*.«**

Im Hintergrund: die Yobuko-Brücke

* Volkstanz(-stil), der sich nach einem ersten Yosakoi-Festival in Kochi in den 1950er-Jahren über ganz Japan ausbreitete

** Innereieneintopf, der zur lokalen Küche gehört

*** Aalgrundel-Art, die wie die Larven der außerirdischen Kreaturen aus dem Film »Alien« aussieht und in der Region um die Ariake-See als Delikatesse gilt.

Präfektur Nagasaki

»Egal wie steil die Hänge* auch sind, wir werden sie überwinden.«

Im Hintergrund: die Windmühlen von Huis Ten Bosch und die Statue des Friedens im Friedenspark

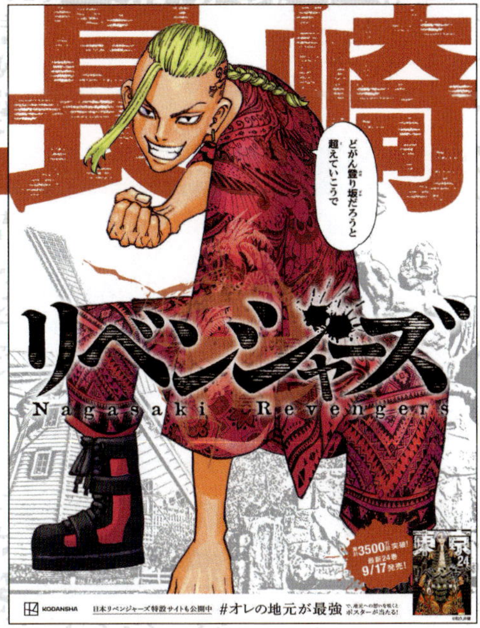

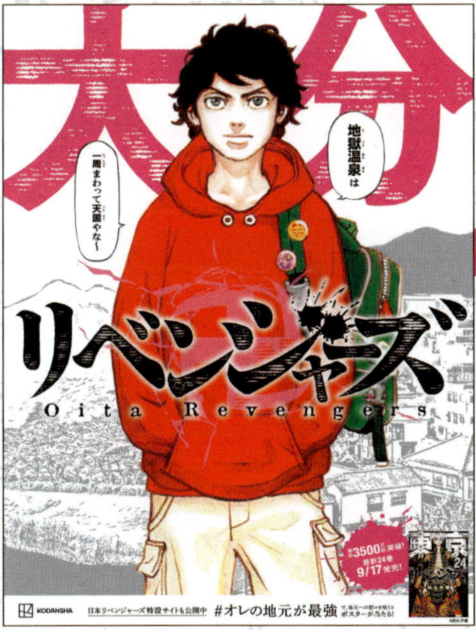

Präfektur Oita

»Unsere Höllenbäder sind das reinste Paradies.«**

Im Hintergrund: der Berg Yufu und der Thermalbadeort Beppu

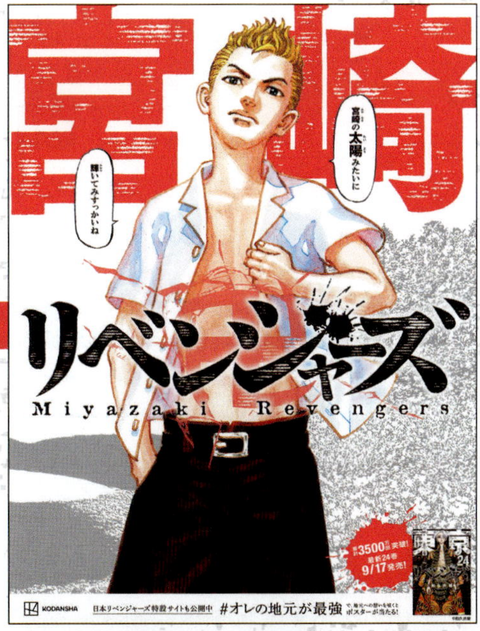

Präfektur Miyazaki

»Ich werde strahlen wie die Sonne über Miyazaki*.«**

Im Hintergrund: die Ikoma-Hochebene und der Onami-See vom Berg Karakuni aus gesehen

* Einige Stadtviertel von Nagasaki wurden an steilen Hängen erbaut.

** Die als »Höllen von Beppu« bekannten, jedoch nicht zum Baden geeigneten Thermalquellen sind eine Sehenswürdigkeit des Thermalbadeorts.

*** Miyazaki ist bekannt für seine vielen Sonnenstunden.

Präfektur Kumamoto

»Du bist ein gestandener Mensch, wenn du Karashi-Renkon* verträgst.«

Im Hintergrund: die Kusasenri-Ebene und die Sakitsu-Kirche

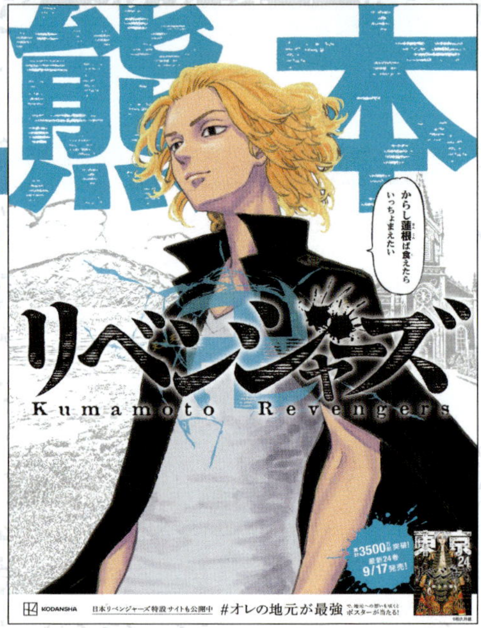

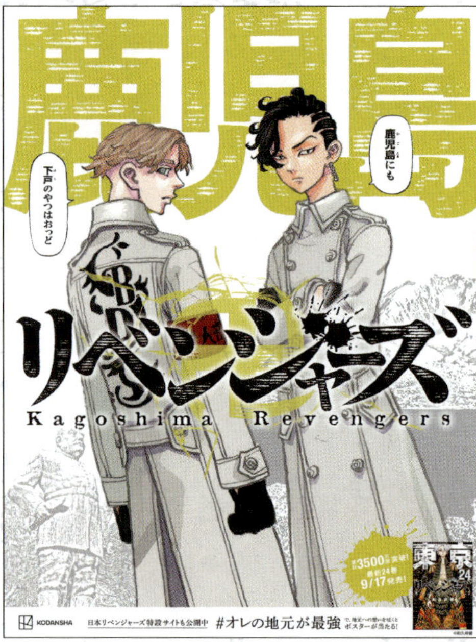

Präfektur Kagoshima

»Auch in Kagoshima gibt's Nichttrinker.**«

Im Hintergrund: die Statue von Takamori Saigyo und der Vulkan Sakurajima

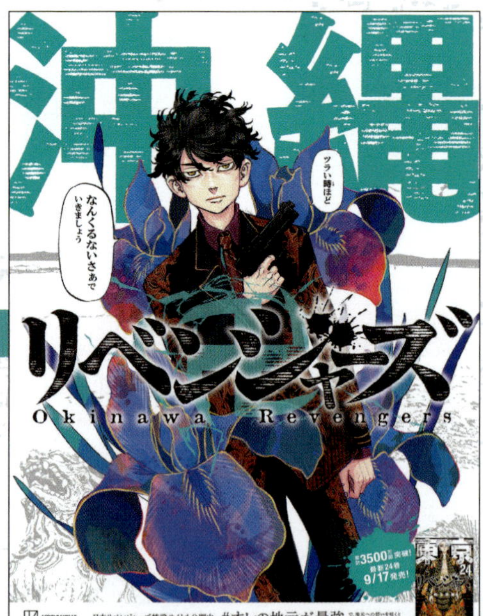

Präfektur Okinawa

»Denk dir in schwierigen Momenten einfach: ›Nan kuru nai sa‹***.«

Im Hintergrund: ein Shisa-Steinlöwe und die Yaeyama-Inseln

* Spezialität aus Kumamoto; im Teigmantel frittierte Lotuswurzel mit Miso-Senf-Füllung
** In Kagoshima wird angeblich gern und viel getrunken.
*** Redewendung im Okinawa-Dialekt mit der Bedeutung »es wird schon alles werden«

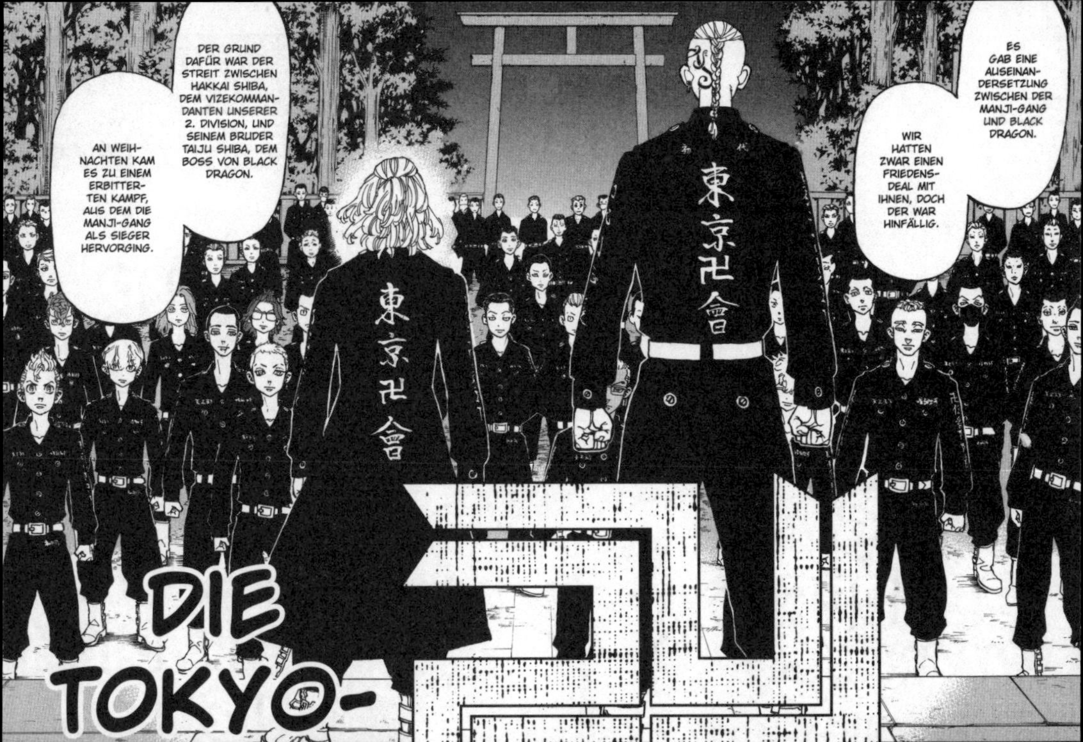

DIE TOKYO-MANJI-GANG

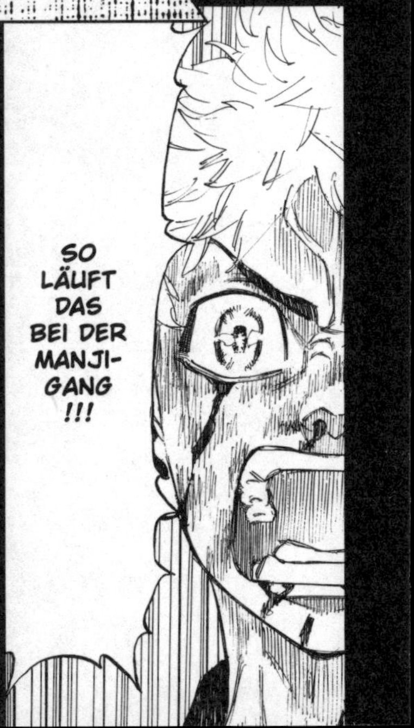

Mikey und die Manji-Gang schreiten weiter voran auf dem Weg, eine neue Ära der Rowdys einzuleiten.

Damit die coolen Jungs, die einen auf dicke Hose machen, sich ständig prügeln und ihren Scheiß unter sich regeln, wieder glänzen können, kämpft die Manji-Gang weiterhin für eine neue Ära der Rowdys.

Die Freundschaft zu seinen Gangbrüdern über alles wertzuschätzen und jederzeit bereit zu sein, sich für seine Kumpels einzusetzen – das ist der Geist der Manji-Gang, der in den Herzen von Takemichi, Mikey, Draken und den anderen lebt.

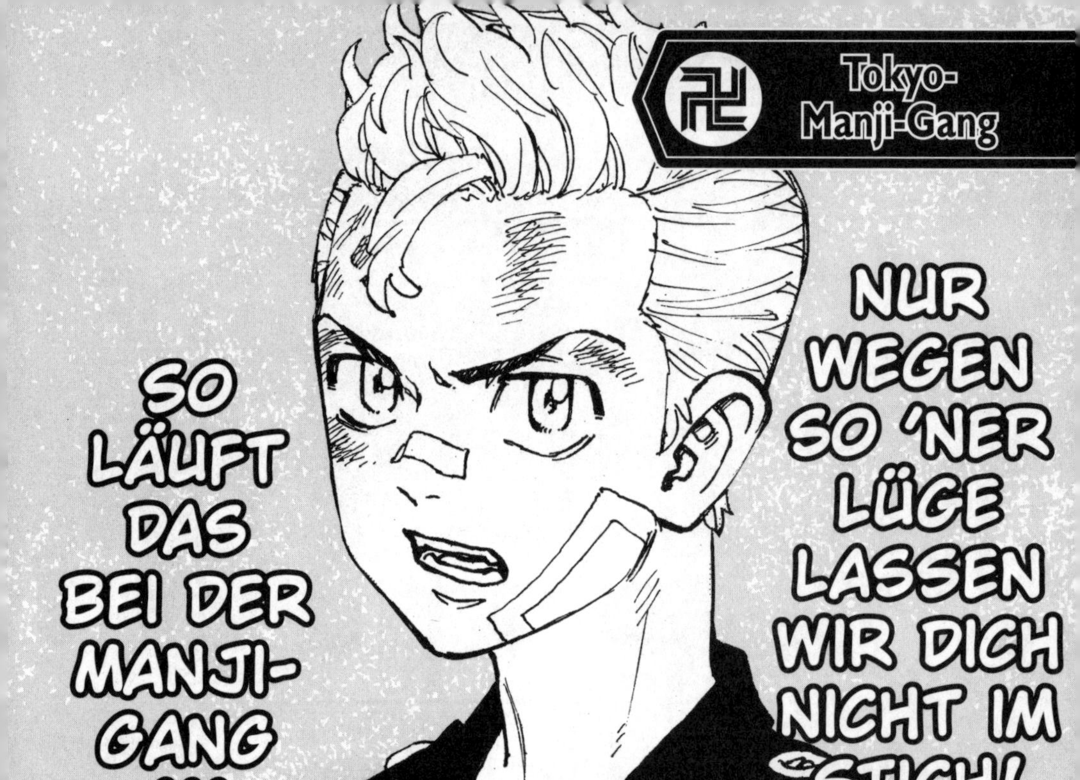

♦ Größe: 1,65 m ♦ Gewicht: 55 kg ♦ Geburtstag: 25. Juni 1991 ♦ Sternzeichen: Krebs ♦ Blutgruppe: A ♦ Spitzname: Takemitchy
♦ Themenfarbe: Hellgrün ♦ Liebt: Chips (mit Suppengeschmack) ♦ Hasst: Gespenster ♦ Besondere Fähigkeit: gut im Puzzeln ♦ Bewundert: Mikey, Draken
♦ Kommt nicht so gut zurecht mit / Hat Angst vor: Kazutora, Peh ♦ Traum: Was war das noch mal? Kann sich nicht erinnern.
♦ Bemerkenswerte (oder bedauernswerte) Leistung: Bei der Arbeit wurde er von einem jüngeren Kollegen scharf zurechtgewiesen, weil er DVDs falsch ins Regal einsortiert hatte. ♦ Lieblingsort: Deich am Fluss ♦ Ein Tag aus seinem Leben: Beim Frühstück erhält er eine Nachricht von Hina und schwelgt für eine Weile in Glückseligkeit. ⇨ Weil er im Matheunterricht nicht aufgepasst hat, wird er ausgeschimpft und zu Nachhilfestunden verdonnert. ⇨ In der Mittagspause spielt er mit seinen Kumpels Fußball. ⇨ Nach der Schule geht er mit Hina auf ein Date ins Bahnhofsviertel, wo sie ein wenig herumschlendern. ⇨ Bevor er ins Bett geht, will er Hina noch per SMS Gute Nacht sagen, feilt aber so lange am Text herum, dass er erst spät ins Bett kommt, am nächsten Morgen verschläft und in der Schule wieder Ärger bekommt.

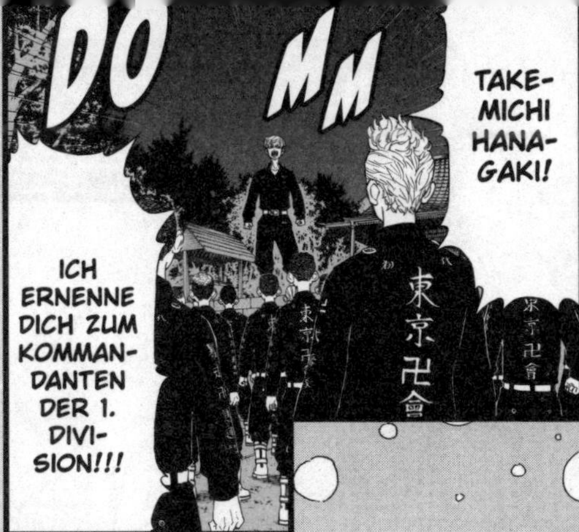

Er folgt Baji nach und wird der neue Kommandant der 1. Division!

»Ich lege Mikey und die Manji-Gang jetzt in deine Hände!« Das waren Bajis letzte Worte an Takemichi, der schließlich als neuer Kommandant der 1. Division in Bajis Fußstapfen tritt. Als ihm Chifuyu zudem Bajis Band für die Uniform überreicht, verspricht Takemichi, dass er gerade und unaufhaltsam seinen Weg verfolgen wird. Bestärkt durch das Erbe seines verstorbenen Vorgängers stürzt sich Takemichi in die Weihnachtsschlacht.

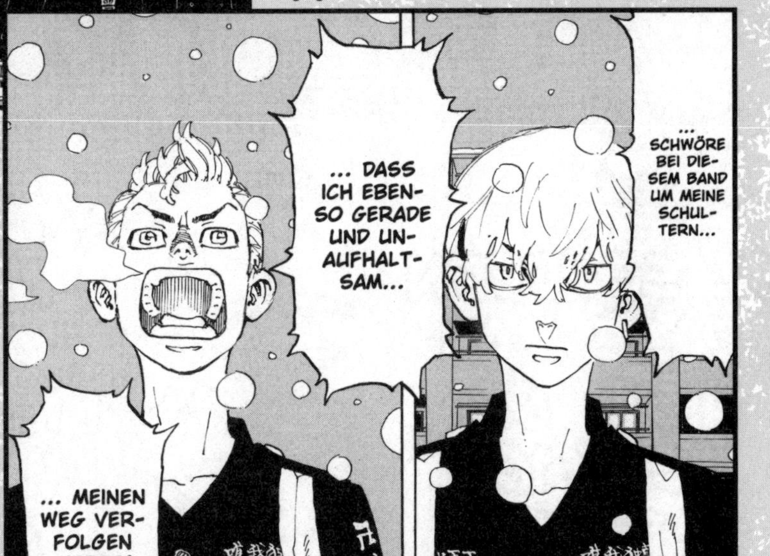

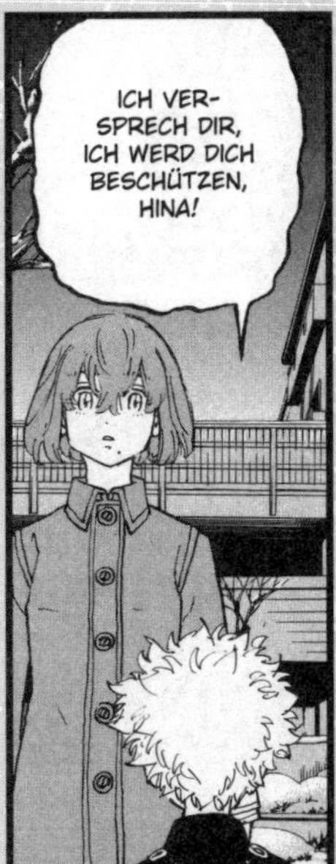

Wiedervereint mit Hina nach einer kurzen Trennung, kämpft er weiter, um sie zu beschützen!

Nachdem Hinas Vater Masato von ihm wissen möchte, ob er denn garantieren könne, dass Hina durch ihn, einen Rowdy, nicht in Schwierigkeiten gerät, und Takemichi nicht in der Lage ist, die Frage zu bejahen, macht er mit Hina Schluss. Doch nach der Weihnachtsschlacht kann er seine Gefühle für sie nicht länger unterdrücken. Während er sich an die furchtbaren Ereignisse, die er in der Zukunft miterleben musste, erinnert, schwört er Hina unter Tränen, dass er sie retten wird, sooft es auch nötig ist. Danach werden sie wieder ein Paar.

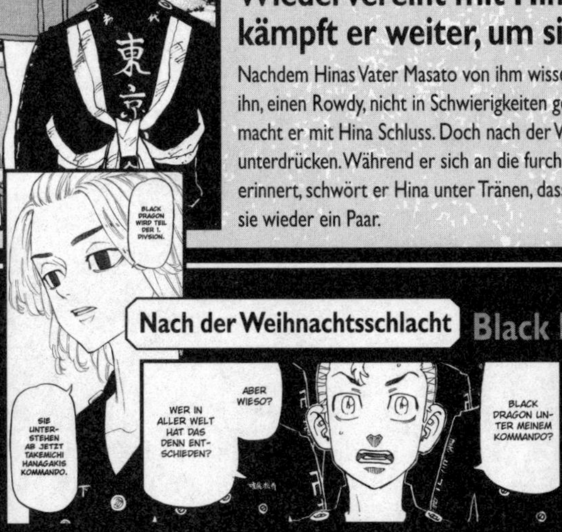

Nach der Weihnachtsschlacht Black Dragon wird ihm unterstellt!

Auf Inupis und Kokos Wunsch hin, wird die 11. Generation von Black Dragon Teil der Manji-Gang und unter Takemichis direkten Befehl gestellt. Takemichi ist ganz verdutzt, als Inupi ihm sagt, dass er sich einfach melden soll, wenn er Unterstützung braucht.

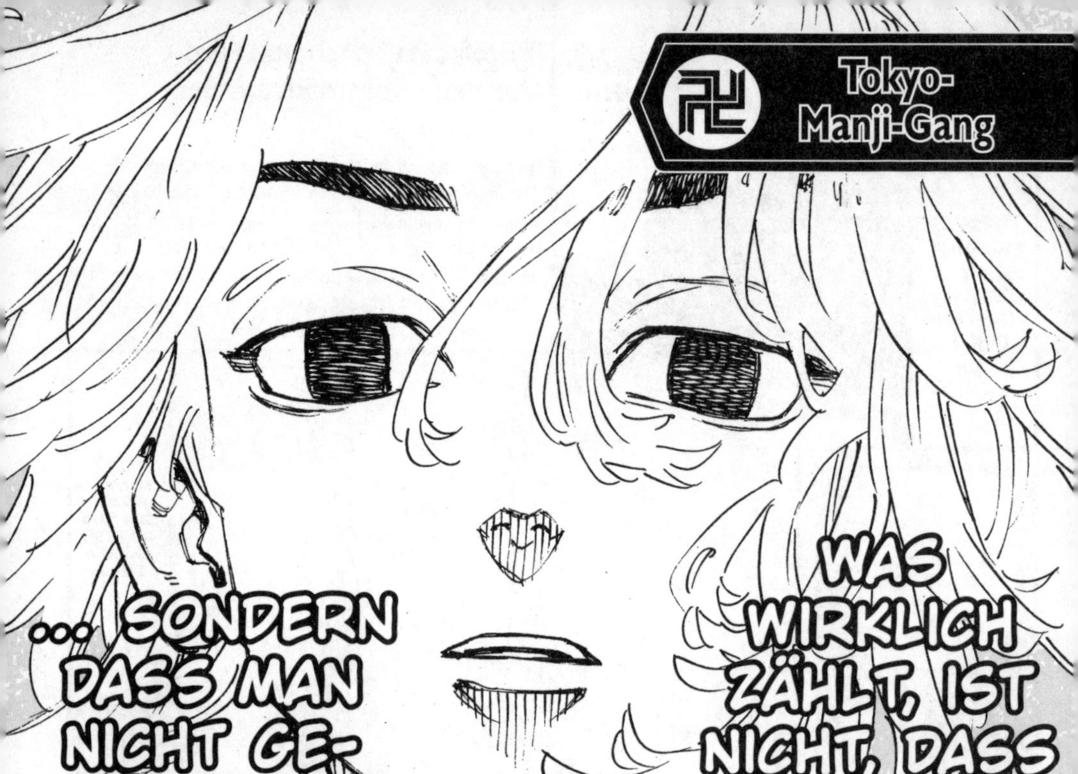

♦ Größe: 1,62 m ♦ Gewicht: 56 kg ♦ Geburtstag: 20. August 1990 ♦ Sternzeichen: Löwe ♦ Blutgruppe: B ♦ Spitzname: Mikey ♦ Themenfarbe: Rot

♦ Liebt: Reisomelett (mit Fähnchen drauf), gefüllte Pfannkuchen, Taiyaki (mit Bohnenpaste gefüllte Waffeln in Fischform) ♦ Hasst: scharfes Essen

♦ Besondere Fähigkeit: kann sich seine Gelenke aus- und wieder einrenken ♦ Bewundert: sich selbst

♦ Kommt nicht so gut zurecht mit / Hat Angst vor: niemandem ♦ Traum: eine neue Ära der Rowdys einzuleiten

♦ Bemerkenswerte (oder bedauernswerte) Leistung: kann zwar keine Drunken Fist, ist dafür aber auch im Schlaf unschlagbar

♦ Lieblingsort: eine Ecke seines Schmusetuchs ♦ Ein Tag aus seinem Leben: Wird von Draken geweckt und geht zur Schule, nur um dort die Kantine zu nutzen. Während des Unterrichts lädt er seine Energien auf (d. h. er schläft). ⇨ Im Lehrerzimmer geht eine »Anleitung für den Umgang mit Sano« herum. Auch in der Mittagspause lädt er weiter seine Energien auf (d. h. er schläft weiter). ⇨ Begibt sich mit Draken zu einem Treffen der Manji-Gang und fährt danach die ganze Nacht mit dem Motorrad herum.

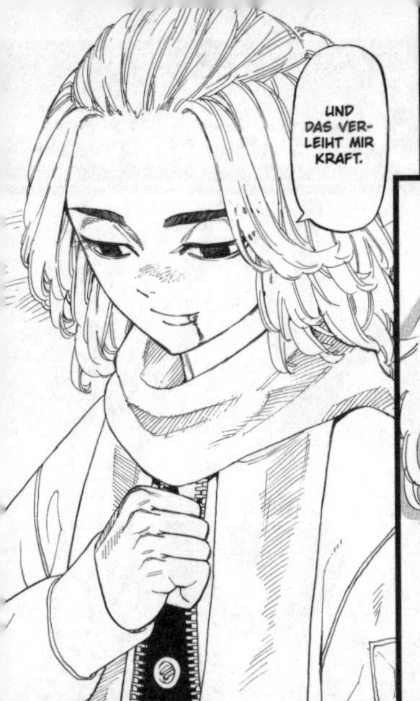

Unterstützt durch seine Freunde will er eine neue Ära einleiten

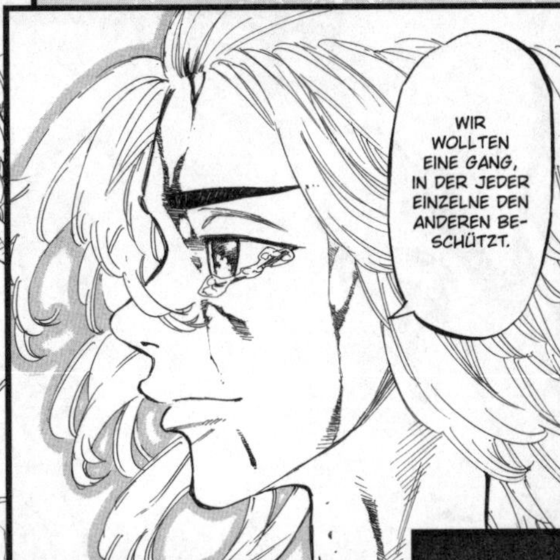

Mikey erinnert sich an das Versprechen, das er und seine Freunde sich bei der Ganggründung gaben, nämlich eine Gang zu schaffen, in der jeder einzelne den anderen beschützt. Seine Freunde und das Andenken an seinen Bruder Shin'ichiro und an Baji geben Mikey Halt bei seinem Vorhaben, die Gang zu vergrößern und eine neue Ära der Rowdys einzuleiten.

Trennung von Kisaki und dessen schmutzigen Methoden!

Mikey hatte lange Zeit die Augen vor Kisakis fragwürdigen Methoden verschlossen, weil diese der Gang dabei halfen, an Einfluss zu gewinnen. Doch als er von Kisakis Verrat bei der Weihnachtsschlacht erfährt, fasst er den Entschluss, ihn aus der Gang zu werfen. Kisakis Ausreden, dass er das alles nur getan habe, um der Gang beim Wachsen zu helfen, schenkt Mikey kein Gehör. Sein Traum ist es, eine neue Ära der Rowdys einzuleiten, und er merkt, dass ein hinterhältiger Typ wie Kisaki ihm diesen Traum nur verderben würde.

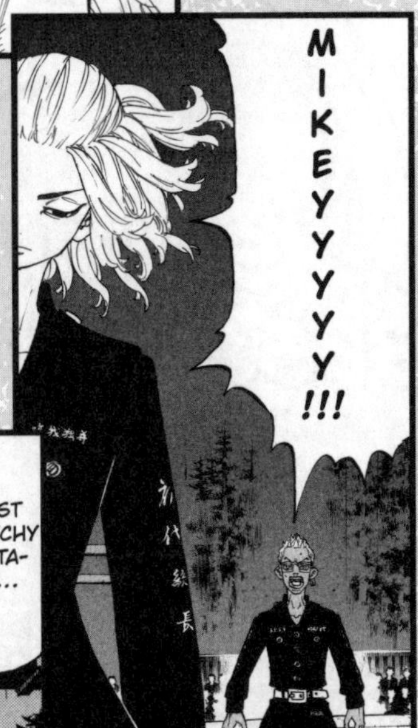

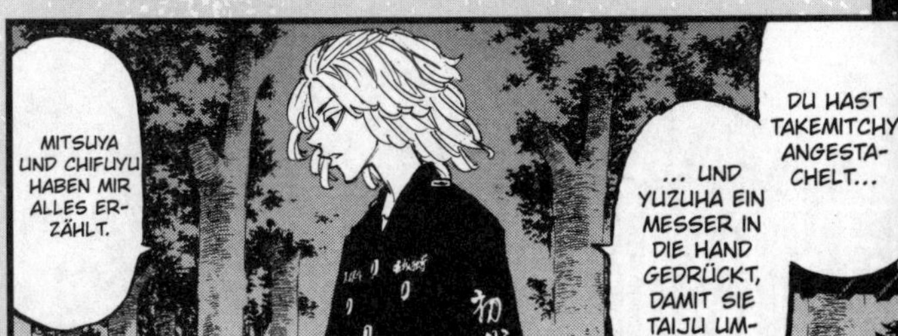

Nach der Weihnachtsschlacht

Was er eigentlich von Takemichi möchte

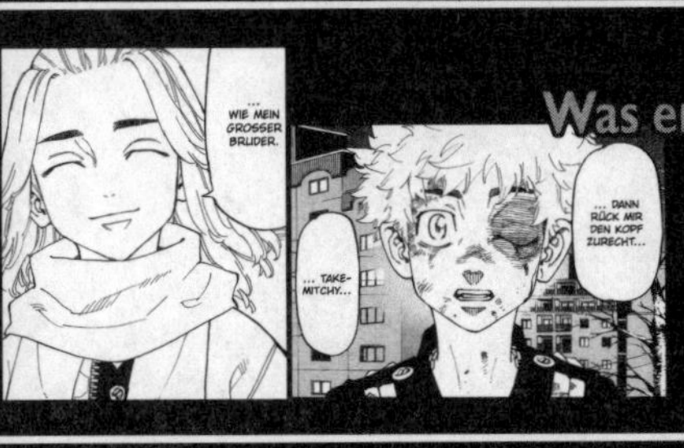

Mikey bittet Takemichi, ihm den Kopf zurechtzurücken, sollte er einmal kurz davorstehen, zu verzweifeln oder nicht mehr er selbst zu sein. Er hält Takemichi, der niemals aufgibt, für wirklich stark und sieht in ihm einen Freund, der ihn genau wie Shin'ichiro früher auf dem richtigen Weg halten kann.

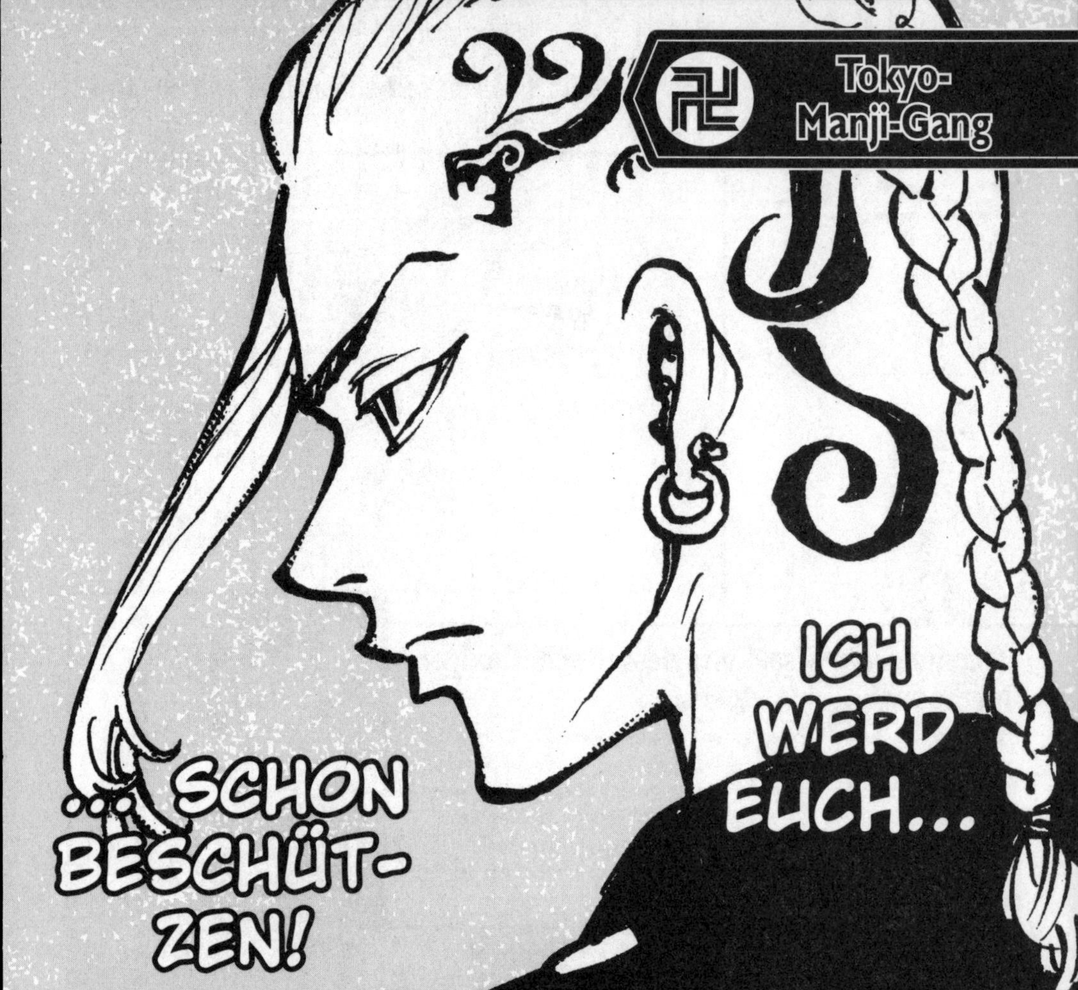

Vizegründungs-oberhaupt der Manji-Gang

KEN RYUGUJI

♦ Größe: 1,85 m ♦ Gewicht: 75 kg ♦ Geburtstag: 10. Mai 1990 ♦ Sternzeichen: Stier ♦ Blutgruppe: 0

♦ Spitzname: Draken ♦ Themenfarbe: Pink ♦ Liebt: an Motorrädern herumzuschrauben ♦ Hasst: alte Männer, die nach Parfüm stinken

♦ Besondere Fähigkeit: Lebensratschläge zu geben (weil er ein offenes Ohr für die Mädchen im Bordell hat und ihnen jeden Tag zuhört)

♦ Bewundert: Manjiro Sano ♦ Kommt nicht so gut zurecht mit / Hat Angst vor: Kazutora

♦ Traum: seine untere Körperhälfte durch ein Motorrad zu ersetzen ♦ Bemerkenswerte (oder bedauernswerte) Leistung: nahm einmal eine ganze Rockergang auseinander, während er einen schlafenden Mikey auf dem Rücken trug ♦ Lieblingsort: das Viertel Dogenzaka in Shibuya ♦ Ein Tag aus seinem Leben: Fährt zu Mikey, um ihn aufzuwecken, und danach gehen sie entweder zur Schule, mischen Rowdys aus einer anderen Schule auf oder basteln an Motorrädern herum, je nachdem, wonach Mikey gerade der Sinn steht.

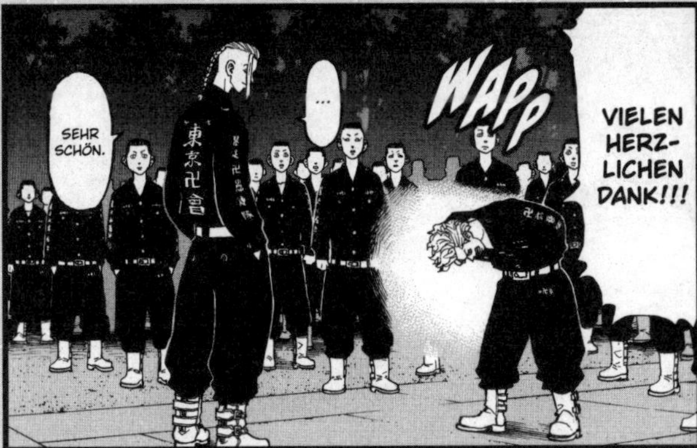

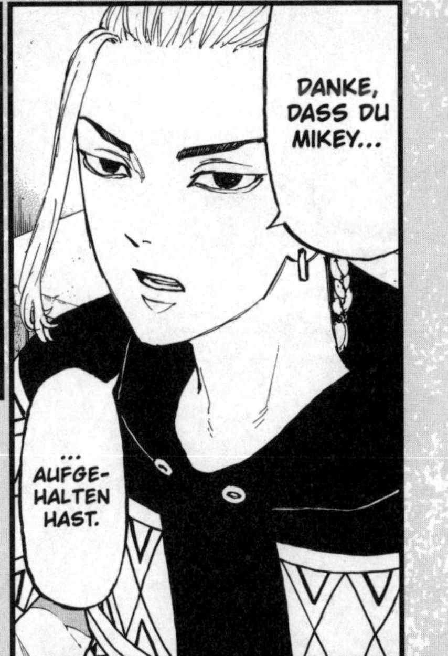

Immer stärkeres Vertrauen zu Takemichi

Draken konnte nun schon bei mehreren Gelegenheiten Takemichis Willensstärke miterleben, sei es beim Kampf vom 3. August, wo ihm Takemichi das Leben rettete, oder beim Blutigen Halloween, wo dieser den wild gewordenen Mikey stoppte. Er vertraut Takemichi inzwischen sehr und lädt ihn sogar zu sich nach Hause ein. Er ist für ihn längst ein Freund, vor dem er sich nicht zu verstellen braucht.

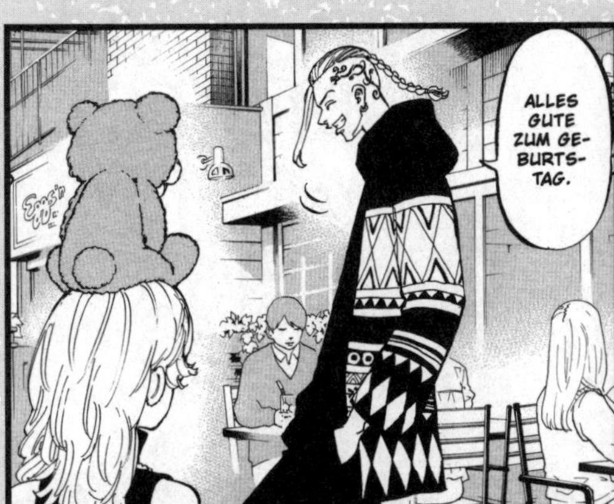

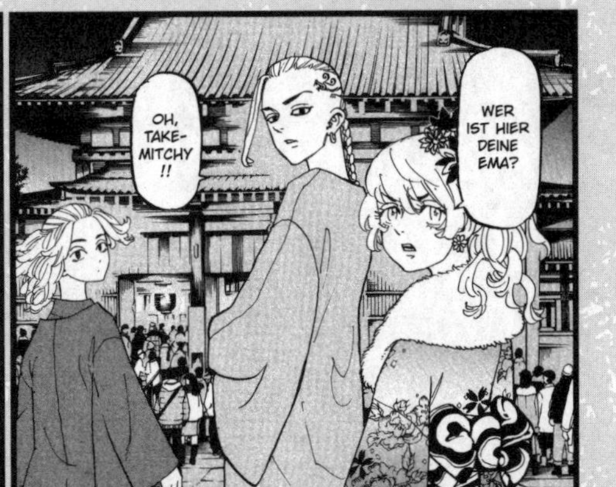

Keine Fortschritte in der Beziehung zu Ema?

Obwohl er ganz genau weiß, was Ema für ihn empfindet, macht er keinerlei Anstalten, ihre Gefühle zu erwidern. Dennoch zeigen kleine Gesten, wie etwa ein Geschenk für sie zum Geburtstag, dass er nicht ganz abgeneigt sein dürfte. Sie sind mehr als Freunde, aber auch kein Paar, und das wird vermutlich noch für eine Weile so bleiben.

Nach der Weihnachtsschlacht

Das Spitzenduo der Manji-Gang ist in Topform!

Zusammen haben Mikey und er bisher noch kein einziges Mal verloren. Bei der Weihnachtsschlacht erledigt Draken ganz allein die 100 Elitekämpfer von Black Dragon und stellt einmal mehr seine gewaltige Stärke zur Schau. Er wird wohl auch weiterhin als Vizeboss der Manji-Gang und als Mikeys Partner und seelische Stütze eine wichtige Rolle spielen.

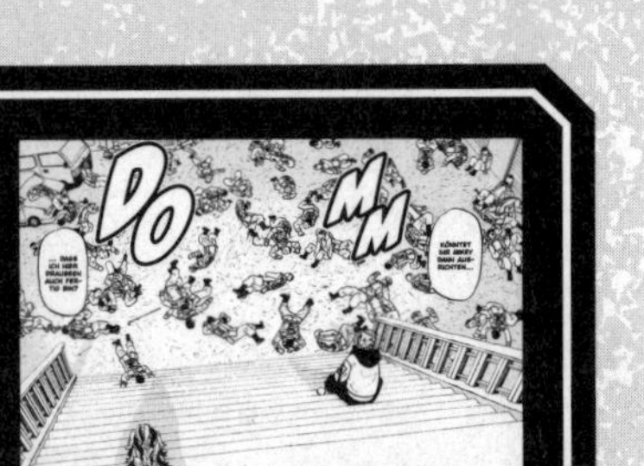

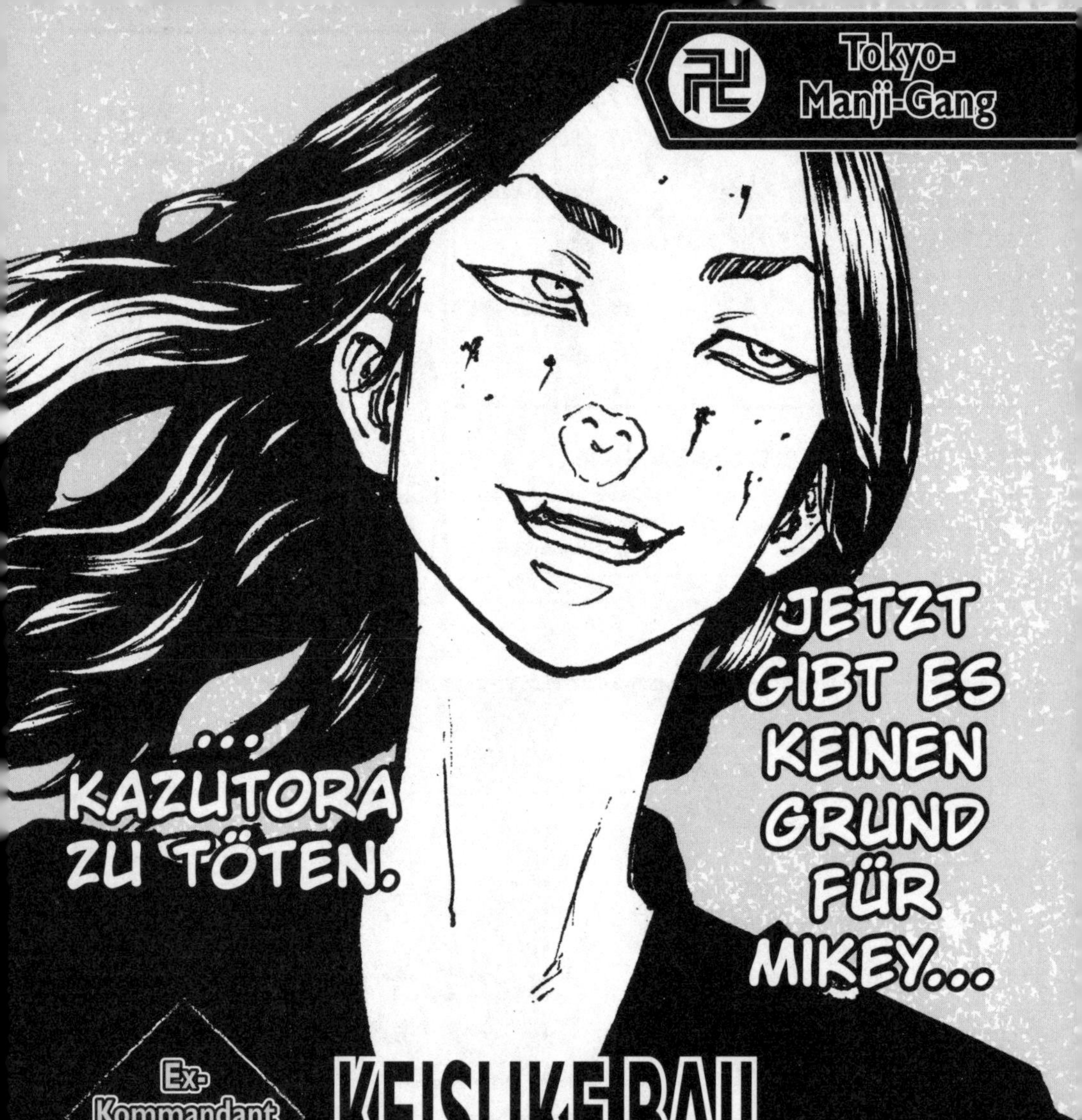

♦ Größe: 1,75 m ♦ Gewicht: 58 kg ♦ Geburtstag: 3. November 1990 ♦ Sternzeichen: Skorpion ♦ Blutgruppe: AB ♦ Themenfarbe: Dunkelblau ♦ Liebt: Krimiserien ♦ Hasst: Eintopfgerichte ♦ Besondere Fähigkeit: zuerst die Fäuste sprechen zu lassen ♦ Bewundert: die Schauspielerin Yuko Natori ♦ Kommt nicht so gut zurecht mit / Hat Angst vor: seiner Mutter ♦ Traum: seine eigene Tierhandlung zu betreiben ♦ Bemerkenswerte (oder bedauernswerte) Leistung: Er ist bei Tieren sehr beliebt. In seinem Zimmer tauchen laufend streunende Katzen auf. ♦ Lieblingsort: das Dojo von Mikeys Familie ♦ Ein Tag aus seinem Leben: Seine Mutter hat geweint, weil er sitzengeblieben ist. Er weiß, dass er sich beim Lernen mehr anstrengen muss, aber nichts davon, was er im Unterricht hört, bleibt hängen. Er fragt Mikey um Rat, der ihm vorschlägt, sich erst mal eine Brille zuzulegen, denn die würde ihn sicher schlauer machen. Er macht sich mit Draken und Mikey auf den Weg nach Shibuya, um sich eine zu kaufen. Dort kommt es zum Streit mit einem Rowdy, den er angerempelt hat. Der Typ ist stinksauer und droht, seine Kumpels zu rufen, also warten sie. Als circa 40 weitere Kerle auftauchen, spielen Mikey, Draken und er eine Runde Stein-Schere-Papier. Als Sieger darf er dann allein seinen Spaß mit den 40 Gegnern haben. Die Brille vergisst er.

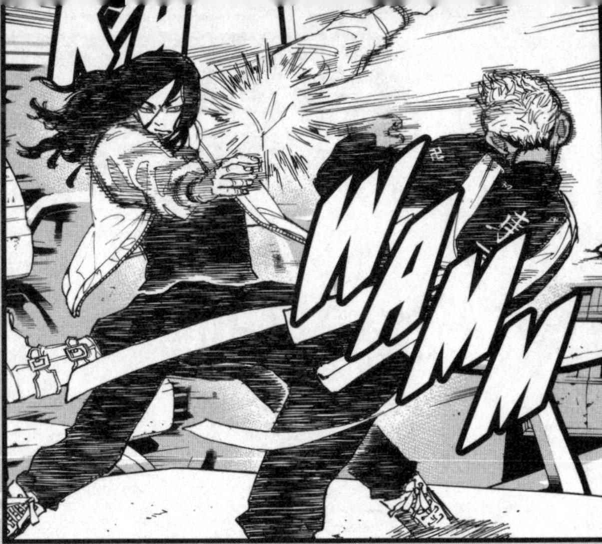

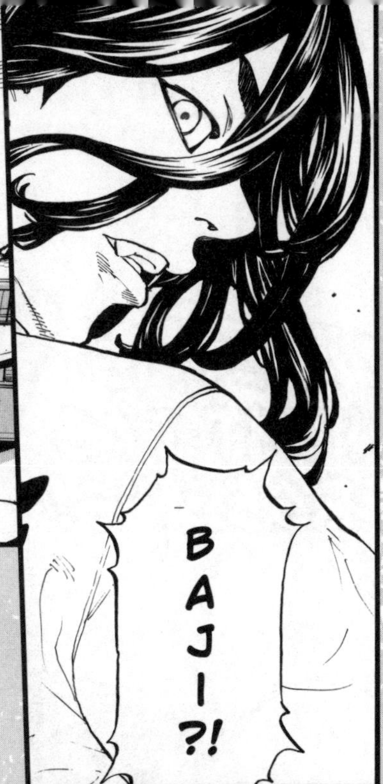

Er läuft zu Walhalla über, um der Manji-Gang zu helfen

Baji wechselte aus zwei Gründen von der Manji-Gang zu Walhalla. Er wollte zum einen sein Versprechen an Kazutora, bis zum bitteren Ende bei ihm zu bleiben, erfüllen und zum anderen Kisakis Machenschaften entlarven. Alles, was er tat, sollte nur dazu dienen, die Manji-Gang und seine Freunde zu beschützen.

Vor seinem Tod vertraut er Mikey und die Manji-Gang Takemichi an

Baji hat während des Blutigen Halloweens erkannt, mit welcher Entschlossenheit Takemichi hinter Kisaki her ist. Tödlich verwundet lässt er ihn wissen, dass Kisaki der Feind ist, und verstirbt, nachdem er Mikey und die Manji-Gang in Takemichis Hände gelegt hat.

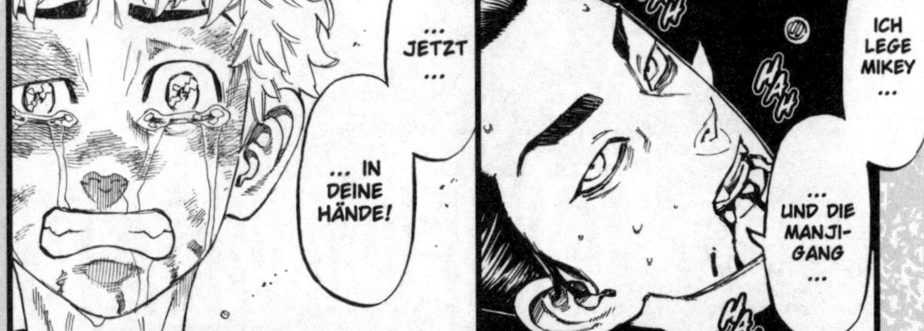

Bajis Geist lebt in der Manji-Gang weiter

Der Tod von Baji, einem der Mitbegründer der Manji-Gang, trifft viele der Mitglieder schwer. Chifuyu wird ihm für immer dafür dankbar sein, dass er sein Leben veränderte, das Chifuyu vor seiner Begegnung mit Baji damit verbracht hatte, andere zu hassen und zu verletzen. Einen ganz besonderen Platz nimmt Baji als derjenige, der einst den Vorschlag machte, die Gang zu gründen, auch in Mikeys Herzen ein. Und Takemichi ist nach Bajis Worten noch fester entschlossen, sein Ziel zu erreichen. Durch sie alle wird Bajis Geist in der Tokyo-Manji-Gang weiterleben.

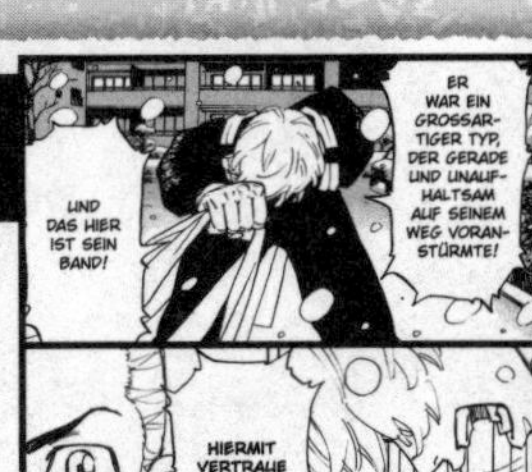

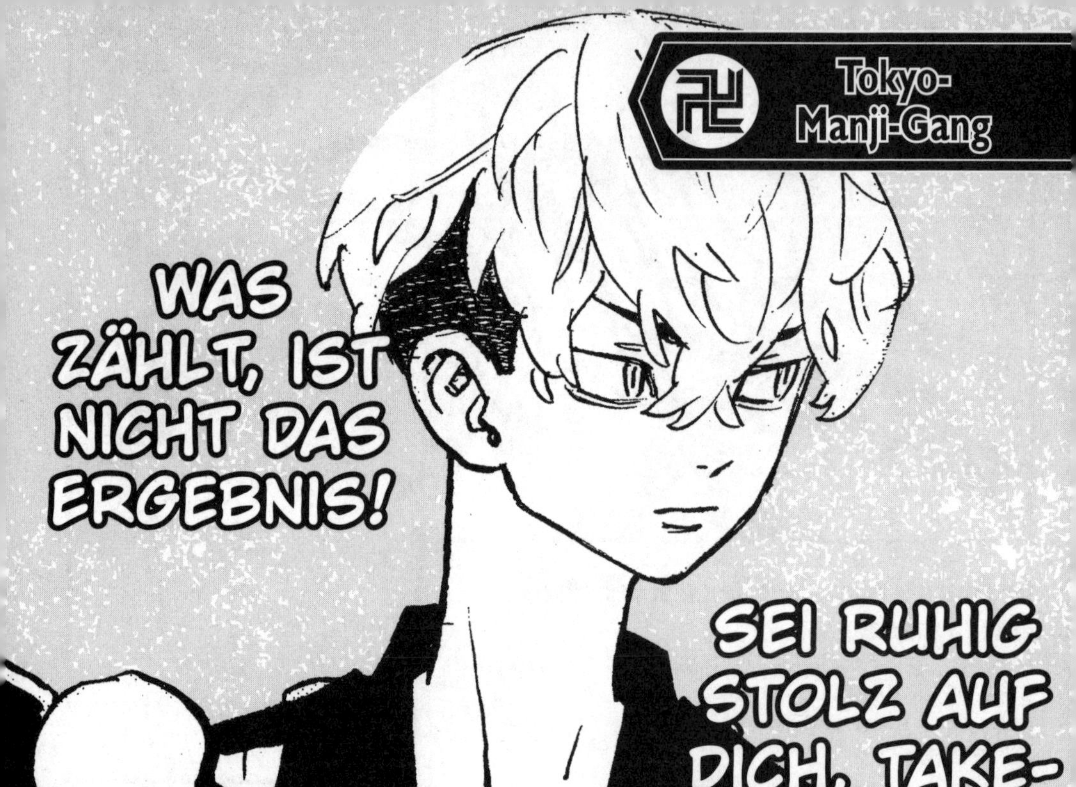

♦ Größe: 1,68 m ♦ Gewicht: 58 kg ♦ Geburtstag: 19. Dezember 1991 ♦ Sternzeichen: Schütze ♦ Blutgruppe: 0 ♦ Themenfarbe: Hellblau ♦ Liebt: mit seiner Katze Peke-J zu spielen, Luftfahrtmagazine, die Werke der Mangaka Ai Yazawa ♦ Hasst: Hierarchien ♦ Besondere Fähigkeit: kann mit Tieren sprechen (glaubt er) ♦ Bewundert: Keisuke Baji ♦ Kommt nicht so gut zurecht mit / Hat Angst vor: Kazutora, Nostradamus (weil ihm dessen Prophezeiungen so Angst machen, dass er deswegen schon schlaflose Nächte verbracht hat) ♦ Traum: Pilot zu werden ♦ Bemerkenswerte (oder bedauernswerte) Leistung: Einmal, als er seiner Katze hinterherjagte, stürzte er aus seiner Wohnung im 1. Stock, blieb aber völlig unverletzt. ♦ Lieblingsort: die Treppe im Wohnhaus, wo er oft bis zum Morgengrauen mit Baji gequatscht hat ♦ Ein Tag aus seinem Leben: Er steht auf, badet mit Peke-J und spielt danach noch eine Weile mit ihm. Da es dann schon Mittag wird, beschließt er, dass es sich nicht mehr lohnt, in die Schule zu gehen, und macht sich direkt auf den Weg zu Takemitchy. Dort verspürt er einen kleinen Hunger, öffnet den Kühlschrank und stößt auf ein Mille-Crêpe-Törtchen mit einem Zettelchen dran, auf dem »Meins!« steht. Er ignoriert den Zettel und isst das Törtchen. Takemitchy bemerkt es und fordert ihn zu einem Duell heraus. Als er Takemitchy dann bei einem Kampfspiel in der Spielhalle plattmacht, bricht dieser allerdings zornig in Tränen aus, also besorgt er ihm auf dem Heimweg eine Tafel Schokolade als Wiedergutmachung.

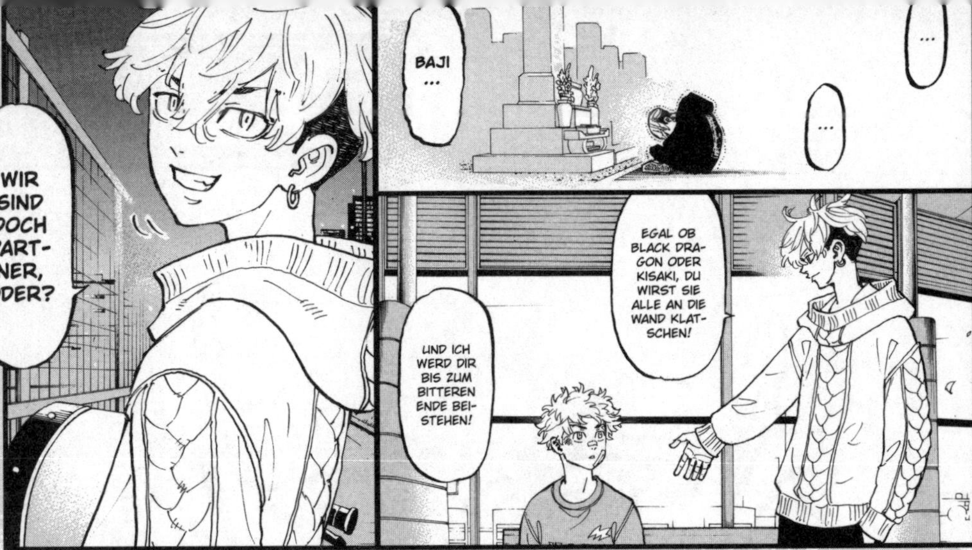

Nach Bajis Tod wird er Takemichis Partner!

Beim Blutigen Halloween legt Baji mit seinen letzten Worten vor seinem Tod die Manji-Gang in Takemichis Hände. Chifuyu beschließt, ebenfalls Bajis Willen zu folgen und einen neuen Weg als Takemichis Partner einzuschlagen. Als er erfährt, dass Takemichi aus der Zukunft kommt und die ganze Zeit allein gekämpft hat, ist er entschlossen, ihm bis zum bitteren Ende beizustehen.

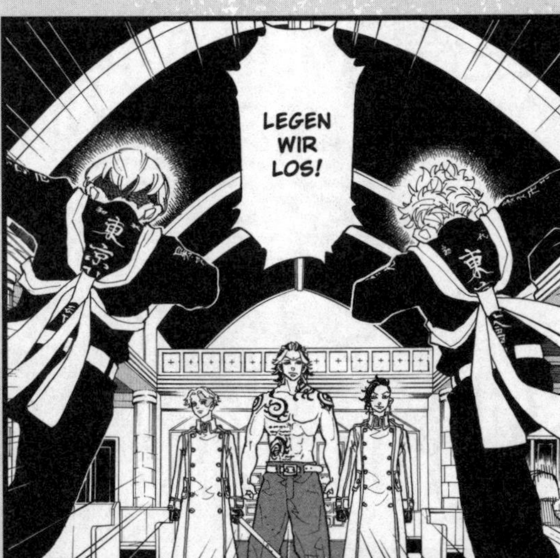

Er stürmt voran, um die Zukunft zu verändern

Beeindruckt und mitgerissen von Takemichis Entschlossenheit, seine Freunde vor einer schrecklichen Zukunft zu bewahren, nimmt auch Chifuyu an der Weihnachtsschlacht gegen Taiju teil. Selbst nachdem beide bereits übel zugerichtet wurden, rappeln sie sich gemeinsam wieder hoch und erinnern Hakkai daran, wie wichtig Freunde und Familie sind.

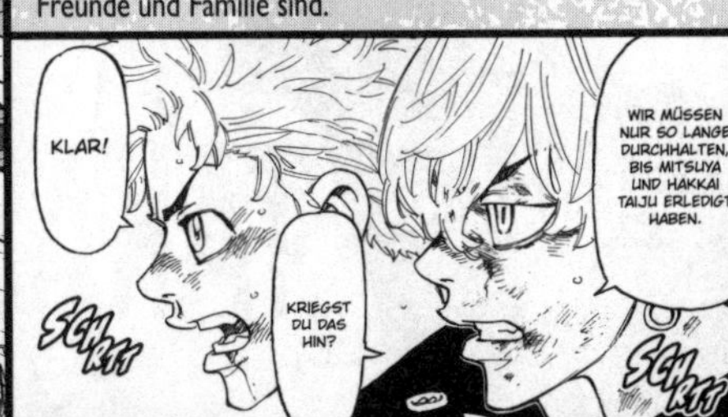

Nach der Weihnachtsschlacht

Noch stärker mit Takemichi in Freundschaft verbunden

Bevor Takemichi sich auf den Weg macht, Mikey zu einem Kampf gegen Taiju zu überreden, überreicht ihm Chifuyu ein Notizheft mit seinem streng geheimen Plan B, der allerdings nur »Mumm« lautet. Das ist ein Beispiel dafür, dass Chifuyu nicht unbedingt der Hellste ist. Aber dass er Takemichi diese Seite von sich sehen lässt, ist auch ein Beweis dafür, dass er ihm wirklich vertraut.

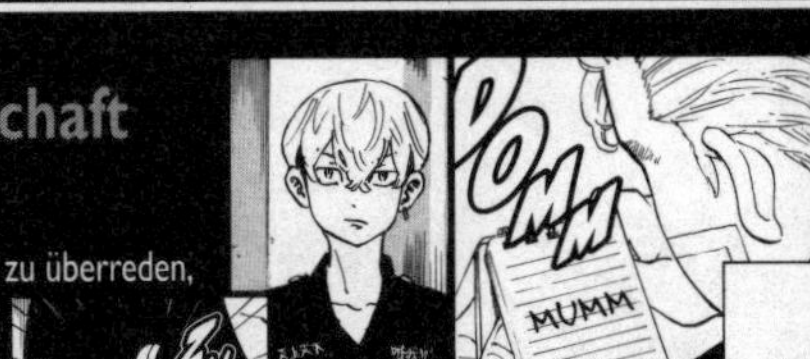

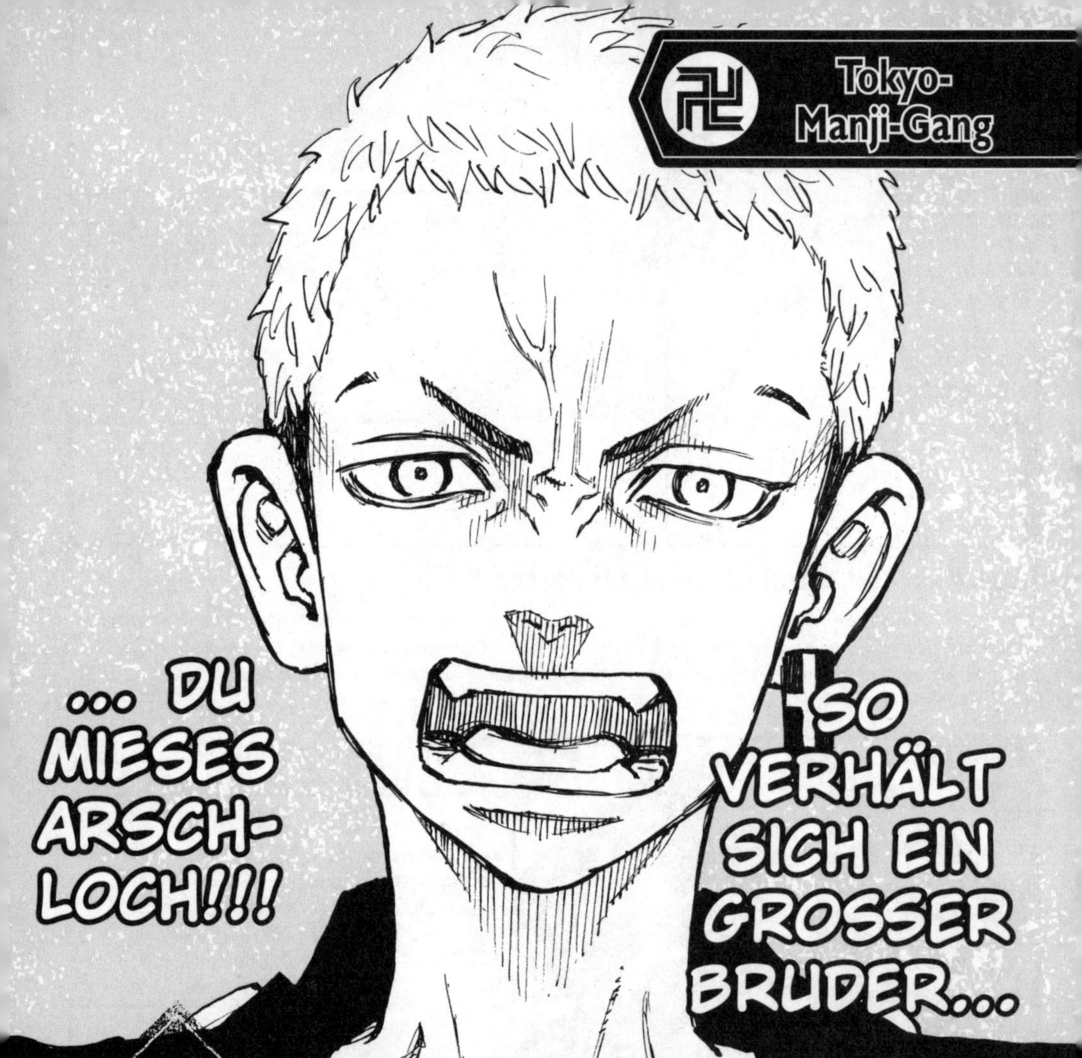

Tokyo-Manji-Gang

Kommandant der 2. Division

TAKASHI MITSUYA

♦ Größe: 1,70 m laut ihm selbst ♦ Gewicht: 57 kg ♦ Geburtstag: 12. Juni 1990 ♦ Sternzeichen: Zwillinge

♦ Blutgruppe: A ♦ Themenfarbe: Orange ♦ Liebt: den Moment beim Bügeln, wenn die Falten verschwinden

♦ Hasst: Hakkai, wenn dieser ausrastet und zu weit geht ♦ Besondere Fähigkeit: kann Stoffe allein durch Anfassen erkennen

♦ Bewundert: Coco Chanel ♦ Kommt nicht so gut zurecht mit / Hat Angst vor: Mana, wenn sie sich wie eine melodramatische Diva aufführt, und Runa, wenn sie gerade erst aufgestanden ist ♦ Traum: Modedesigner zu werden ♦ Bemerkenswerte (oder bedauernswerte) Leistung: Bei der Sportart Beach Flags kann ihm keiner aus der Gang das Wasser reichen. ♦ Lieblingsort: ein leeres Klassenzimmer am Nachmittag nach dem Unterricht

♦ Ein Tag aus seinem Leben: Damit seine Mutter ihren ersten freien Tag seit Langem in Ruhe genießen kann, nimmt er seine kleinen Schwestern und geht mit ihnen raus. Da er weiß, dass die beiden Hakkai mögen, lädt er ihn ein, sich ihnen im Park anzuschließen. Und während Hakkai mit den Mädchen spielt, macht er es sich auf einer Bank gemütlich, um seine Kreation für den nächsten Wettbewerb der Handarbeits-AG fertig zu nähen.

Ein verlässlicher Bruder, der sich um seine zwei kleinen Schwestern kümmert

Da die Geschwister Mitsuya in einem Haushalt ohne Vater leben, kümmert sich Takashi als der Älteste anstelle seiner Mutter, die meist spät bis in die Nacht arbeitet, um seine beiden kleinen Schwestern. Jedoch hatte er auch eine Phase, in der er seine Familienverhältnisse unglaublich verabscheute, lief sogar einmal von zu Hause weg und ließ seine Schwestern allein zurück. Nachdem er sah, wie traurig, zerknirscht und liebevoll seine Mutter nach diesem Ereignis war, war er offenbar bereit, seine Umstände zu akzeptieren.

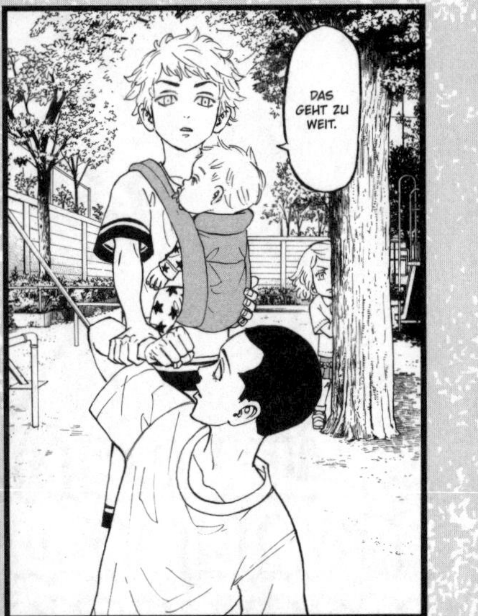

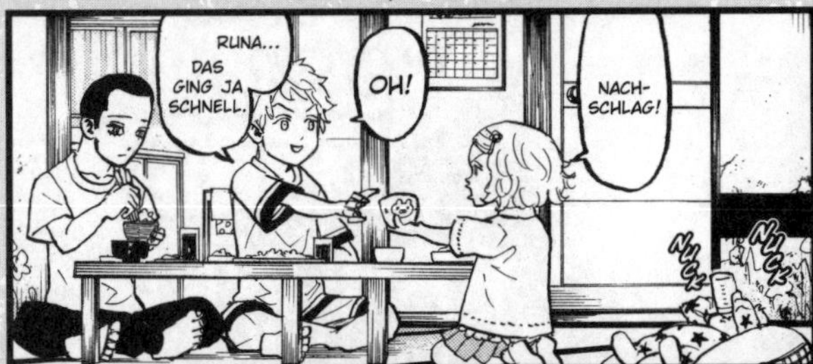

Als »großer Bruder« will er Hakkai retten

Um Hakkai, der für ihn wie ein kleiner Bruder ist, zu retten, geht er sogar so weit, höchstpersönlich einen Friedensvertrag mit Black Dragon auszuhandeln. Bei der Weihnachtsschlacht liefert er sich unter Einsatz all seiner Kräfte ein hartes Duell mit Taiju, um zu zeigen, was einen großen Bruder wirklich ausmacht.

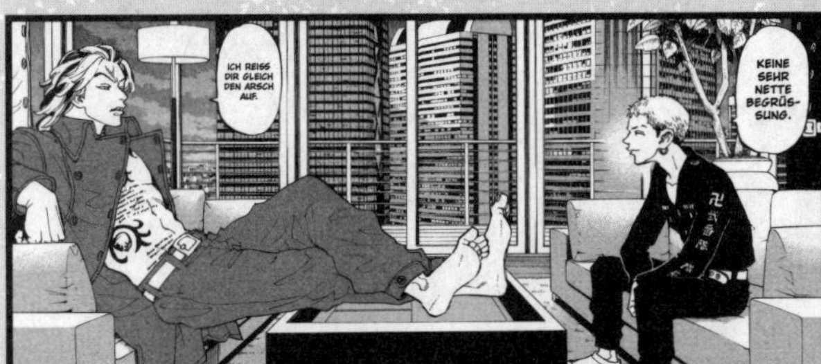

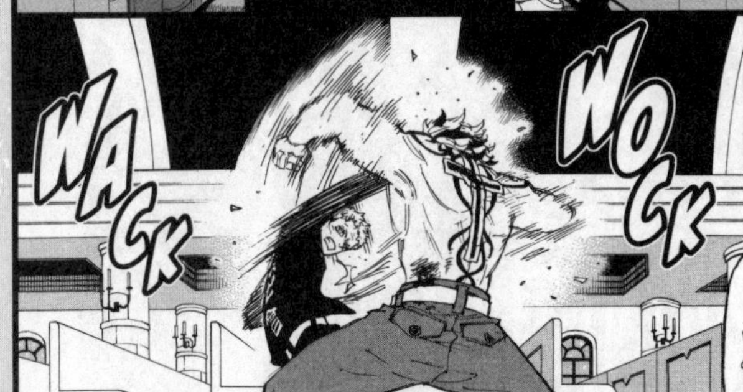

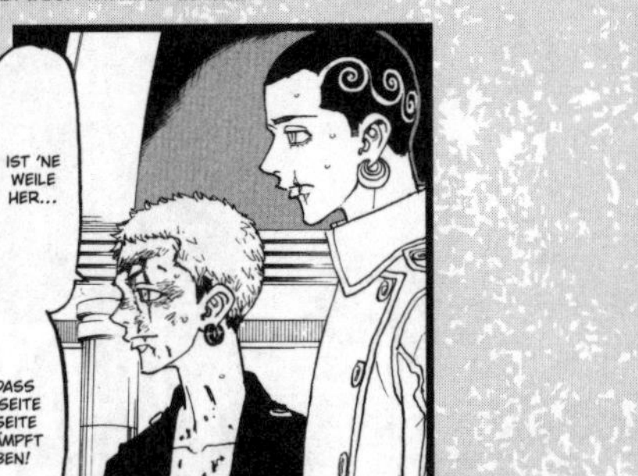

Nach der Weihnachtsschlacht

Nimmt Hakkai nach dessen Rückkehr zur Manji-Gang wieder in die 2. Division auf

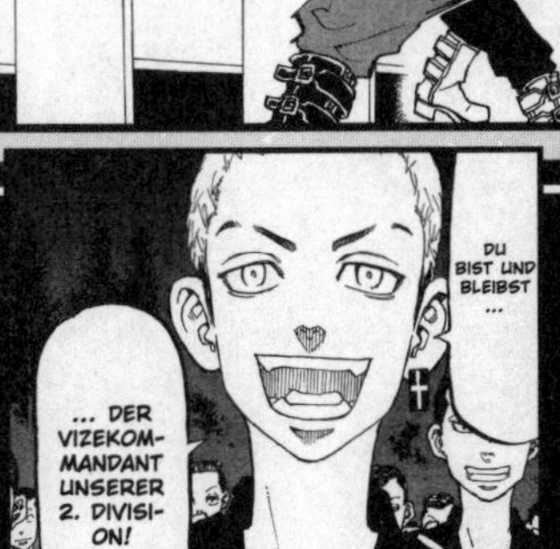

Erfreut über Hakkais Rückkehr, der die Manji-Gang verlassen hatte, um sie zu schützen, behandelt ihn Takashi auch weiterhin wie seinen eigenen Bruder. Nach der gemeinsam überstandenen Weihnachtsschlacht ist das Band zwischen den beiden vermutlich stärker denn je.

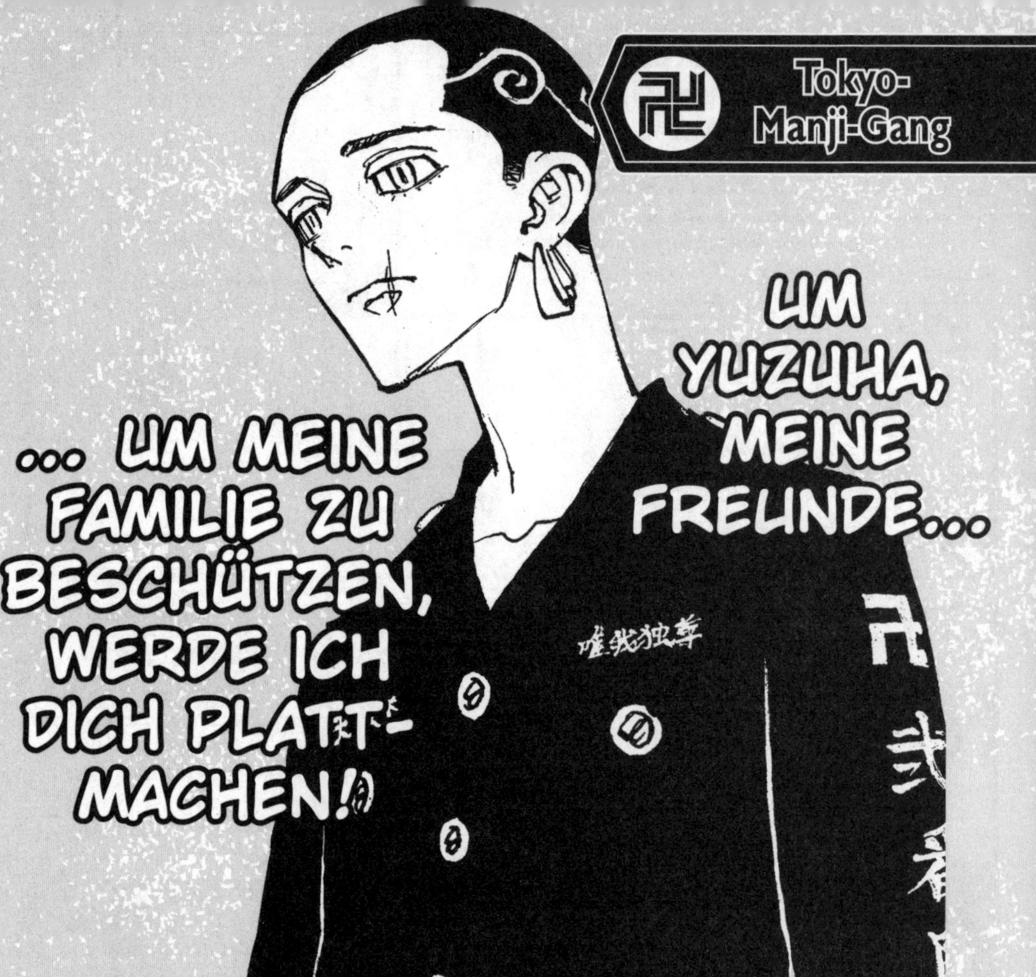

HAKKAI SHIBA

♦ Größe: 1,83 m ♦ Gewicht: 78 kg ♦ Geburtstag: 4. September 1991 ♦ Sternzeichen: Jungfrau ♦ Blutgruppe: 0 ♦ Themenfarbe: Dunkelblau

♦ Liebt: Filmreihe »Der Pate« ♦ Hasst: lasche Typen ♦ Besondere Fähigkeit: sich von anderen bemuttern zu lassen ♦ Bewundert: Takashi Mitsuya

♦ Kommt nicht so gut zurecht mit / Hat Angst vor: Taiju Shiba ♦ Traum: Astronaut werden ♦ Bemerkenswerte (oder bedauernswerte) Leistung: Als er klein war, lief er seinem großen Bruder überallhin nach. Als Taiju eines Tages von einer Mauer sprang, wollte er es ihm gleichtun und brach sich dabei ein Bein. Taiju trug ihn danach huckepack ins Krankenhaus. Darüber freute sich Hakkai sehr.

♦ Lieblingsort: bei Taka zu Hause (auch wenn Runa und Mana ihn wie ihren persönlichen Diener behandeln)

♦ Ein Tag aus seinem Leben: Morgen ist Takas Geburtstag, also fährt er mit Yuzuha gemeinsam ins Modeviertel Harajuku, um ein Geschenk für ihn zu besorgen. Sie lehnt jedoch alle Kleidungsstücke, die Hakkai vorschlägt, ab, mit den Worten: »Wenn er das anzieht, sieht der kurzgeschorene Igelkopf doch aus wie einer dieser Knirpse aus 'nem Baseball-Verein!« Da fragt man sich schon, wofür sie Taka eigentlich hält.

Von Taijus Gewalt in die Enge getrieben

Taijus Gewalt unter dem Vorwand, ihm eine Lektion zu erteilen, und die Tatsache, dass Yuzuha sich immer wieder opfert, um ihn zu beschützen, treiben Hakkai an den Rand der Verzweiflung. Er redet sich ein, dass allein Taijus Tod seine Probleme lösen könnte, und ist bereits drauf und dran einen Mord zu begehen. Doch dann…

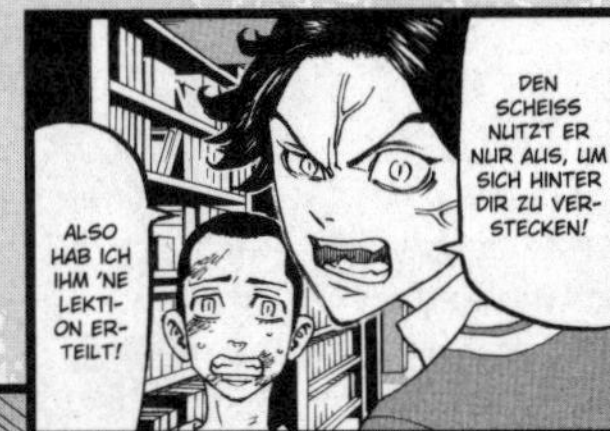

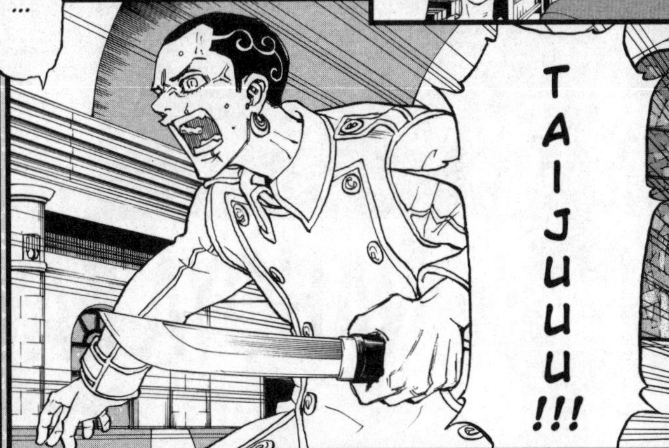

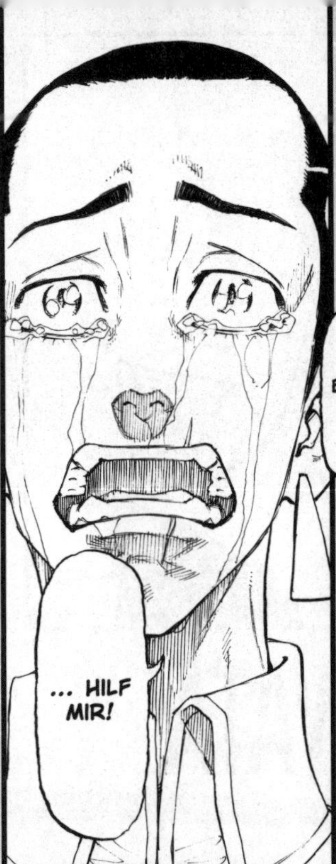

Gesteht seine eigene Schwäche ein und kämpft für seine Familie

»Am schwersten zu ertragen… ist die Einsamkeit.« »Wir sind alle schwach. Darum haben wir unsere Familie.« Diese Worte von Takemichi und Mitsuya öffnen Hakkai die Augen. Letztendlich kann er seine eigene Schwäche akzeptieren und setzt sich mit seinen eigenen Fäusten für die ein, die ihm wichtig sind.

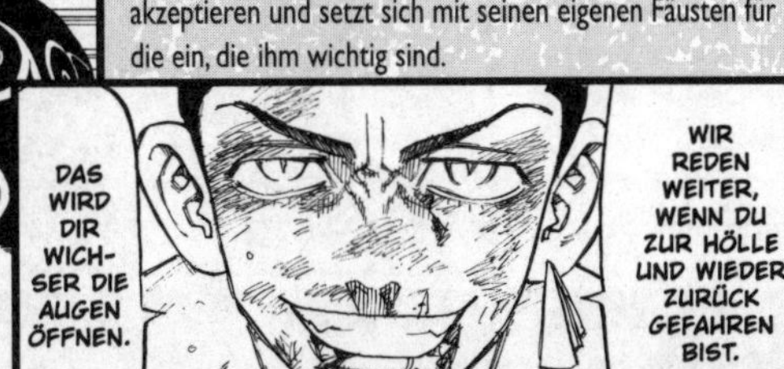

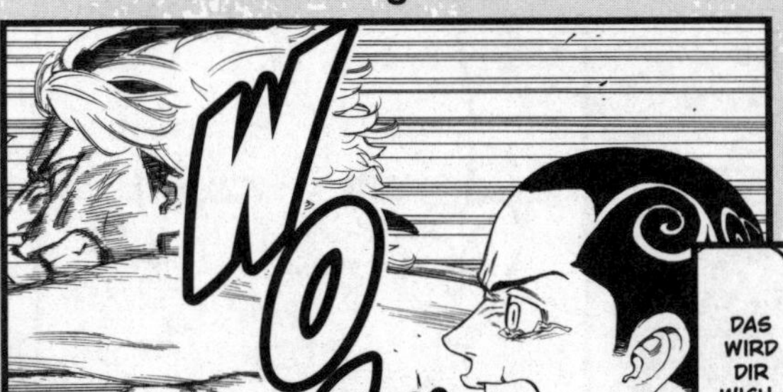

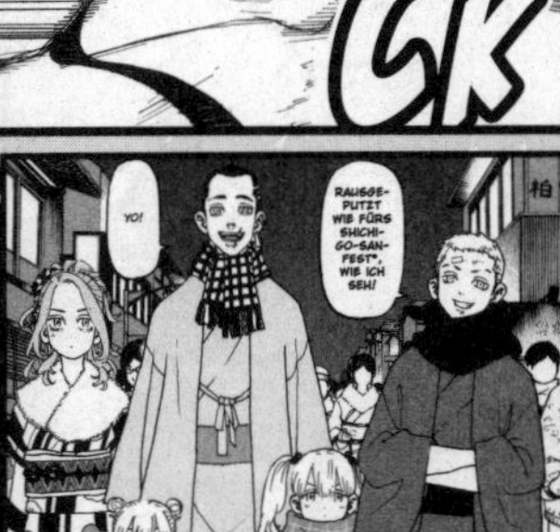

Nach der Weihnachtsschlacht

Zusammen mit Familie und Freunden, findet er seinen Seelenfrieden wieder

Beim Schreinbesuch zu Neujahr lächelt Hakkai sanft und entspannt, als wäre ihm eine enorme Last von den Schultern gefallen. Doch wie immer erstarrt er, sobald Hina ihn anspricht, denn an seiner Panik vor Mädchen hat sich nichts geändert.

Wartet die Weihnachtsschlacht in aller Ruhe ab

Als die Probleme mit der 10. Generation von Black Dragon beginnen, ist er dagegen, dass Takemichi einen Kampf vom Zaun bricht, nur um Hakkai aufzuhalten. Nach der Weihnachtsschlacht akzeptiert er bereitwillig Hakkais Rückkehr zur Manji-Gang und lockert damit sofort die angespannte Atmosphäre auf.

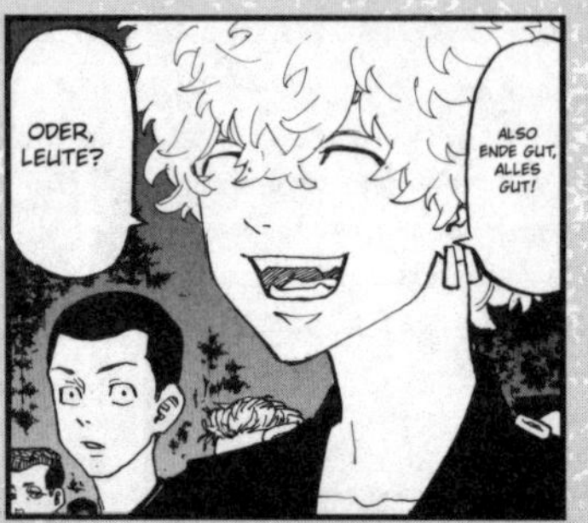

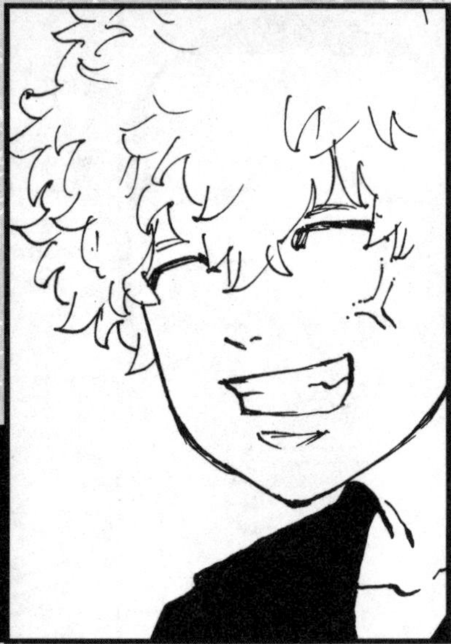

- ♦ Größe: 1,70 m (inkl. Haare)
- ♦ Gewicht: 56 kg
- ♦ Geburtstag: 25. Mai 1989 ♦ Sternzeichen: Zwillinge
- ♦ Spitzname: Smiley ♦ Themenfarbe: Orange

Kommandant der 4. Division

NAHOYA KAWATA

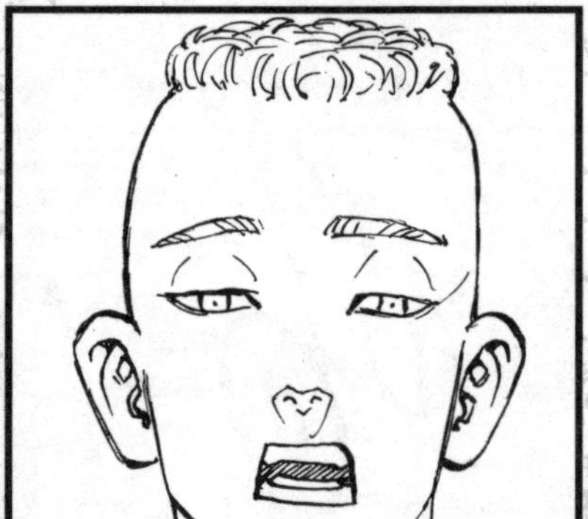

Nachsichtig mit Hakkai, dessen Loyalität er kurzzeitig bezweifelte

Nachdem er erfahren hat, dass Hakkai und Taiju Brüder sind, verdächtigt er Hakkai, ein Spitzel von Black Dragon zu sein, doch nach der Weihnachtsschlacht sind all seine Zweifel verflogen. Er akzeptiert Hakkais Entschuldigung und seine Wiederaufnahme in die Gang.

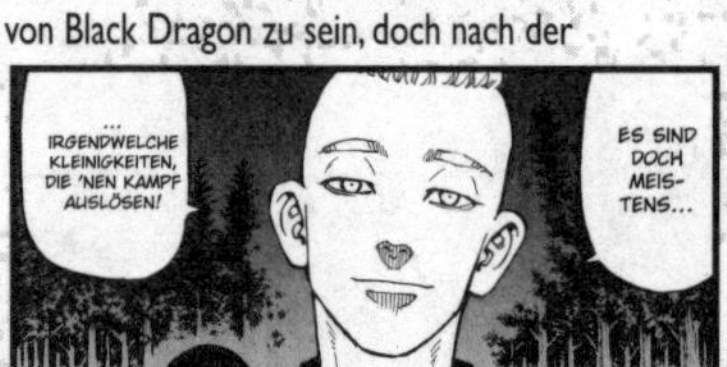

- ♦ Größe: 1,87 m
- ♦ Geburtstag: 28. April 1987
- ♦ Sternzeichen: Stier ♦ Spitzname: Mucho
- ♦ Themenfarbe: Khaki

Kommandant der 5. Division

YASUHIRO MUTO

Nach dem Blutigen Halloween sagt auch er »Takemitchy«

Zurzeit untersteht er Mitsuya in der 2. Division. Er versteht sich inzwischen besser mit Takemichi und nennt ihn nun auch »Takemitchy«.

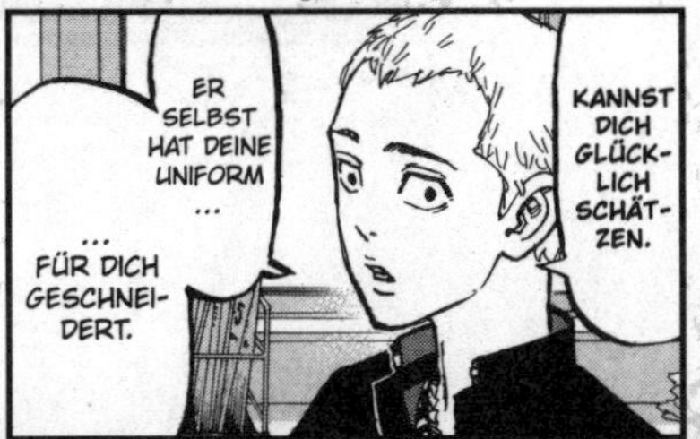

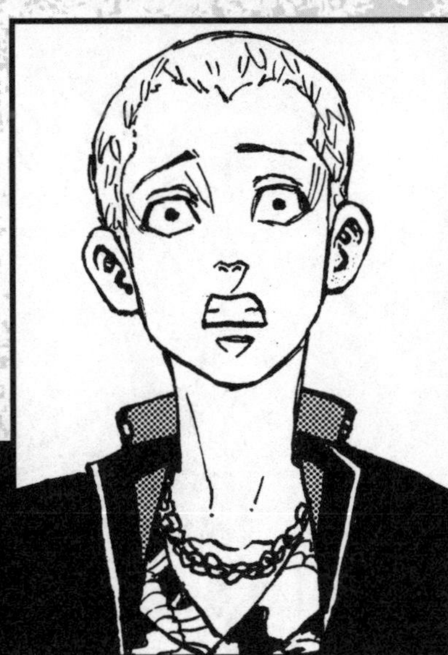

- ♦ Größe: 1,76 m
- ♦ Gewicht: 56 kg
- ♦ Geburtstag: 15. Oktober 1990 ♦ Sternzeichen: Waage
- ♦ Spitzname: Peh ♦ Lieblingsfarbe: Smaragdgrün

Mitglied der 2. Division

RYOHEI HAYASHI

Nach seiner Entlassung wird er Vorstandsmitglied der Manji-Gang

Nach dem Kampf mit Möbius wurde er verhaftet und befindet sich derzeit in der Jugendstrafanstalt. Zwölf Jahre später sitzt er im Vorstand der kriminell gewordenen Tokyo-Manji-Gang. Und um es mit Pehs Worten zu sagen: »Pah hat überhaupt kein Hirn zwischen den Ohren! Klar, Arschloch?!«

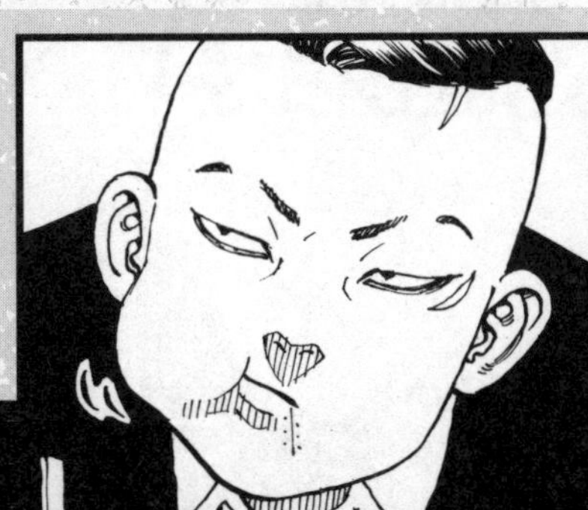

♦ Größe: 1,64 m ♦ Gewicht: 80 kg ♦ Geburtstag: 24. Februar 1991
♦ Sternzeichen: Fische ♦ Blutgruppe: 0 ♦ Spitzname: Pah ♦ Themenfarbe: Gelb
♦ Liebt: Tiger ♦ Hasst: Insekten ♦ Besondere Fähigkeit: den Highscore beim Boxautomaten in der Spielhalle zu schlagen ♦ Bewundert: Manjiro Sano ♦ Kommt nicht so gut zurecht mit / Hat Angst vor: Küchenschaben
♦ Traum: einen Kampf gegen Mikey zu gewinnen ♦ Bemerkenswerte (oder bedauernswerte) Leistung: Er hat Mikey bereits zehn Mal herausgefordert und jedes Mal verloren. Mikey war es auch, der seine Siegesserie beendet hat. ♦ Lieblingsort: bei Peh zu Hause
♦ Ein Tag aus seinem Leben: In einer Modezeitschrift, die Kazutora mitgebracht hat, stößt er auf ein echt cooles Hawaiihemd. Sie machen sich sofort zu einer Boutique im Viertel Daikanyama auf, wo sich beide total begeistert jeweils ein Hemd kaufen. Aber als sie später bei einem Treffen der Manji-Gang-Führungsmitglieder stolz in ihren neuen Hemden auftauchen, bekommen sie von allen anderen gesagt, dass sie wie zwei Yakuza-Schläger aussehen. Sie sind schwer frustriert. Dabei sah das Hemd im Magazin doch so toll aus. Warum nicht auch an ihnen?

Ex-Kommandant der 3. Division

HARUKI HAYASHIDA

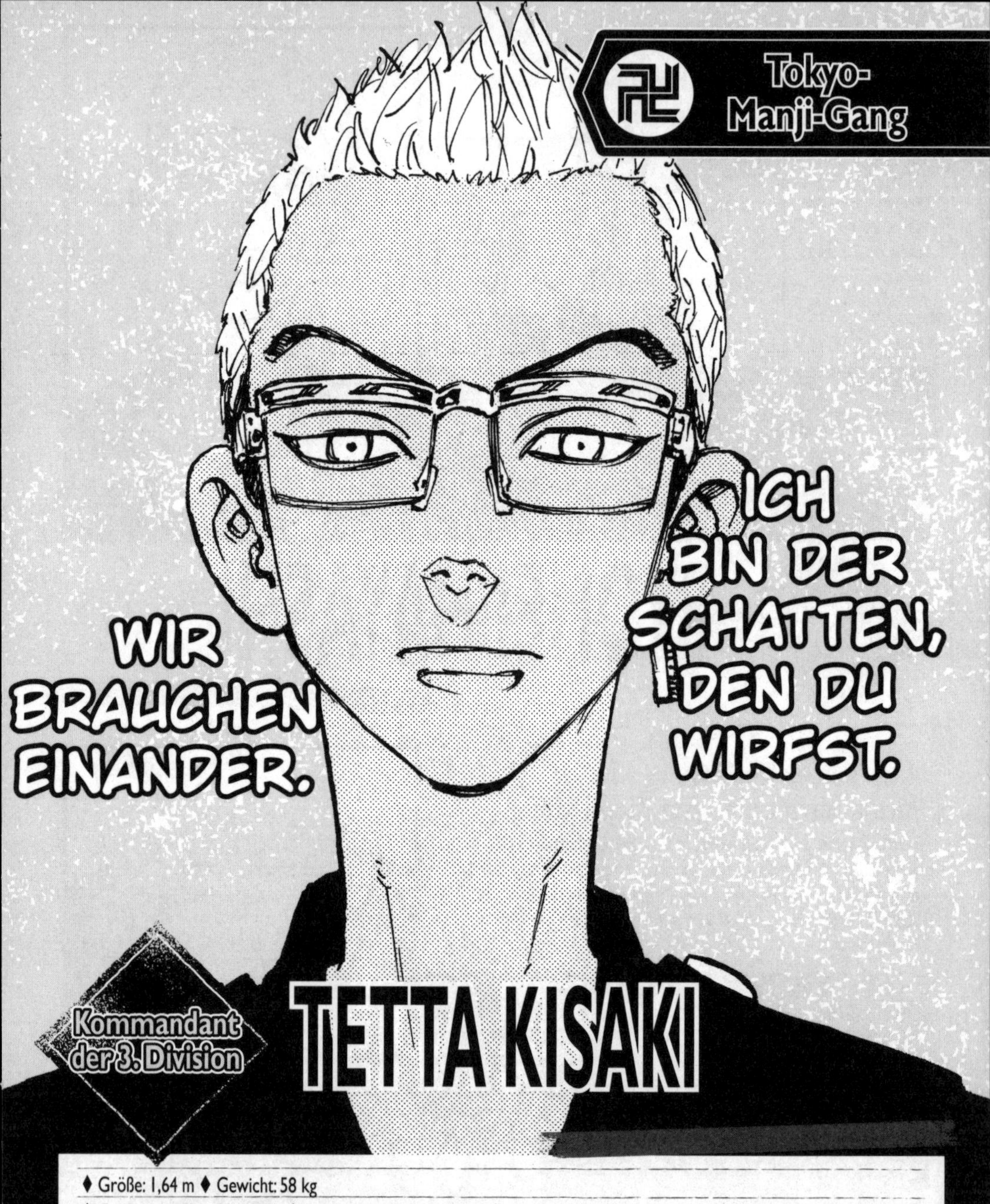

- ♦ Größe: 1,64 m ♦ Gewicht: 58 kg
- ♦ Geburtstag: 20. Januar 1992 ♦ Sternzeichen: Wassermann ♦ Blutgruppe: A
- ♦ Themenfarbe: Schwarz
- ♦ Liebt: nichts ♦ Hasst: Schwachköpfe
- ♦ Besondere Fähigkeit: Lernen, vor allem Mathematik
- ♦ Bewundert: niemanden
- ♦ Traum: die größte Verbrecherorganisation Japans zu schaffen
- ♦ Bemerkenswerte (oder bedauernswerte) Leistung: nichts, was der Rede wert wäre
- ♦ Lieblingsort: oben auf einer Fußgängerbrücke bei Nacht

Versucht mit List und Tücke, Mikey näherzukommen

Während er die 3. Division befehligt, arbeitet er hinter den Kulissen mit Hanma von Walhalla zusammen. Er inszeniert sich selbst als wertvolles Gangmitglied und versucht um jeden Preis, näher an Mikey heranzukommen. Mikey und Hanma nach dem Blutigen Halloween zusammenzubringen gehört ebenfalls zu seinem Plan.

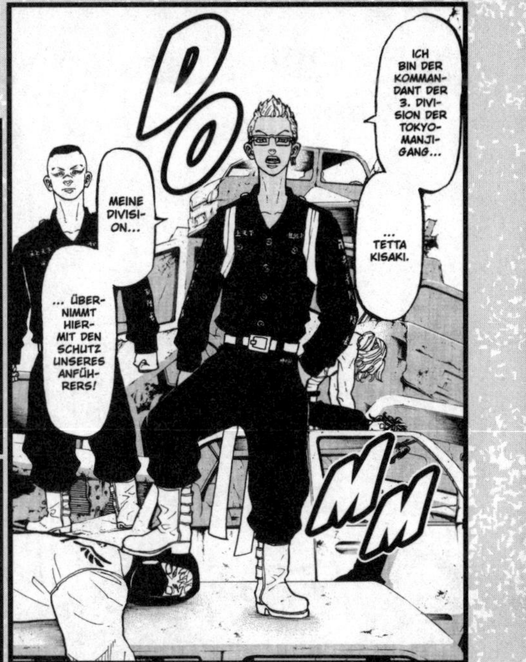

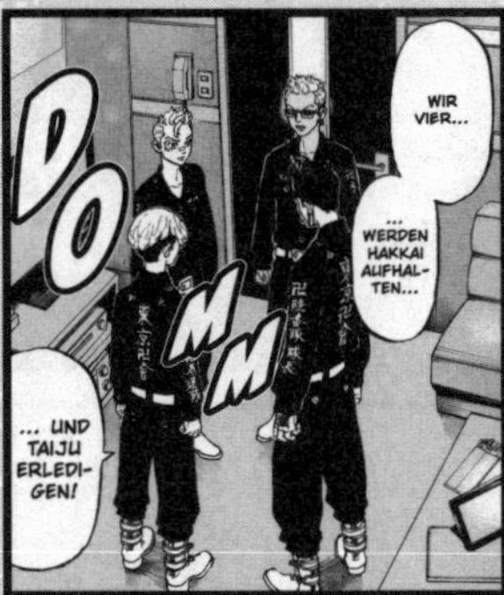

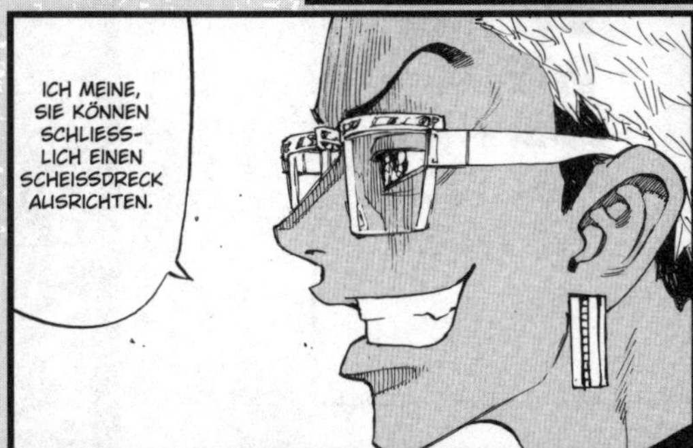

Ging auf dieselbe Nachhilfeschule wie Hina?

In der Grundschule besuchte Kisaki einen Begabtenförderungskurs im selben Nachhilfeinstitut wie Hina. Im Sommer, als er in der sechsten Klasse war, beobachtet er, wie Takemichi Hina zu Hilfe eilt, als sie von ein paar Halbstarken angepöbelt wird. Dieses Erlebnis scheint einen tiefen Eindruck bei Kisaki hinterlassen zu haben.

Laut Hina soll Kisaki zwar schroff wirken, aber tief im Inneren ein guter Mensch sein, und sie ist überzeugt, dass sich Kisaki und Takemichi sicher gut verstehen würden.

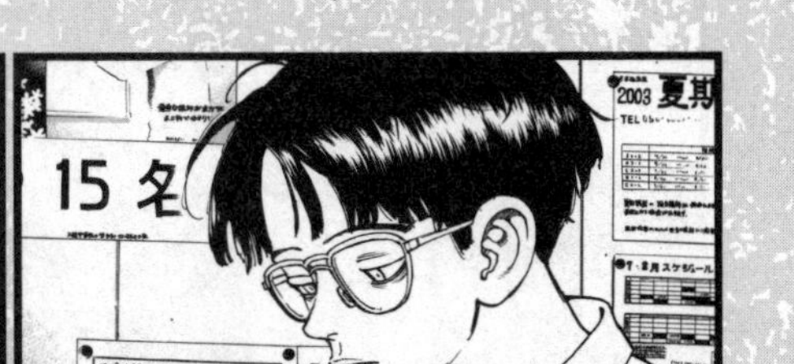

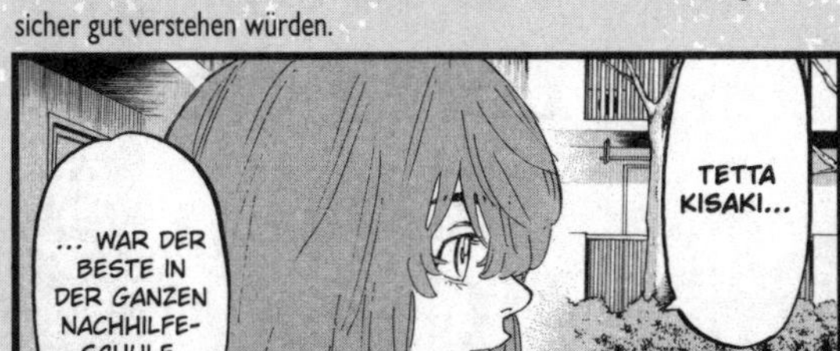

Nach der Weihnachtsschlacht

Nach Bekanntwerden seines Verrats wird er ausgeschlossen!

Bei der Weihnachtsschlacht hintergeht Kisaki Takemichi und Chifuyu. Als Mikey schließlich davon hört, beschließt er, Kisaki aus der Gang zu werfen. Da er nun mit seinem Plan, Mikey erstrahlen zu lassen und die Gang zu vergrößern, gescheitert ist, sinkt er verzweifelt und niedergeschlagen auf die Knie.

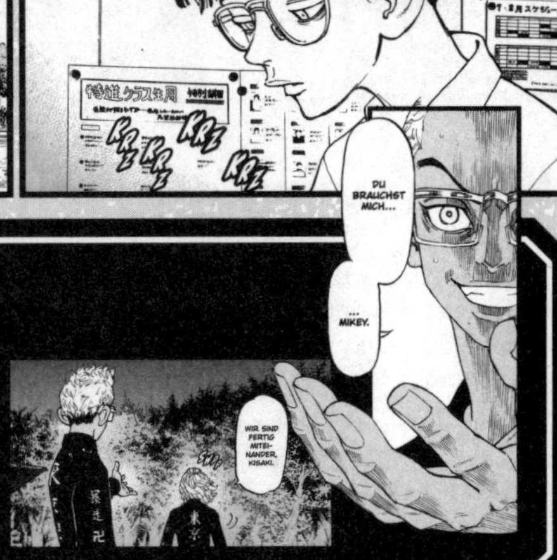

Die Umstrukturierung der Manji-Gang

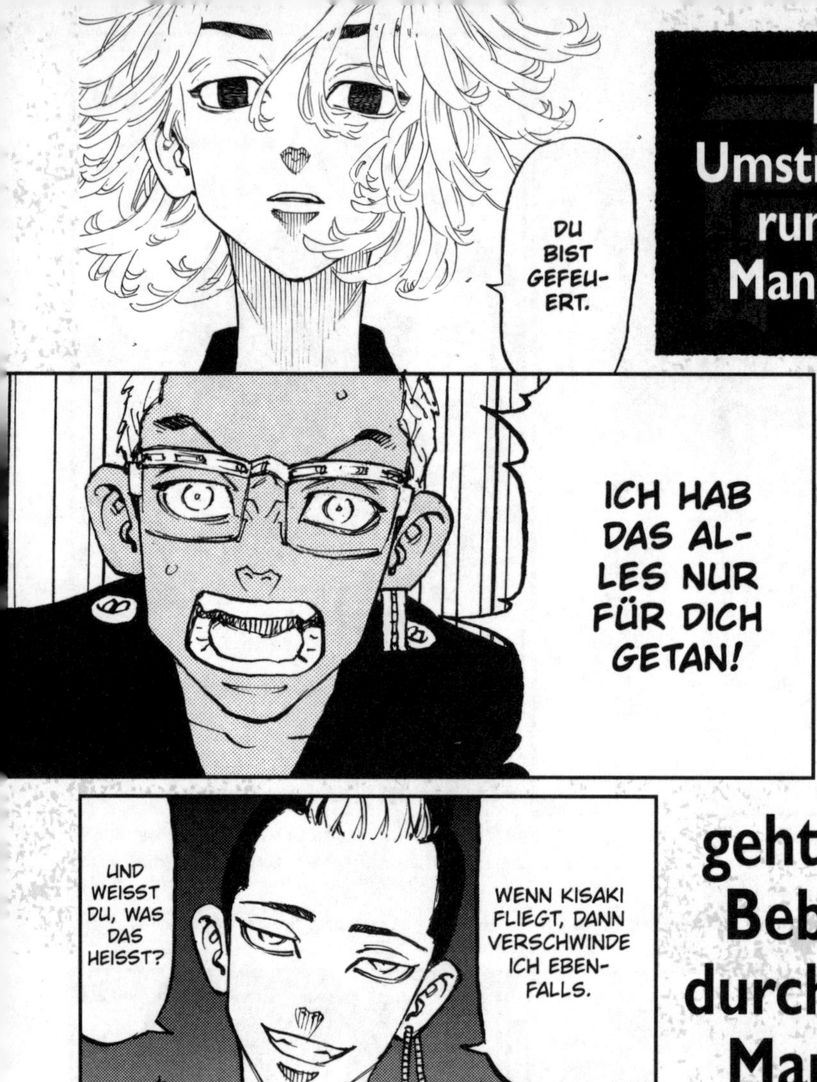

Nach der Weihnachtsschlacht geht ein Beben durch die Manji-Gang!

Kisaki wird endlich ausgeschlossen!

Nach der Weihnachtsschlacht ist die Manji-Gang gezwungen, eine Umstrukturierung vorzunehmen. Mikey verkündet, dass Kisaki, der Takemichi und Chifuyu hintergangen hat, aus der Gang ausgeschlossen wird. Mit Kisaki verlässt auch Hanma die Manji-Gang und die 50 Ex-Mitglieder von Möbius aus der 3. Division und 300 Ex-Mitglieder von Walhalla aus der 6. Division, die die beiden in die Gang mitbrachten, folgen ihnen. Mit einem Schlag verliert die Manji-Gang weit mehr als die Hälfte ihrer Mitglieder.

Gleichzeitig schließen sich ihr aber auch neue Leute an. Unter der Führung von Inupi und Koko wird die 11. Generation von Black Dragon mit ihren 100 Elitekämpfern Teil der Tokyo-Manji-Gang. Da sie alle Mitglieder der 10. Generation waren, die als die übelste in der Geschichte von Black Dragon bekannt war, werden sie eine enorme Bereicherung für die Kampfkraft der Manji-Gang sein.

Ausgetreten

Kommandant der 6. Division der Tokyo-Manji-Gang

Shuji Hanma

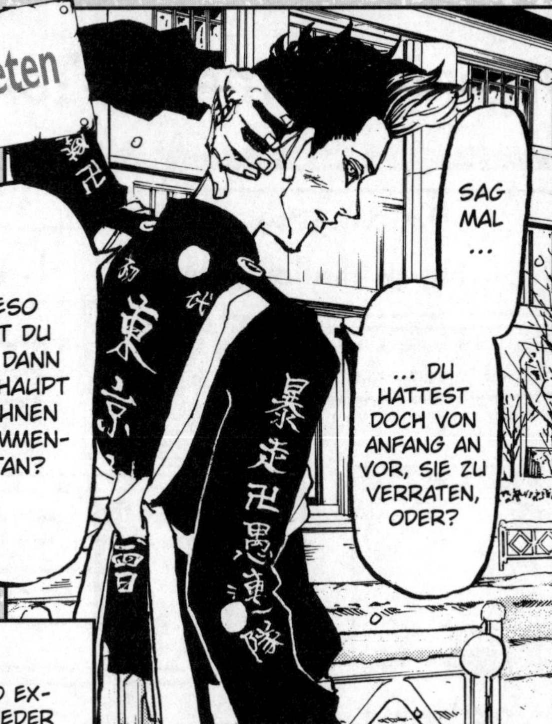

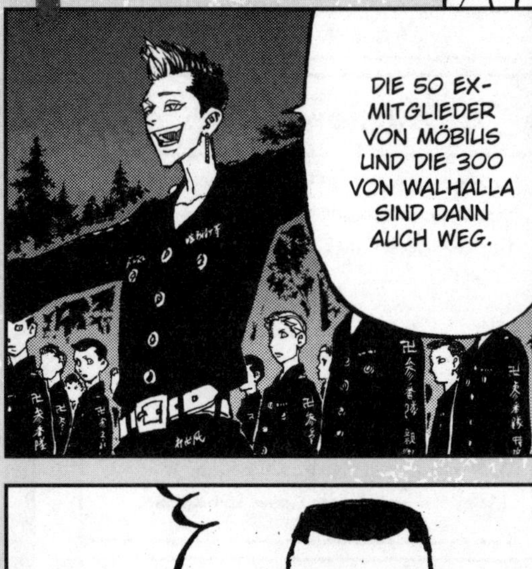

Verlässt die Gang zusammen mit Kisaki

Kisaki und Hanma scheiden zusammen mit den insgesamt 350 Ex-Mitgliedern von Möbius und Walhalla aus der Manji-Gang aus. Die Wahrscheinlichkeit ist hoch, dass sie bereits dabei sind, neue Pläne zu schmieden. Was übrigens Kisakis Handlanger und Vizekommandant Hamada betrifft, so ist nicht bekannt, was aus ihm nach dem Blutigen Halloween wurde.

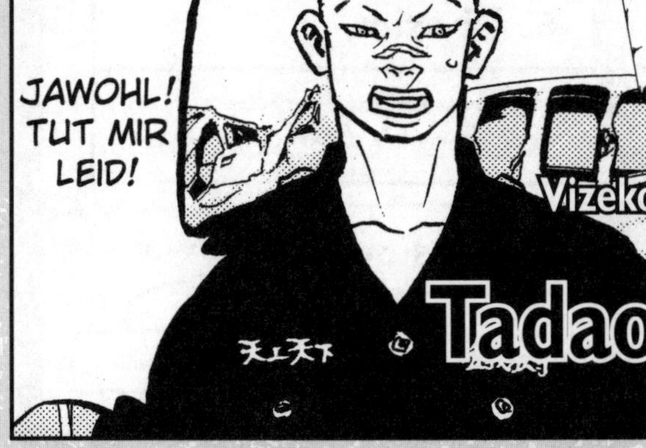

Verbleib unbekannt

Vizekommandant der 3. Division der Tokyo-Manji-Gang

Tadaomi Hamada

Organigramme der Tokyo-Manji-Gang

Nach dem Blutigen Halloween

Die Furiosen Fünf der Mizo-Mittelschule → in die 1. Division aufgenommen

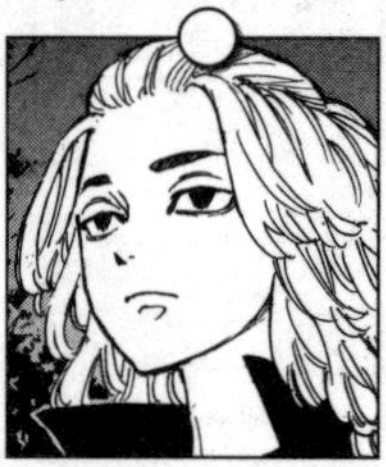

Oberhaupt
Manjiro Sano

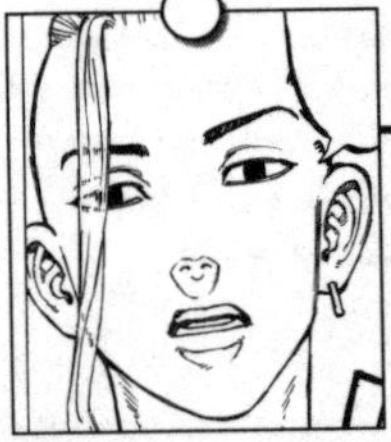

Vizeoberhaupt
Ken Ryuguji

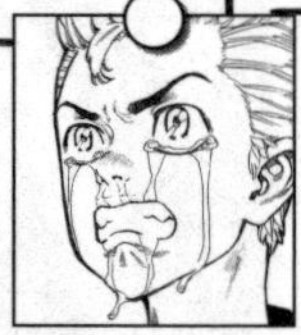

1. Division

Kommandant: Takemichi Hanagaki
Vizekommandant: Chifuyu Matsuno
Ex-Kommandant: Keisuke Baji (verstorben)

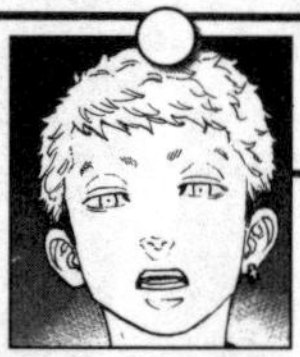

2. Division

Kommandant: Takashi Mitsuya
Vizekommandanten: Hakkai Shiba, Ryohei Hayashi

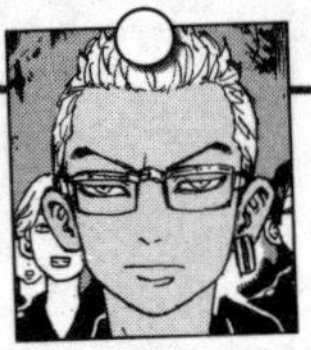

3. Division

Kommandant: Tetta Kisaki
Vizekommandant: Tadaomi Hamada
Ex-Kommandant: Haruki Hayashida (derzeit in der Jugendstrafanstalt)

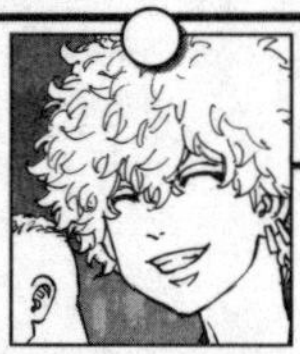

4. Division

Kommandant: Nahoya Kawata
Vizekommandant: Soya Kawata

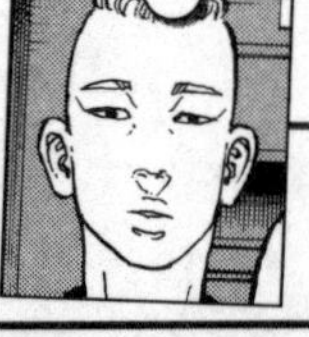

5. Division

Kommandant: Yasuhiro Muto
Vizekommandant: Haruchiyo Sanzu

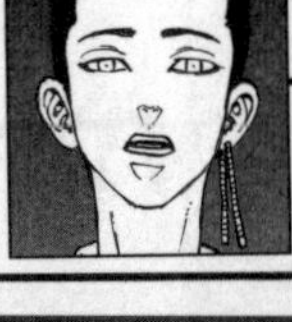

6. Division

Kommandant: Shuji Hanma

Walhalla → nach Fusion neu gebildet

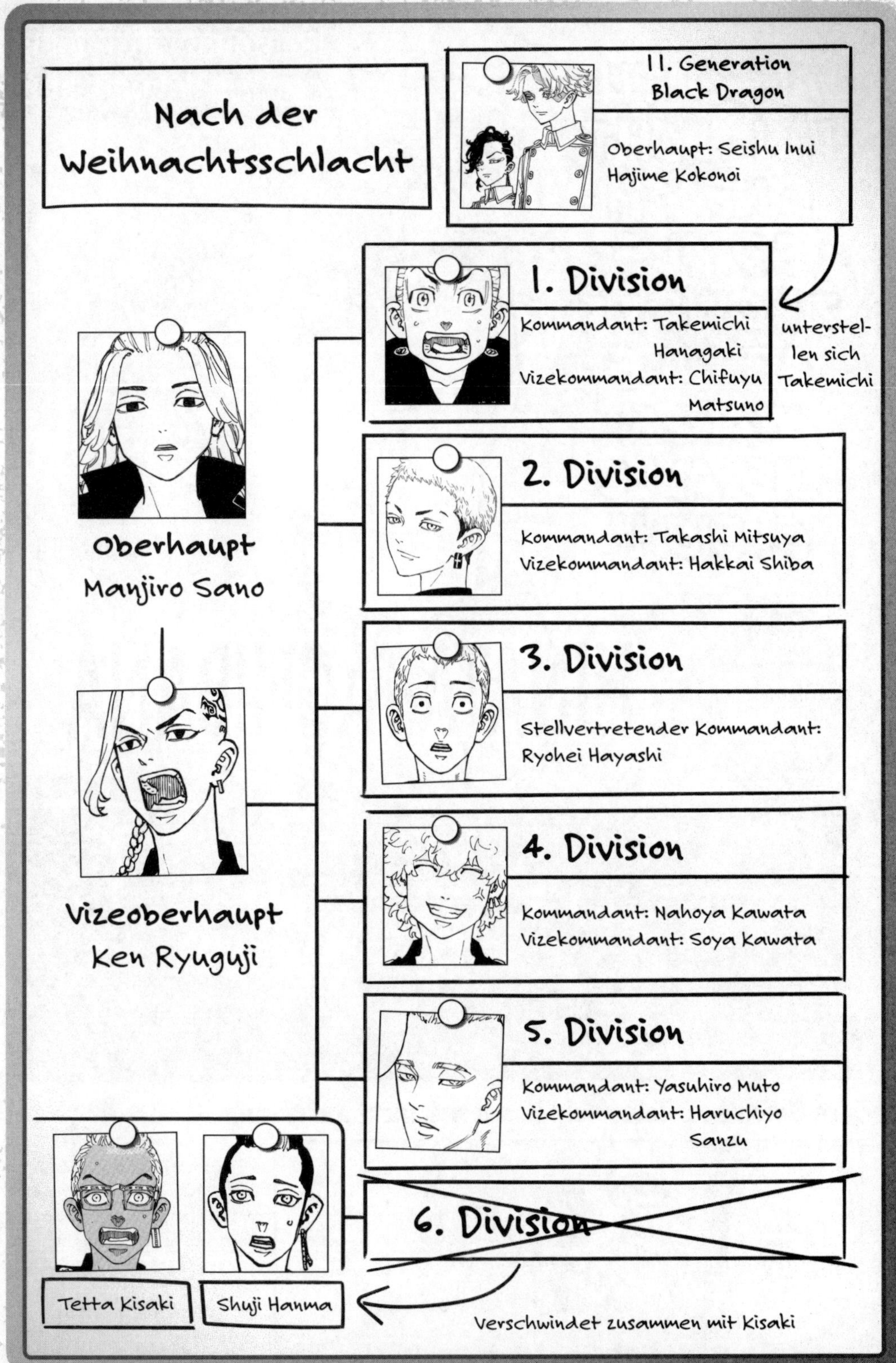

Nach der Weihnachtsschlacht
11. Generation Black Dragon
Oberhaupt: Seishu Inui
Hajime Kokonoi
unterstellen sich Takemichi
Oberhaupt
Manjiro Sano
Vizeoberhaupt
Ken Ryuguji
1. Division
Kommandant: Takemichi Hanagaki
Vizekommandant: Chifuyu Matsuno
2. Division
Kommandant: Takashi Mitsuya
Vizekommandant: Hakkai Shiba
3. Division
Stellvertretender Kommandant: Ryohei Hayashi
4. Division
Kommandant: Nahoya Kawata
Vizekommandant: Soya Kawata
5. Division
Kommandant: Yasuhiro Muto
Vizekommandant: Haruchiyo Sanzu
6. Division
Tetta Kisaki
Shuji Hanma
Verschwindet zusammen mit Kisaki

Personen mit Bezug zur Manji-Gang

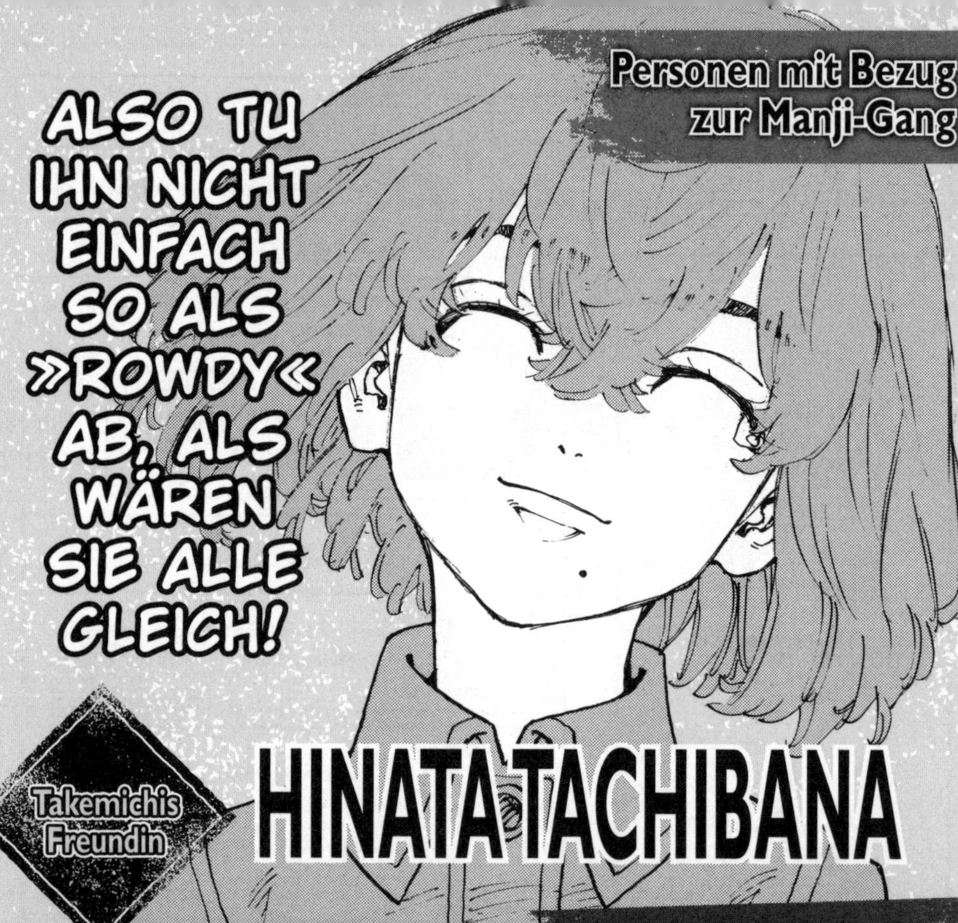

Takemichis Freundin

HINATA TACHIBANA

♦ Größe: 1,53 m ♦ Gewicht: streng geheim ♦ Geburtstag: 21. Mai 1991 ♦ Sternzeichen: Zwillinge ♦ Blutgruppe: A ♦ Spitzname: Hina ♦ Themenfarbe: Weiß ♦ Liebt: Kakao ♦ Hasst: bitteren Kaffee ♦ Besondere Fähigkeit: spielt Klavier ♦ Lieblingstier: Delfin ♦ Bewundert: ihre Mutter & Helen Keller ♦ Kommt nicht so gut zurecht mit / Hat Angst vor: ihrem Vater, wenn er zu weitschweifigen Geschichten ausholt, die kein Ende nehmen ♦ Traum: Krankenschwester zu werden ♦ Bemerkenswerte (oder bedauernswerte) Leistung: Takemichi lobte die Kekse, die sie gebacken hatte! (Es sollten eigentlich Makronen sein, aber was soll's!) ♦ Lieblingsort: die Dachterrasse ihres Wohnhauses, als sie sich von dort aus gemeinsam mit Takemichi das Feuerwerk angesehen hat ♦ Ein Tag aus ihrem Leben: Geht mit Naoto zur Schule und kommt wie immer etwas früher als die anderen aus ihrer Klasse an ⇨ Nimmt am Unterricht teil. Den Musikunterricht mag sie am liebsten. ⇨ In der Mittagspause isst sie gemeinsam mit ihren Freundinnen zu Mittag. ⇨ Nach der Schule geht sie mit Takemichi auf ein Date! ⇨ Vor dem Schlafengehen nimmt sie ein langes Bad, wünscht Takemichi per SMS eine Gute Nacht und geht ins Bett.

Ihre Gefühle für Takemichi lassen sich nicht aufhalten!

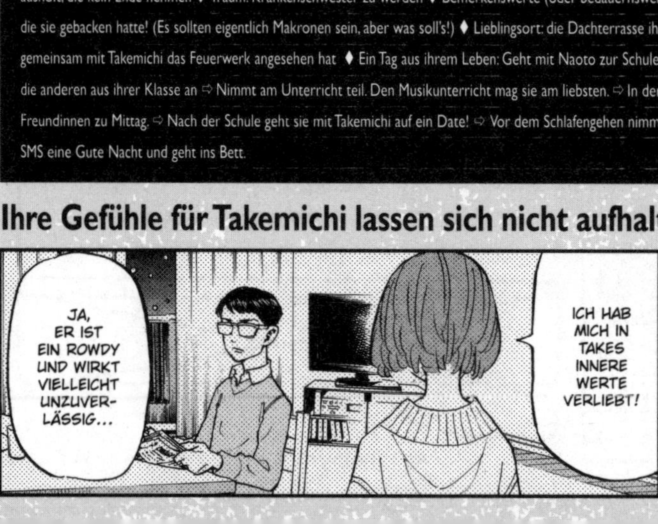

Hina bricht in Tränen aus, als Takemichi kurz vor der Weihnachtsschlacht mit ihr Schluss macht. Als sie erfährt, dass ihr Vater Masato schuld daran ist, lehnt sie sich gegen ihn auf und macht ihm deutlich, dass er Takemichi nicht sofort ablehnen soll, nur weil dieser ein Rowdy ist.

Personen mit Bezug zur Manji-Gang

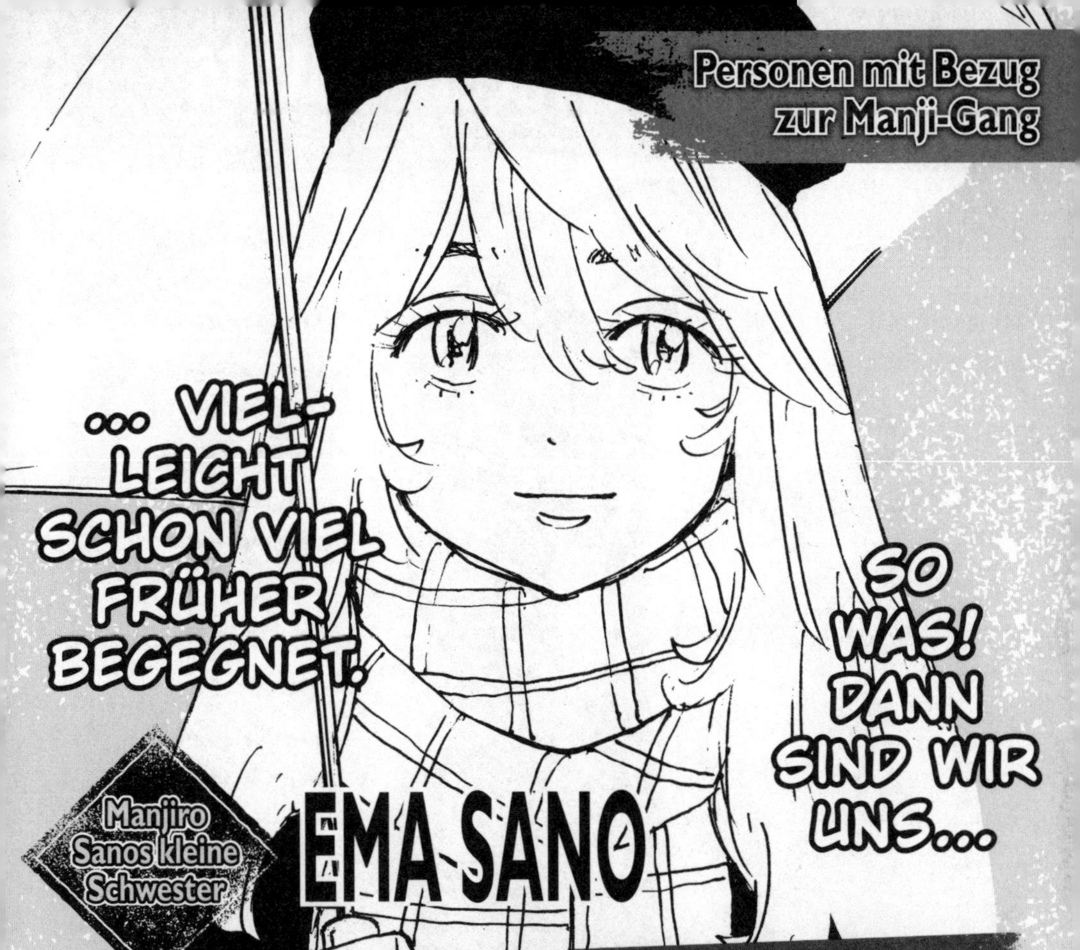

Manjiro Sanos kleine Schwester

EMA SANO

♦ Größe: 1,50 m ♦ Gewicht: ungefähr so viel wie drei Äpfel ♦ Geburtstag: 25. November 1991

♦ Sternzeichen: Schütze ♦ Blutgruppe: B

♦ Lieblingsfarbe: irgendwas zwischen Rot und Pink (Magenta) ♦ Liebt: Horoskope und Kosmetik

♦ Hasst: Zephyr, Drakens Motorrad (ist ihre Liebesrivalin) ♦ Besondere Fähigkeit: Hausarbeit ♦ Bewundert: Mikey

♦ Traum: verheiratet und Ehefrau zu sein ♦ Bemerkenswerte (oder bedauernswerte) Leistung: An ihrem ersten Tag in der Mittelschule hatten alle Angst vor ihr, weil sie die kleine Schwester des berüchtigten Mikey ist. ♦ Lieblingsort: das Viertel Dogenzaka in Shibuya

Ein Anruf verändert das Schicksal?!

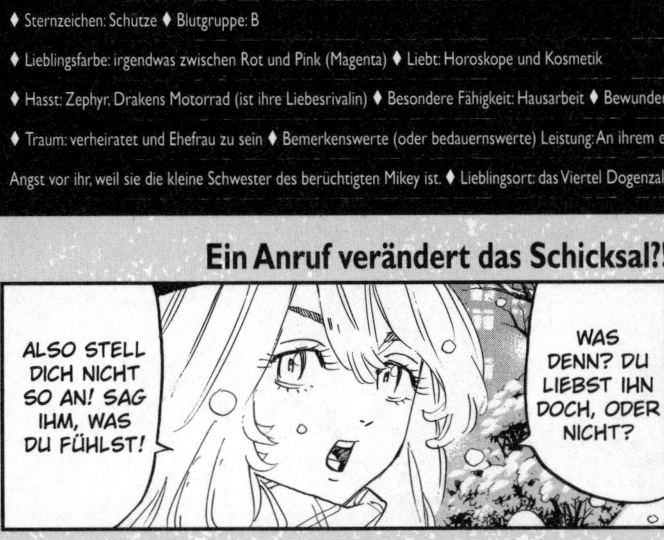

Nachdem sie der wegen der Trennung niedergeschlagenen Hina gleichzeitig Mut und Dampf gemacht hat, ruft Ema Draken an, um herauszufinden, wo Takemichi ist. Dieser Anruf führt am Ende dazu, dass Mikey und Draken an der Weihnachtsschlacht teilnehmen und Takemichi und Hina wieder zusammenfinden.

Skizzen zu privaten Outfits

Shuji Hanma

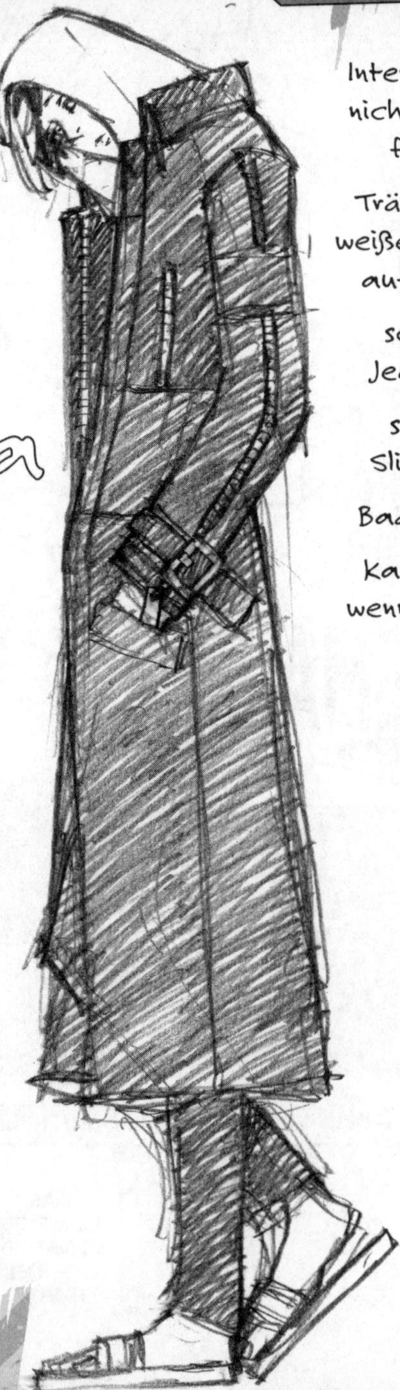

Interessiert sich nicht besonders für Mode.

Trägt meistens weiße Pullis (steht auf Kapuzen).

schwarzer Jeansmantel

schwarze Slim-Fit-Hose

Badelatschen

Kampfstiefel, wenn es kalt ist.

Ken Wakui präsentiert exklusiv!

»Tokyo Revengers« –

Kazutora Hanemiya

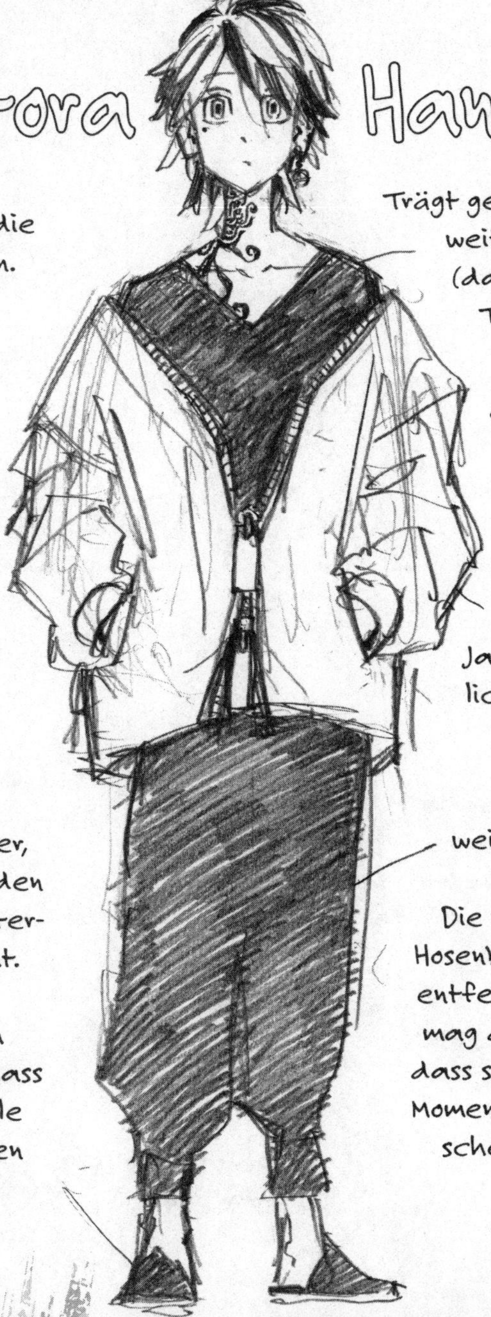

Skizzen zu privaten Outfits

WALHALLA & BLACK DRAGON

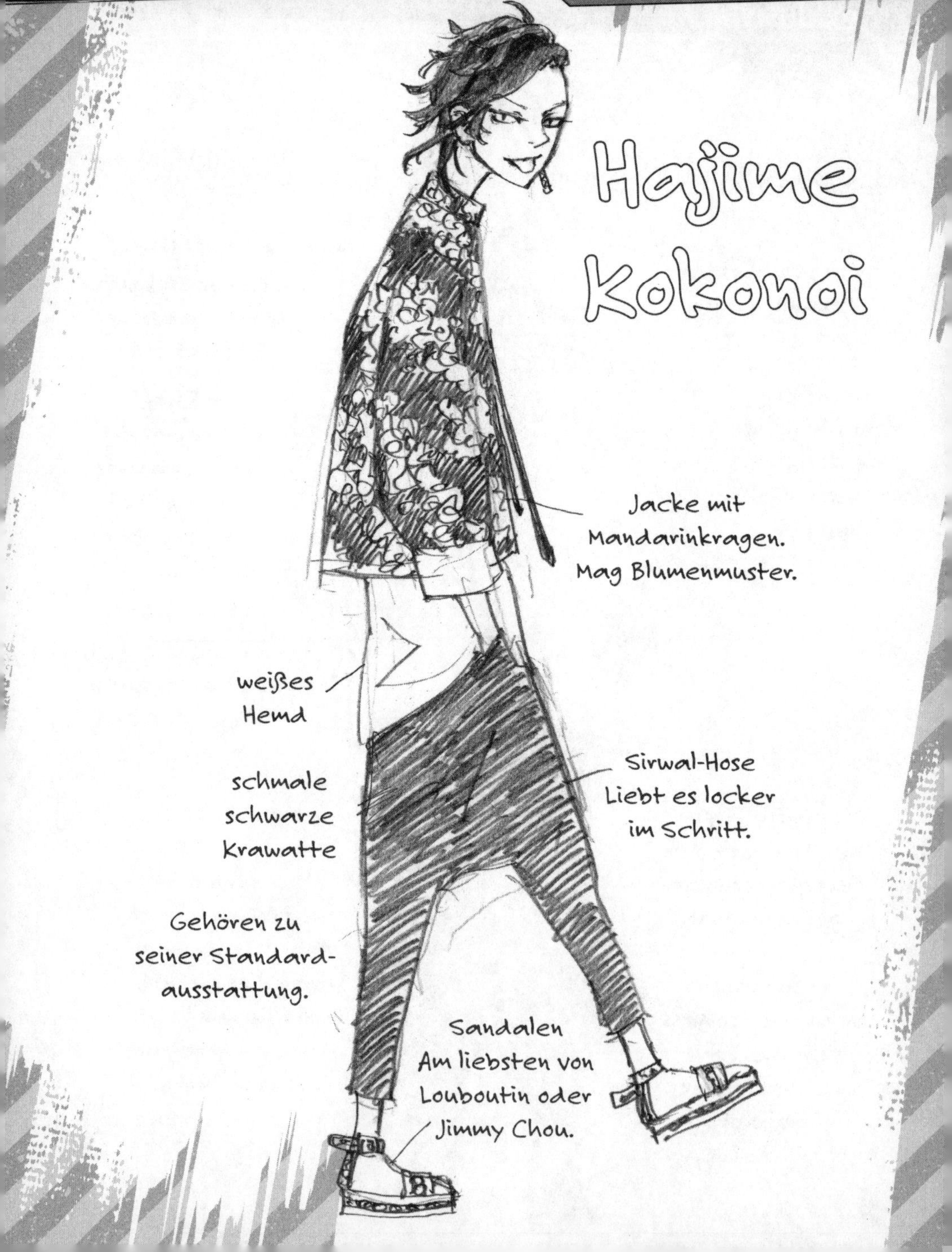

Ken Wakui präsentiert exklusiv!

»Tokyo Revengers« –

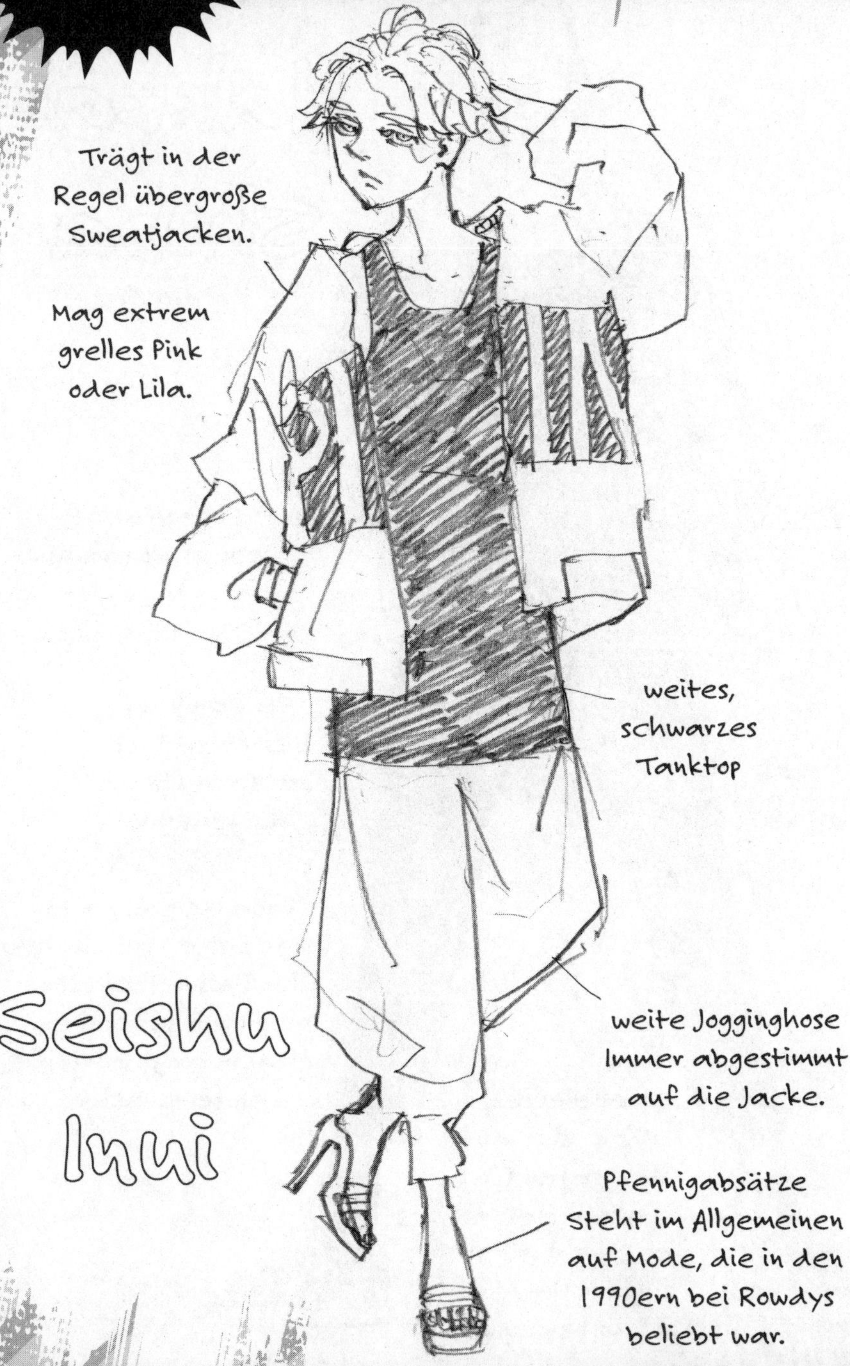

Skizzen zu privaten Outfits

WALHALLA & BLACK DRAGON

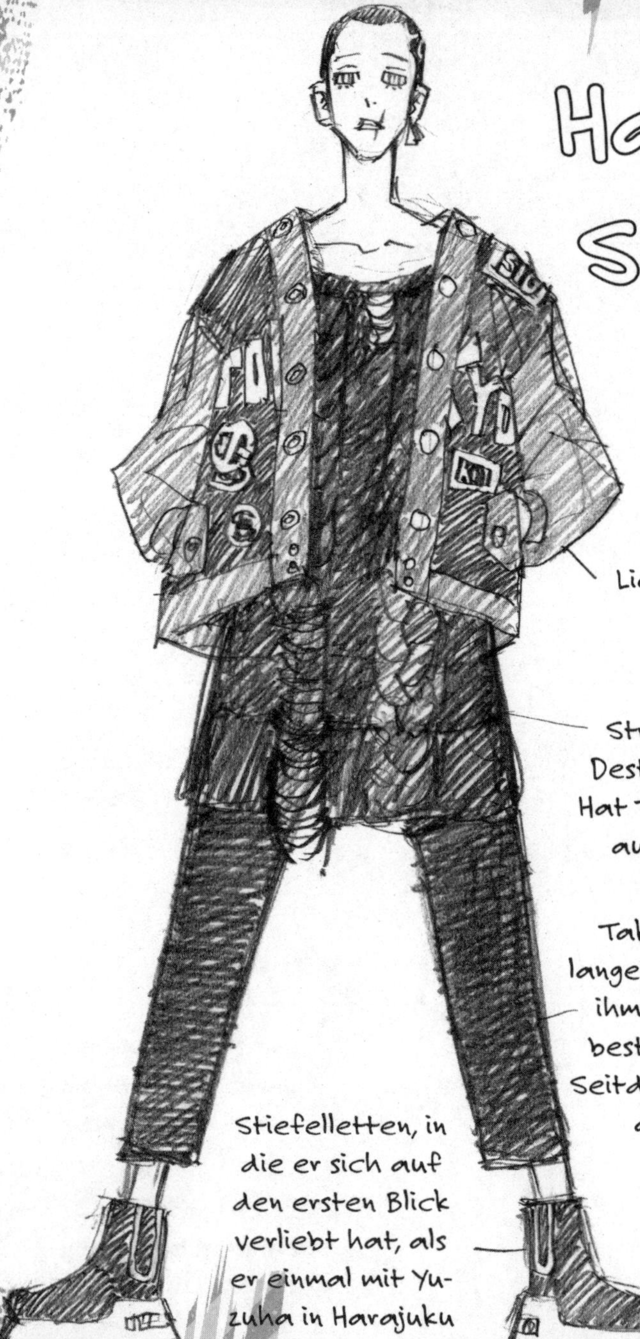

Ken Wakui präsentiert exklusiv!

»Tokyo Revengers« –

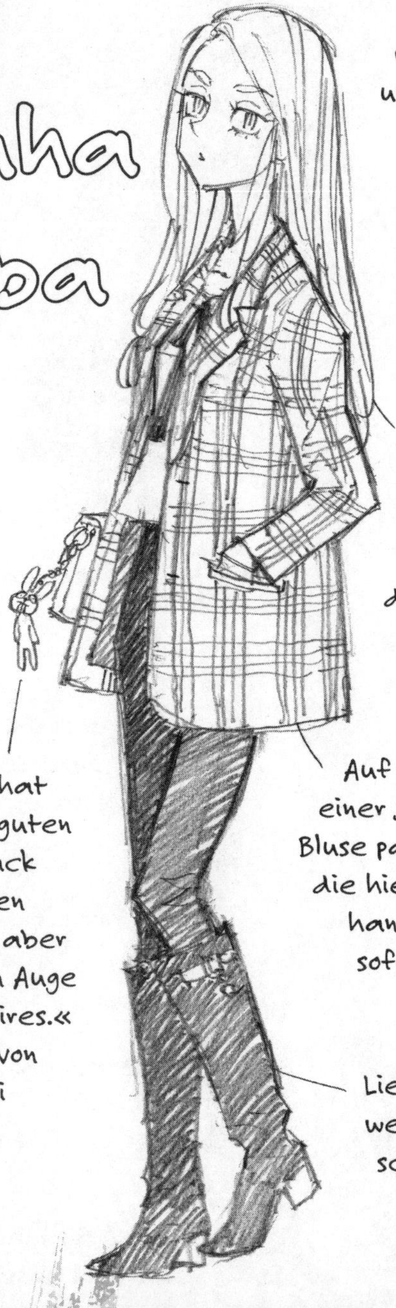

Ken Wakui präsentiert exklusiv!

»Tokyo Revengers« WALHALLA & BLACK DRAGON

Skizzen zu privaten Outfits

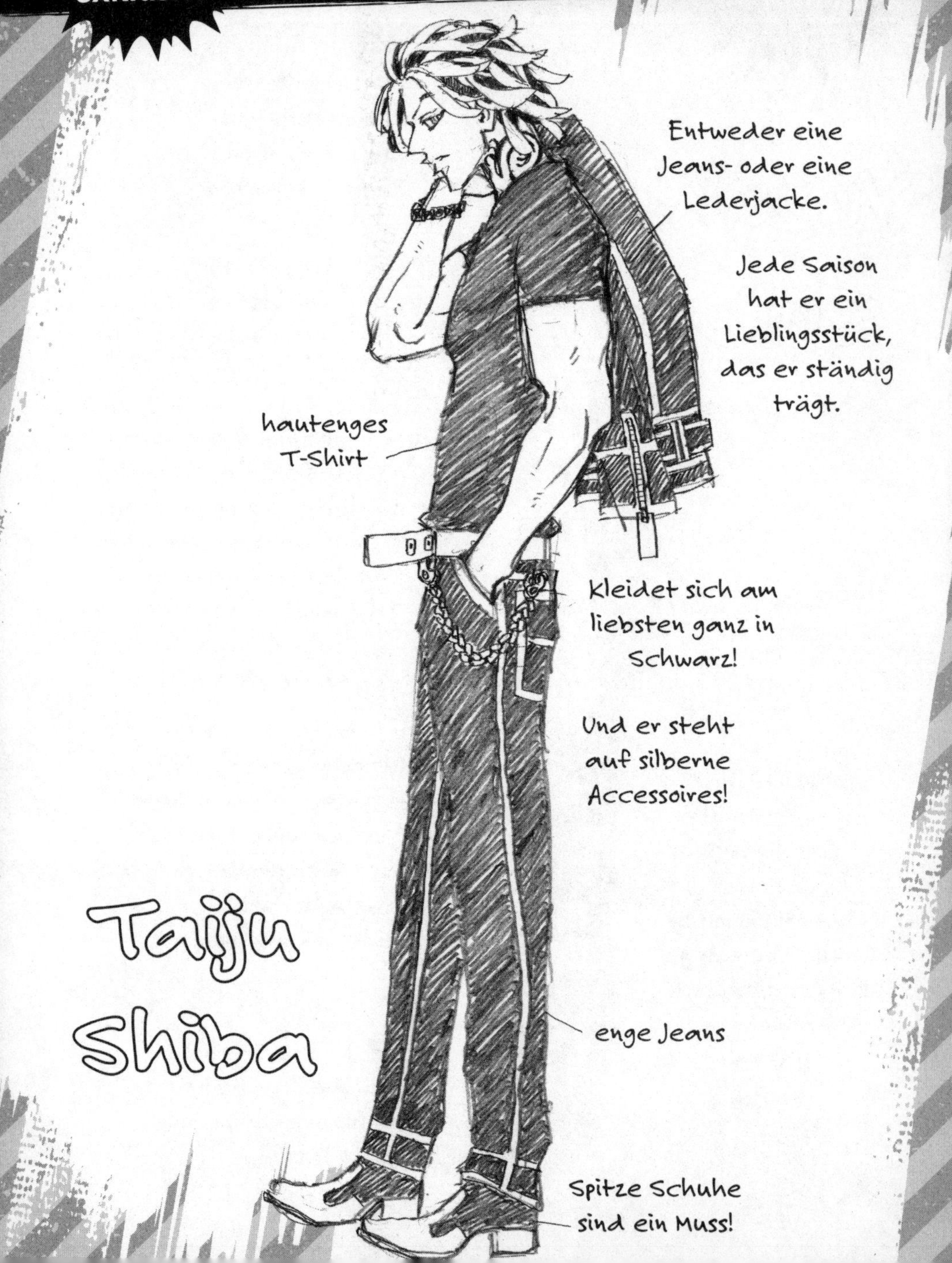

Sonderfassung! **Das mitreißende Kapitel komplett in Farbe!**

Bei der Weihnachtsschlacht lodert der Geist der Manji-Gang in Takemichi auf!

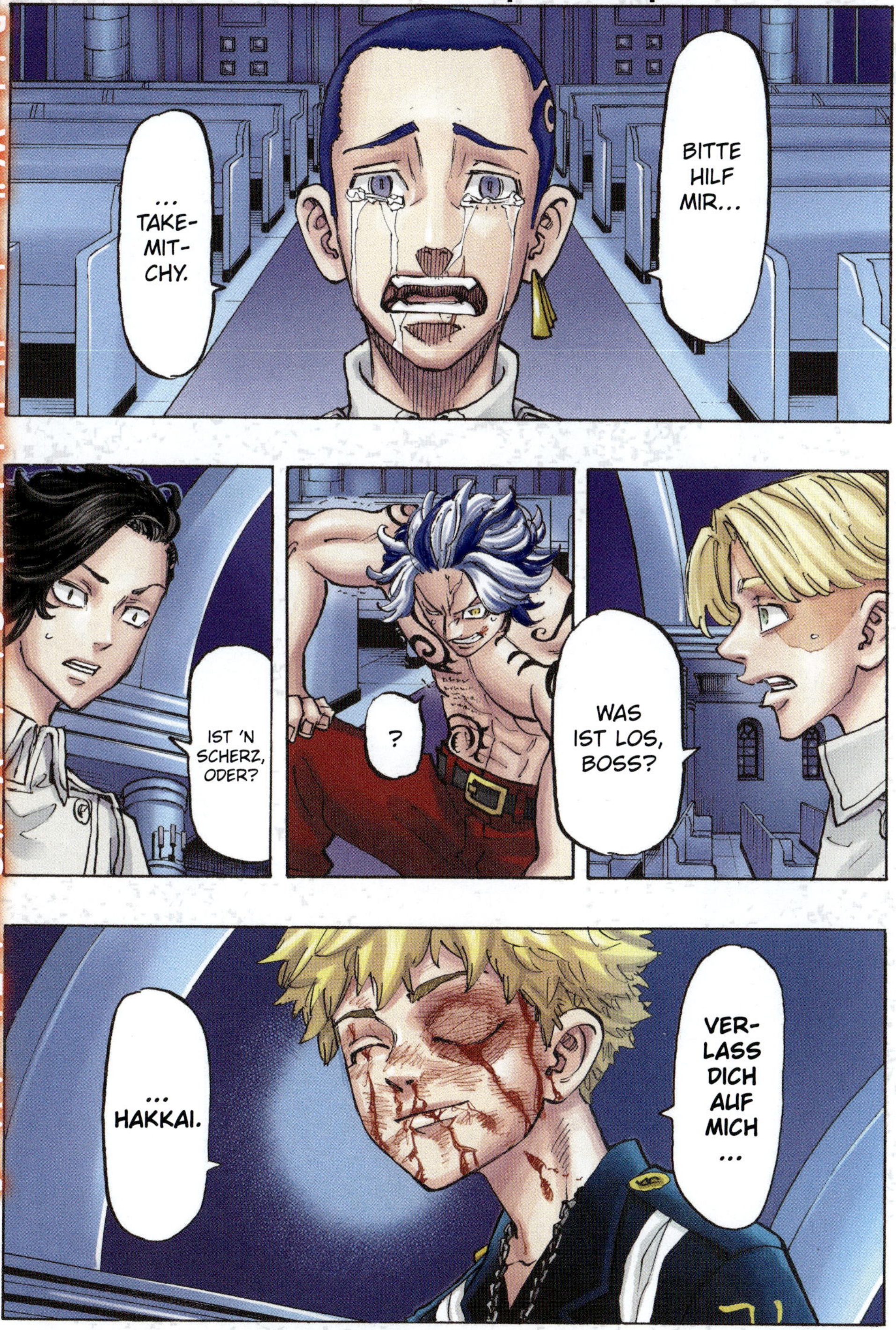

KAPITEL 101: KEEP MUM

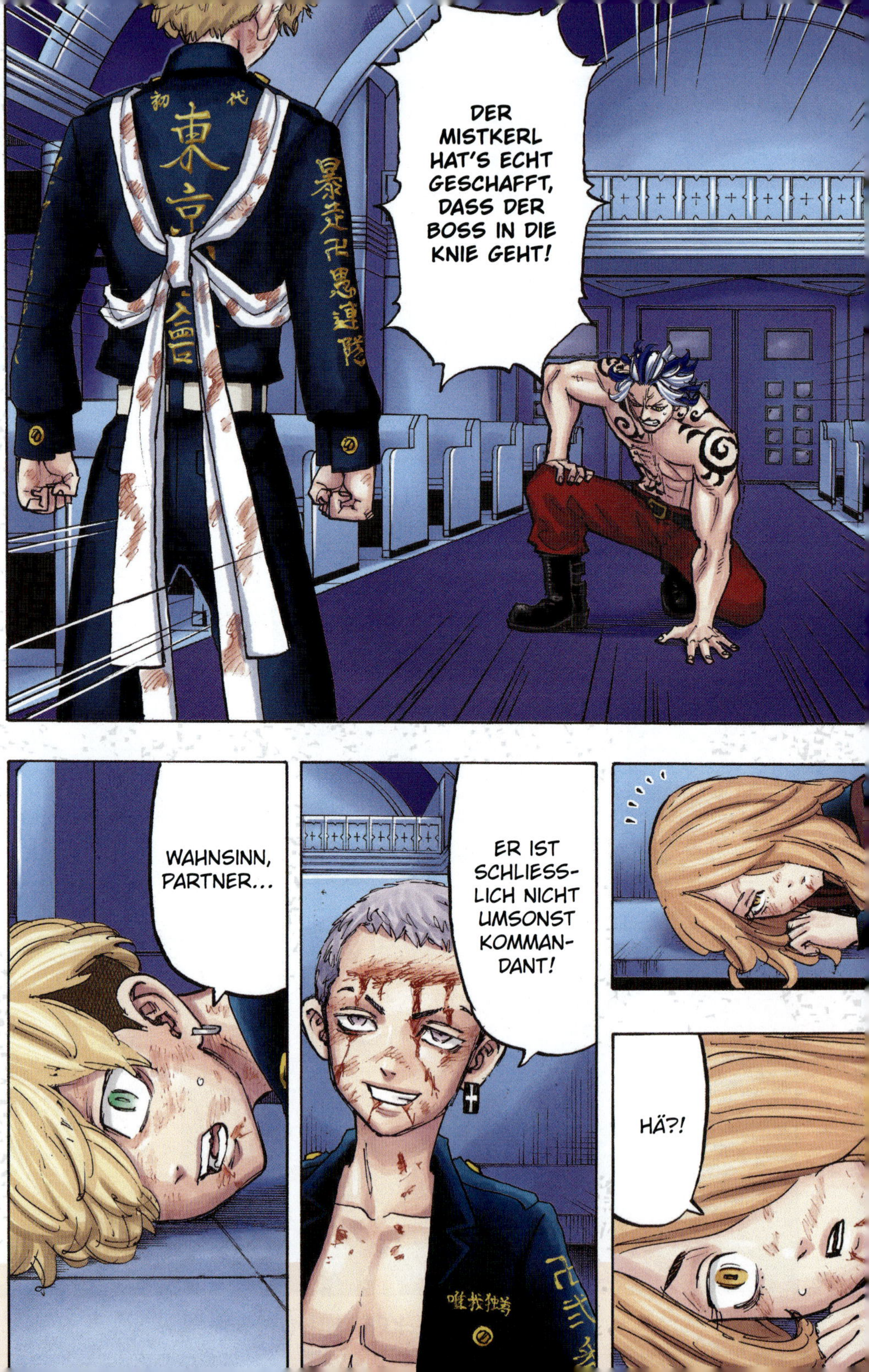
DER MISTKERL HAT'S ECHT GESCHAFFT, DASS DER BOSS IN DIE KNIE GEHT!
HÄ?!
ER IST SCHLIESS-LICH NICHT UMSONST KOMMAN-DANT!
WAHNSINN, PARTNER…

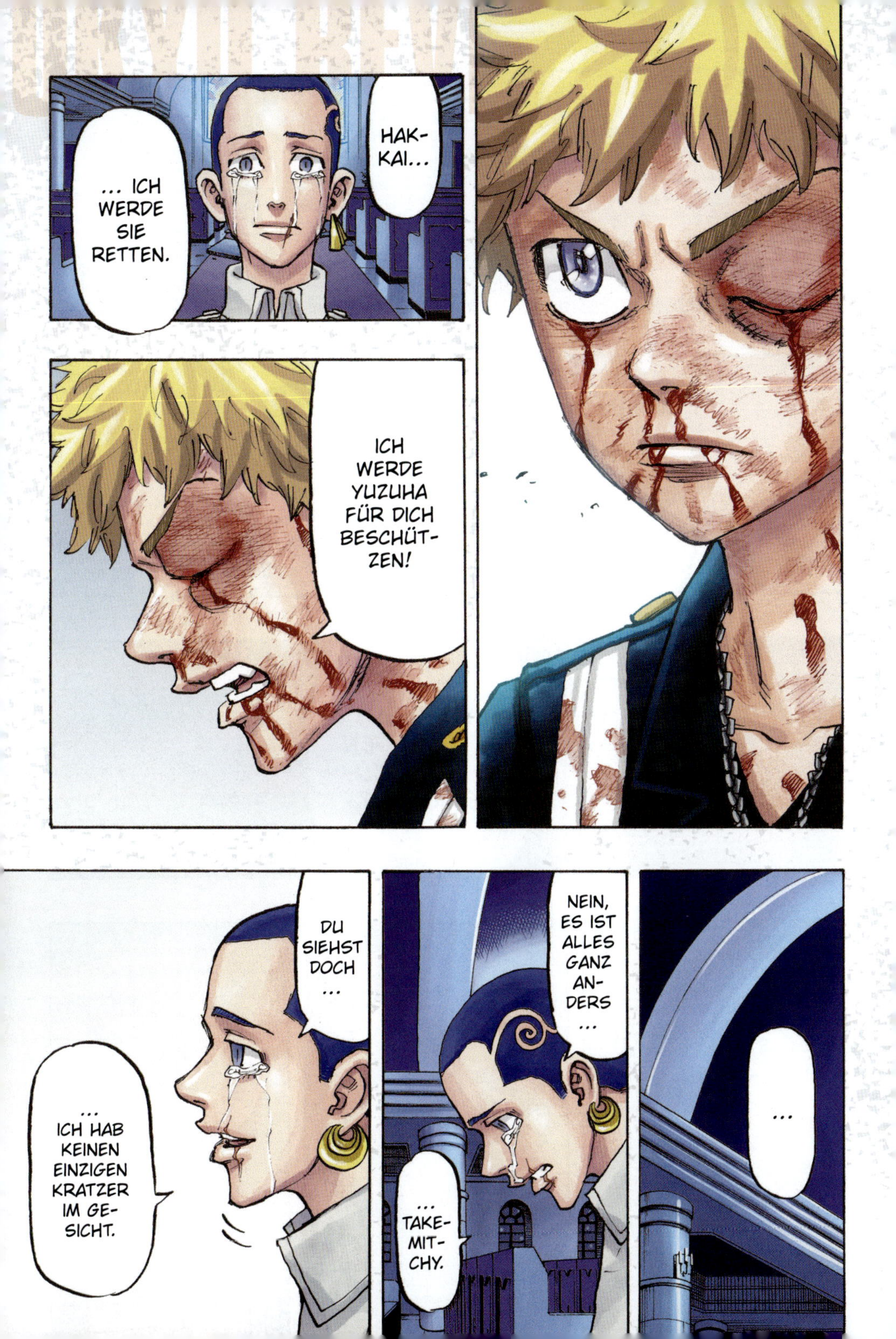
HAK-KAI...
... ICH WERDE SIE RETTEN.
ICH WERDE YUZUHA FÜR DICH BESCHÜT-ZEN!
NEIN, ES IST ALLES GANZ AN-DERS ...
DU SIEHST DOCH ...
... ICH HAB KEINEN EINZIGEN KRATZER IM GE-SICHT.
...
... TAKE-MIT-CHY.

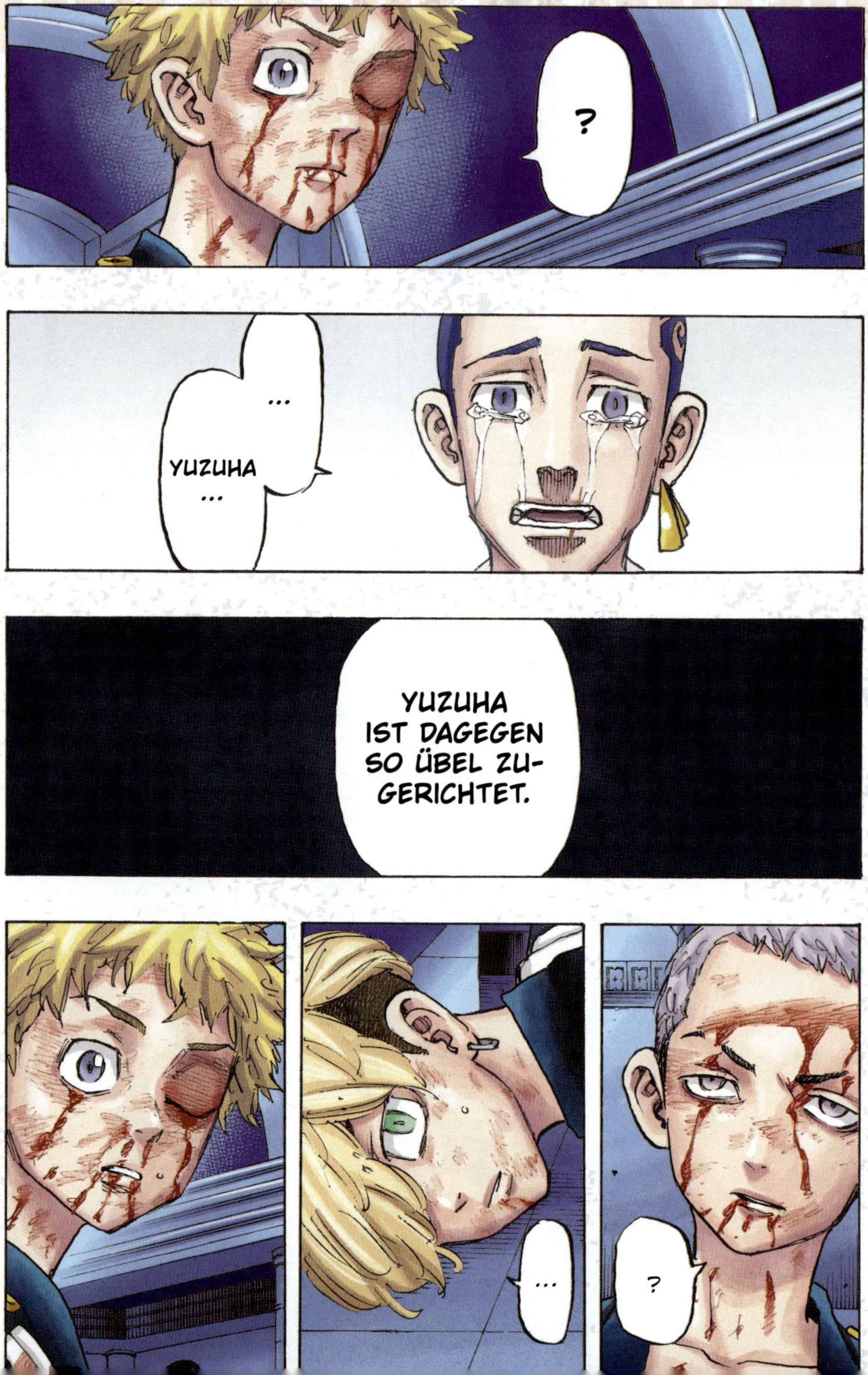
?
… YUZUHA …
YUZUHA IST DAGEGEN SO ÜBEL ZU-GERICHTET.
?
…

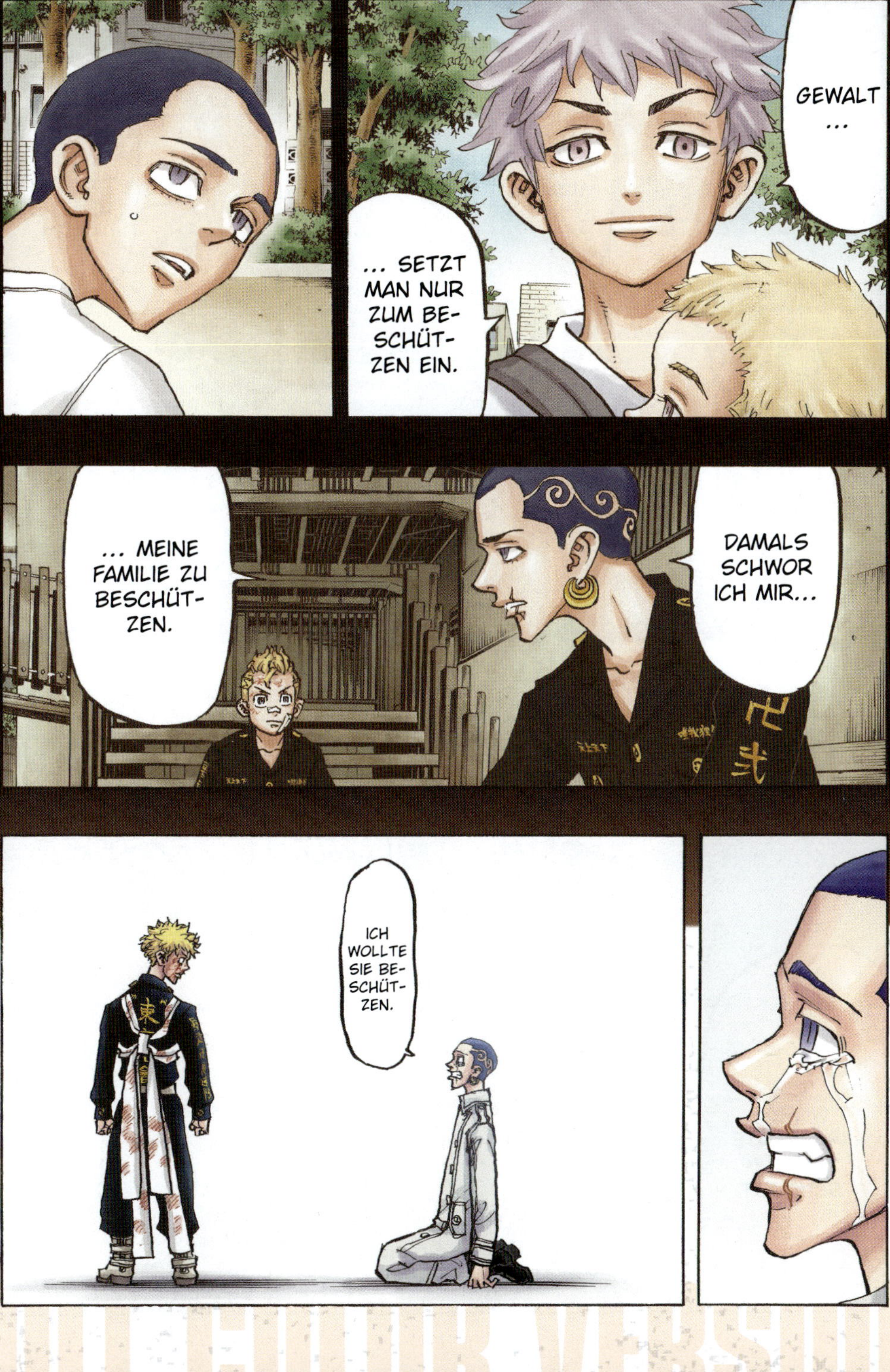
GEWALT ...
... SETZT MAN NUR ZUM BESCHÜTZEN EIN.
DAMALS SCHWOR ICH MIR...
... MEINE FAMILIE ZU BESCHÜTZEN.
ICH WOLLTE SIE BESCHÜTZEN.

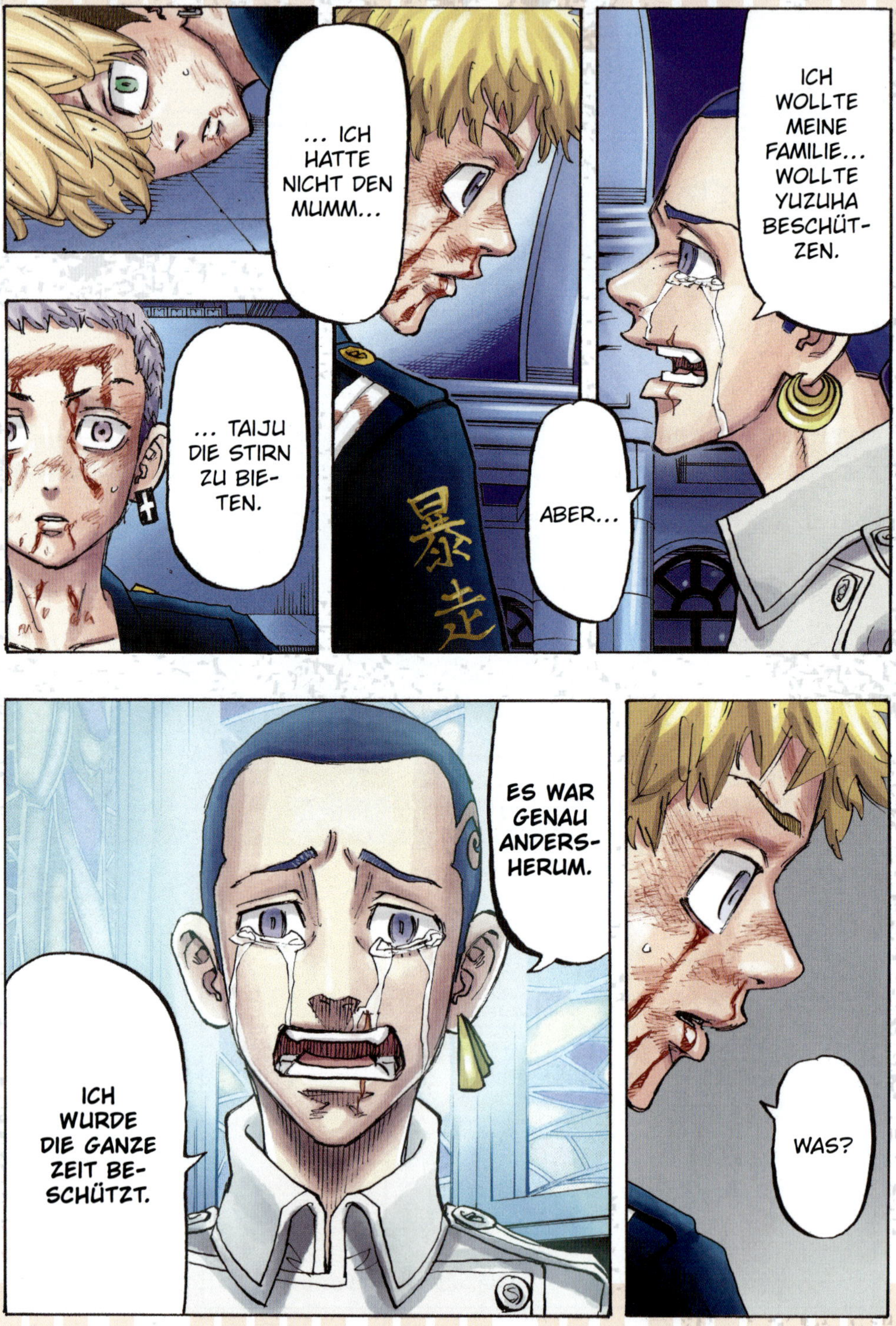
ICH WOLLTE MEINE FAMILIE... WOLLTE YUZUHA BESCHÜT-ZEN.
ABER...
... ICH HATTE NICHT DEN MUMM...
... TAIJU DIE STIRN ZU BIE-TEN.
WAS?
ES WAR GENAU ANDERS-HERUM.
ICH WURDE DIE GANZE ZEIT BE-SCHÜTZT.

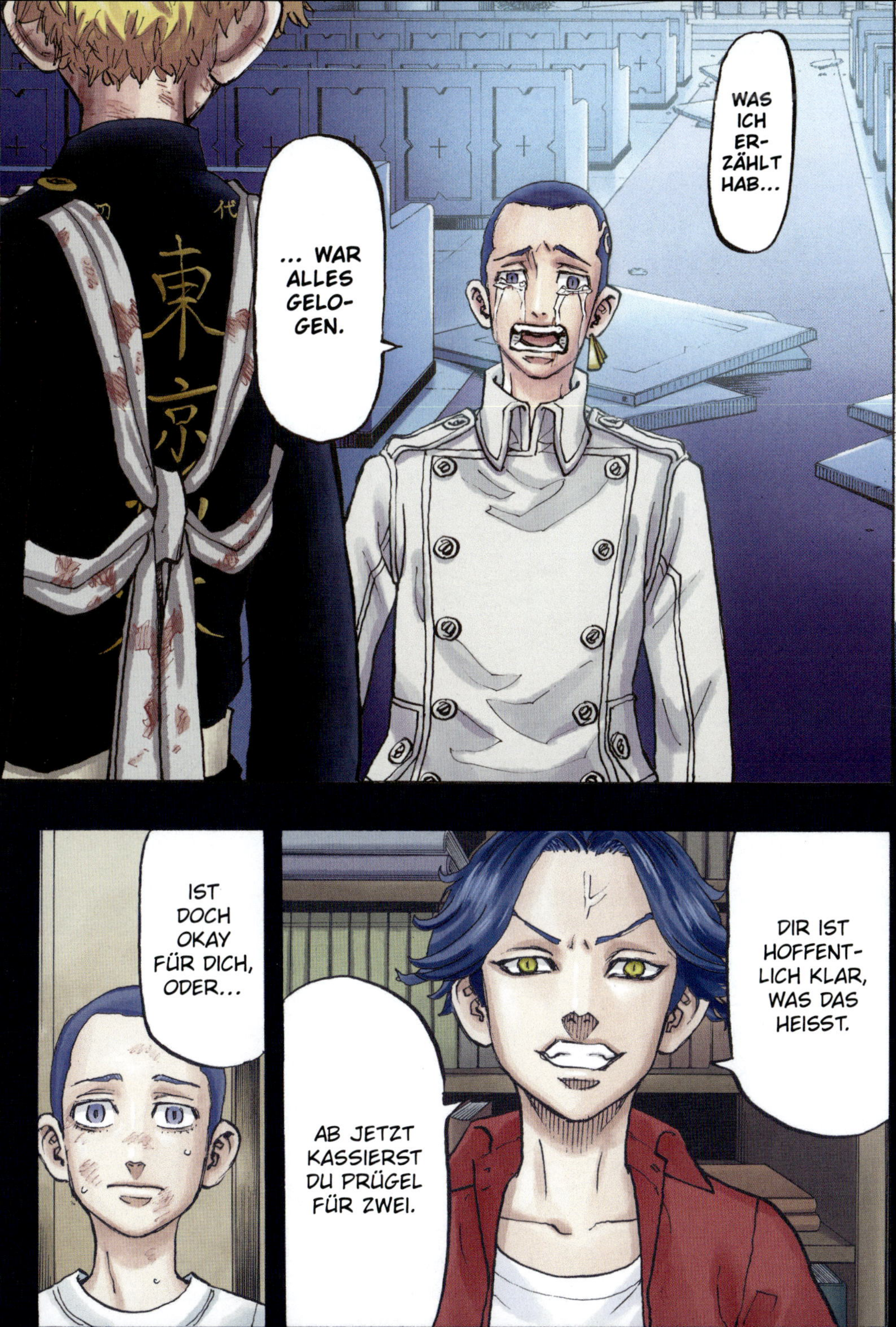
WAS ICH ER-ZÄHLT HAB...
... WAR ALLES GELO-GEN.
DIR IST HOFFENT-LICH KLAR, WAS DAS HEISST.
AB JETZT KASSIERST DU PRÜGEL FÜR ZWEI.
IST DOCH OKAY FÜR DICH, ODER...

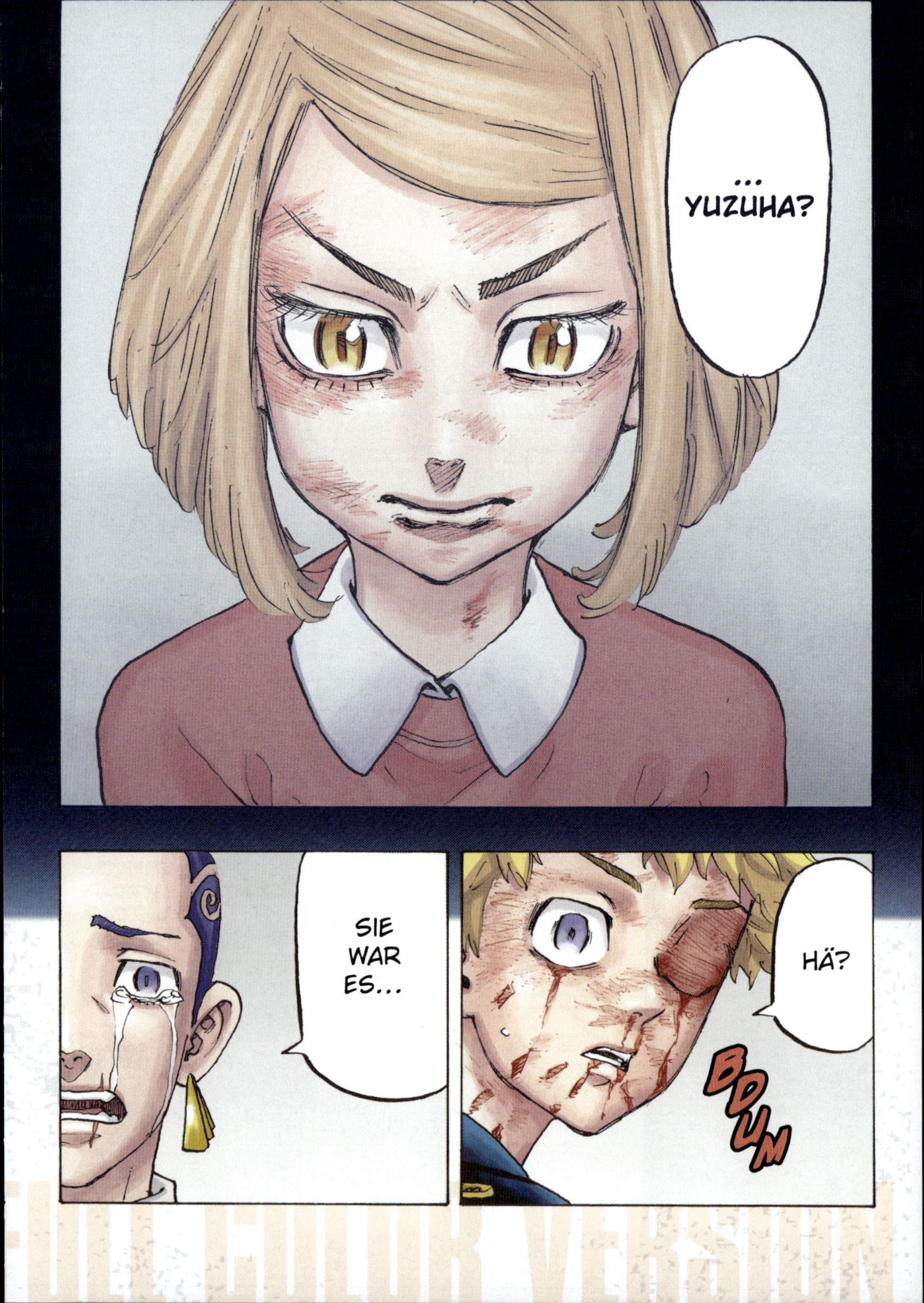

... YUZUHA?
HÄ?
BDUM
SIE WAR ES...
FULL COLOR VERSION

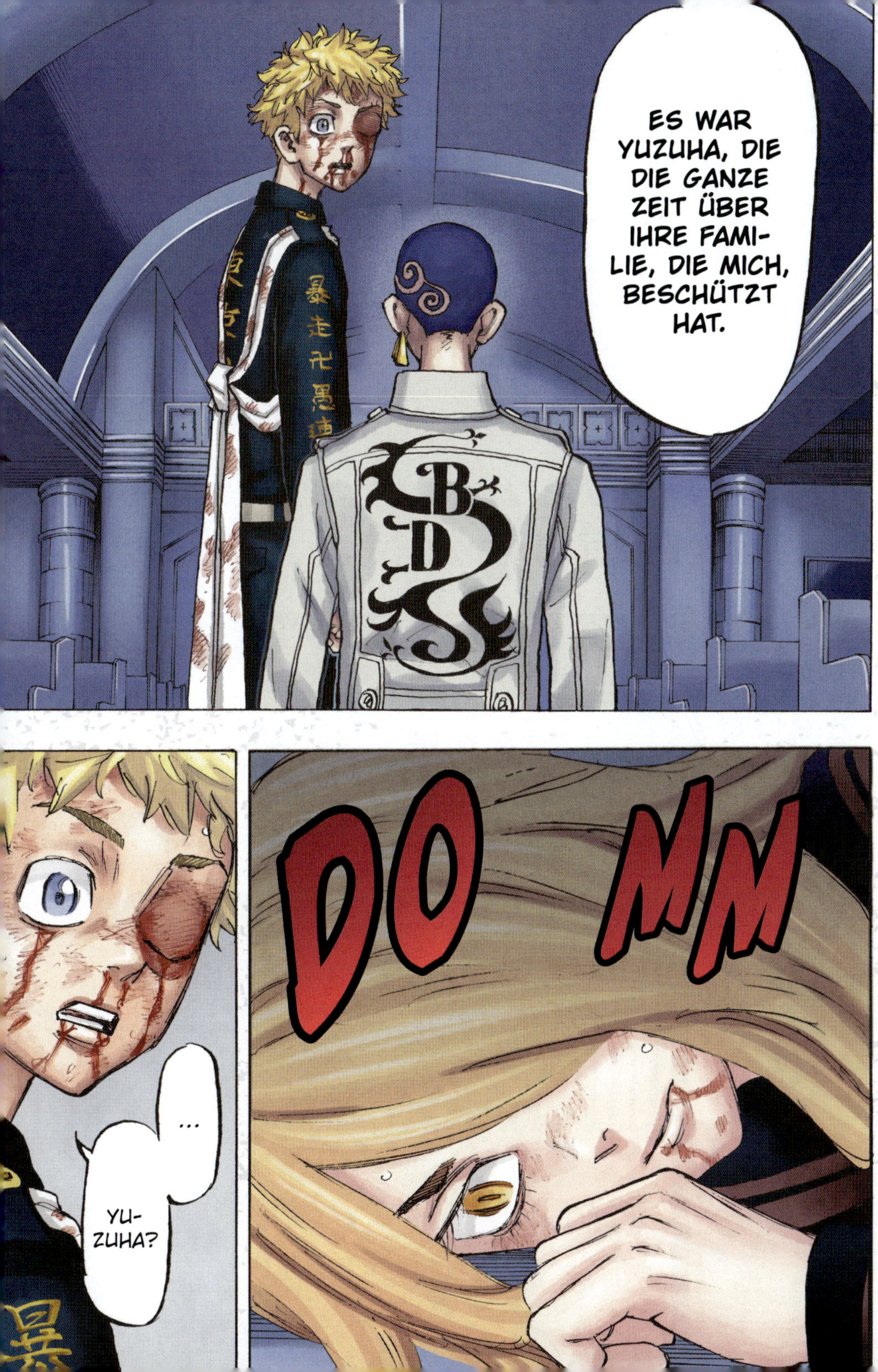
ES WAR YUZUHA, DIE DIE GANZE ZEIT ÜBER IHRE FAMI-LIE, DIE MICH, BESCHÜTZT HAT.
DO MM
...
YU-ZUHA?

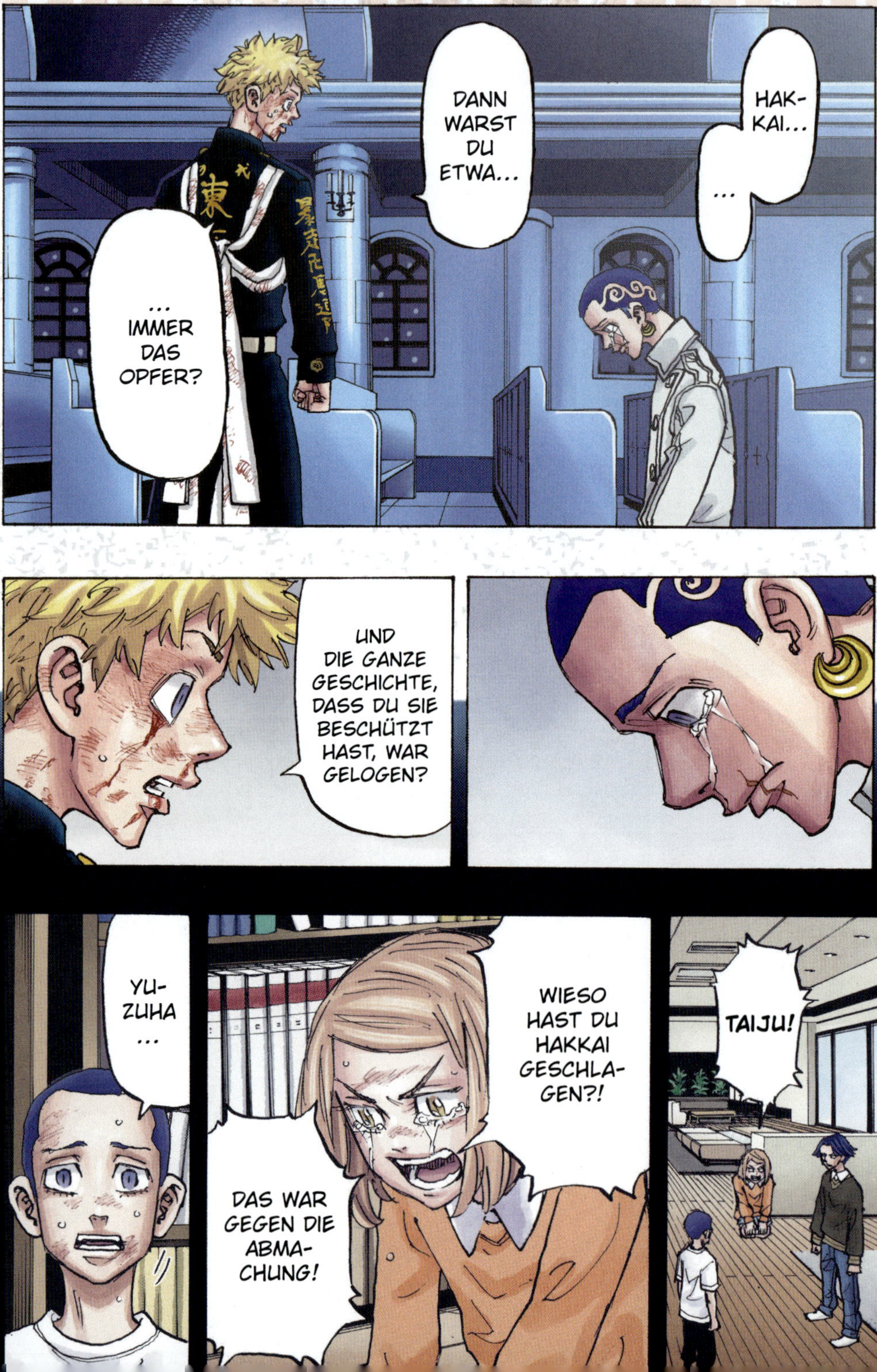
HAK-KAI...
...
DANN WARST DU ETWA...
... IMMER DAS OPFER?
UND DIE GANZE GESCHICHTE, DASS DU SIE BESCHÜTZT HAST, WAR GELOGEN?
TAIJU!
WIESO HAST DU HAKKAI GESCHLA-GEN?!
DAS WAR GEGEN DIE ABMA-CHUNG!
YU-ZUHA ...

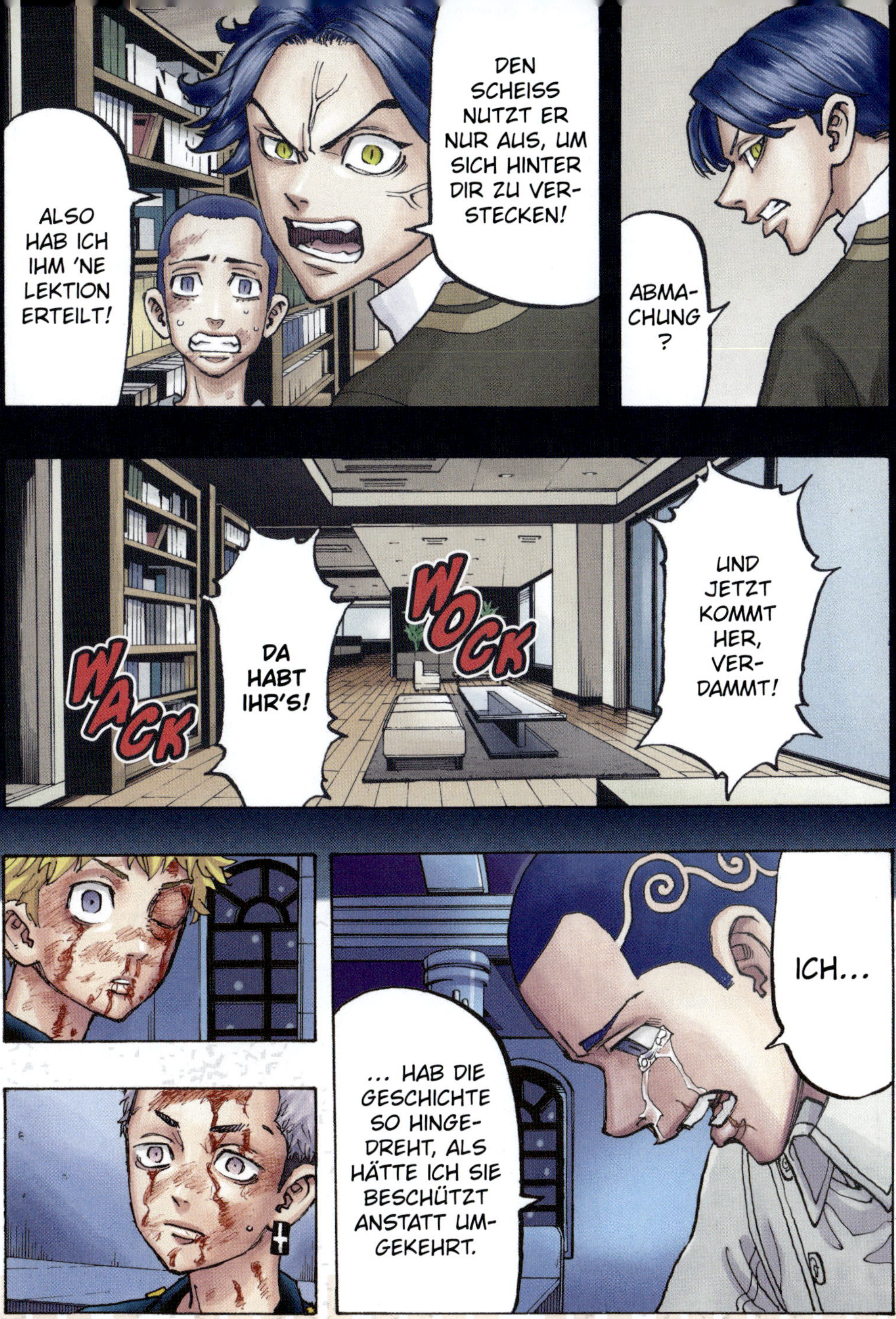
ABMACHUNG?
DEN SCHEISS NUTZT ER NUR AUS, UM SICH HINTER DIR ZU VERSTECKEN!
ALSO HAB ICH IHM 'NE LEKTION ERTEILT!
UND JETZT KOMMT HER, VERDAMMT!
WOCK
DA HABT IHR'S!
WACK
ICH...
... HAB DIE GESCHICHTE SO HINGEDREHT, ALS HÄTTE ICH SIE BESCHÜTZT ANSTATT UMGEKEHRT.

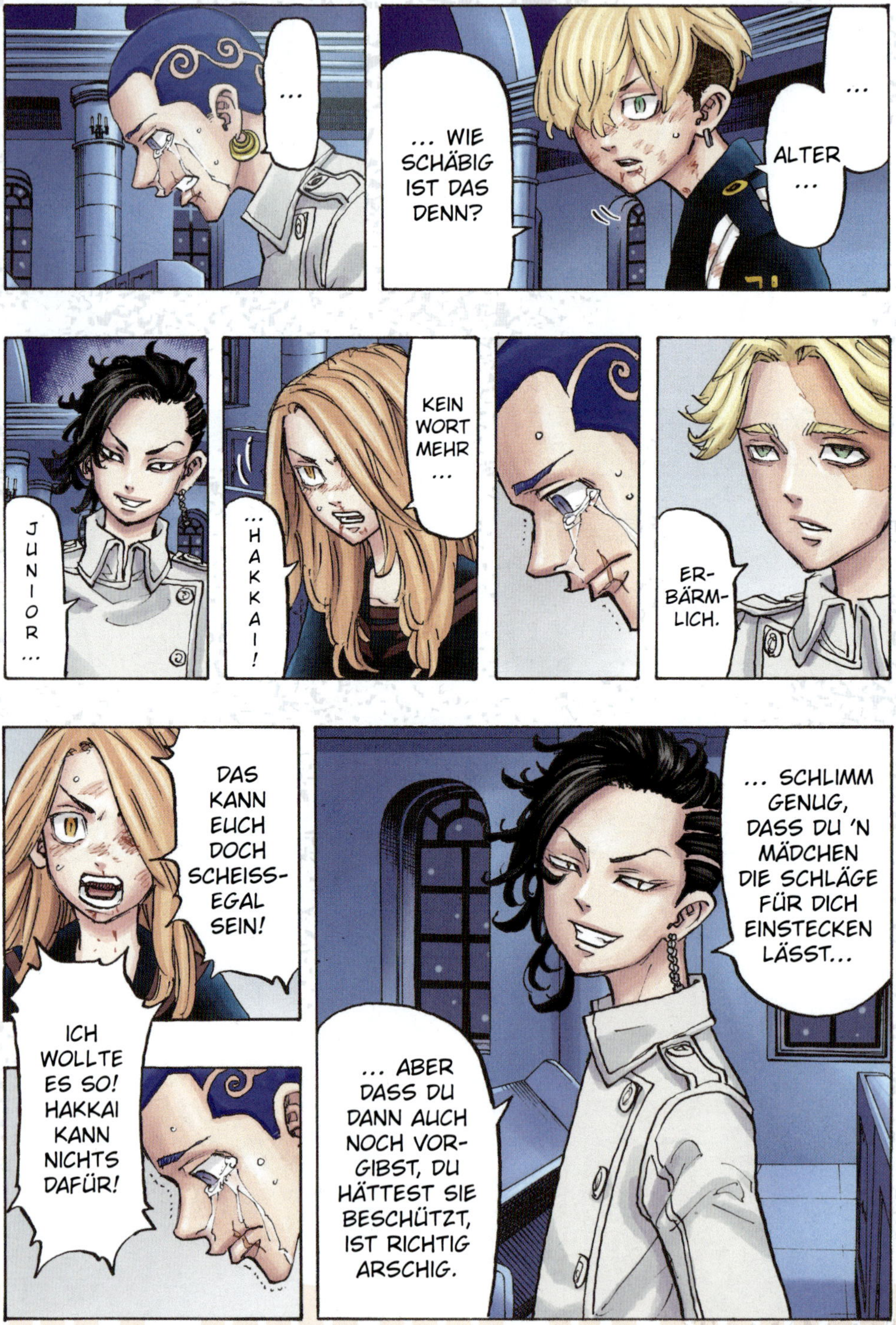
...
ALTER ...
... WIE SCHÄBIG IST DAS DENN?
...
ER-BÄRM-LICH.
KEIN WORT MEHR ...
... HAKKAI!
JUNIOR ...
... SCHLIMM GENUG, DASS DU 'N MÄDCHEN DIE SCHLÄGE FÜR DICH EINSTECKEN LÄSST...
... ABER DASS DU DANN AUCH NOCH VOR-GIBST, DU HÄTTEST SIE BESCHÜTZT, IST RICHTIG ARSCHIG.
DAS KANN EUCH DOCH SCHEISS-EGAL SEIN!
ICH WOLLTE ES SO! HAKKAI KANN NICHTS DAFÜR!

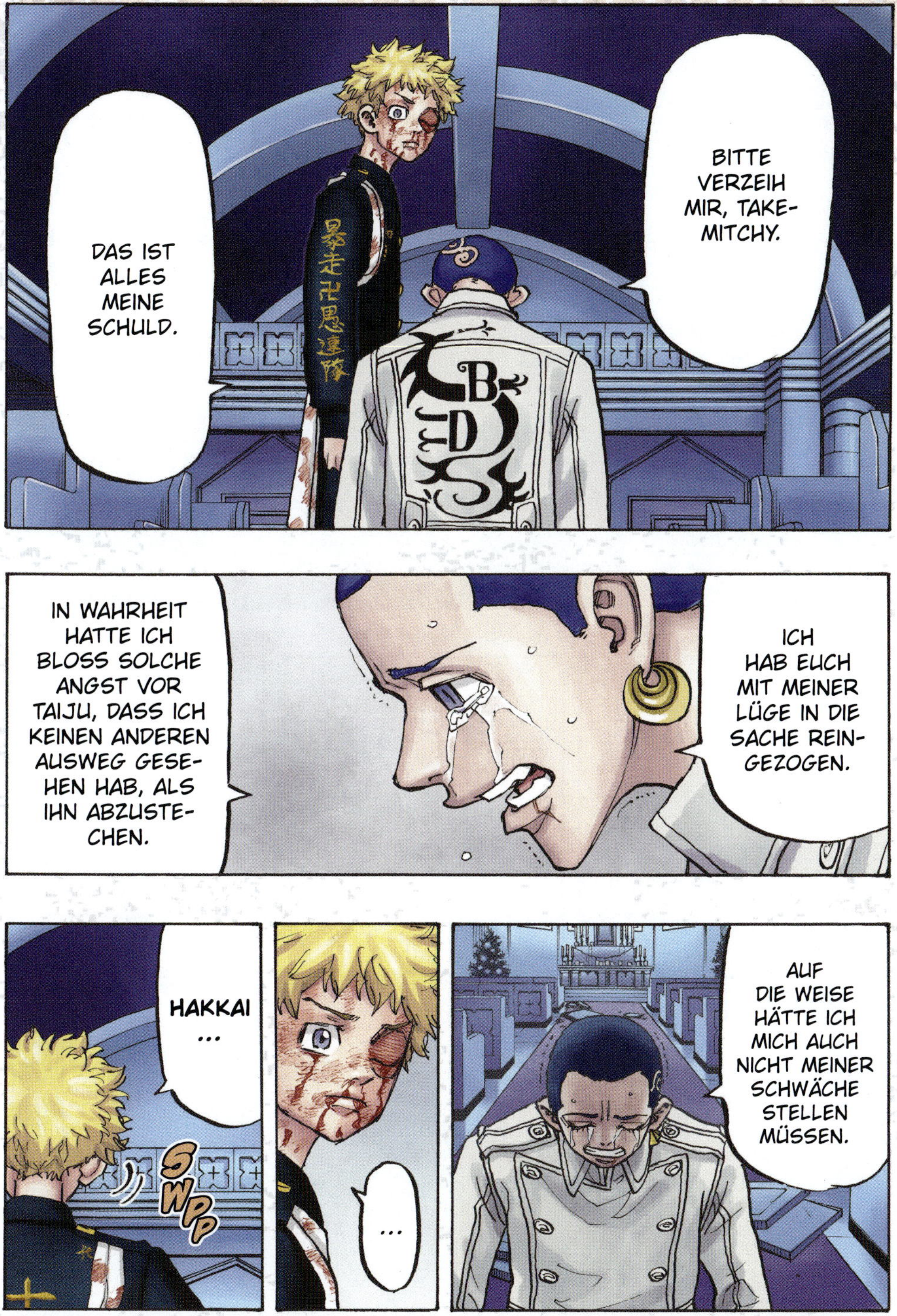

BITTE VERZEIH MIR, TAKE-MITCHY.
DAS IST ALLES MEINE SCHULD.
ICH HAB EUCH MIT MEINER LÜGE IN DIE SACHE REIN-GEZOGEN.
IN WAHRHEIT HATTE ICH BLOSS SOLCHE ANGST VOR TAIJU, DASS ICH KEINEN ANDEREN AUSWEG GESE-HEN HAB, ALS IHN ABZUSTE-CHEN.
AUF DIE WEISE HÄTTE ICH MICH AUCH NICHT MEINER SCHWÄCHE STELLEN MÜSSEN.
...
HAKKAI ...
SWPP

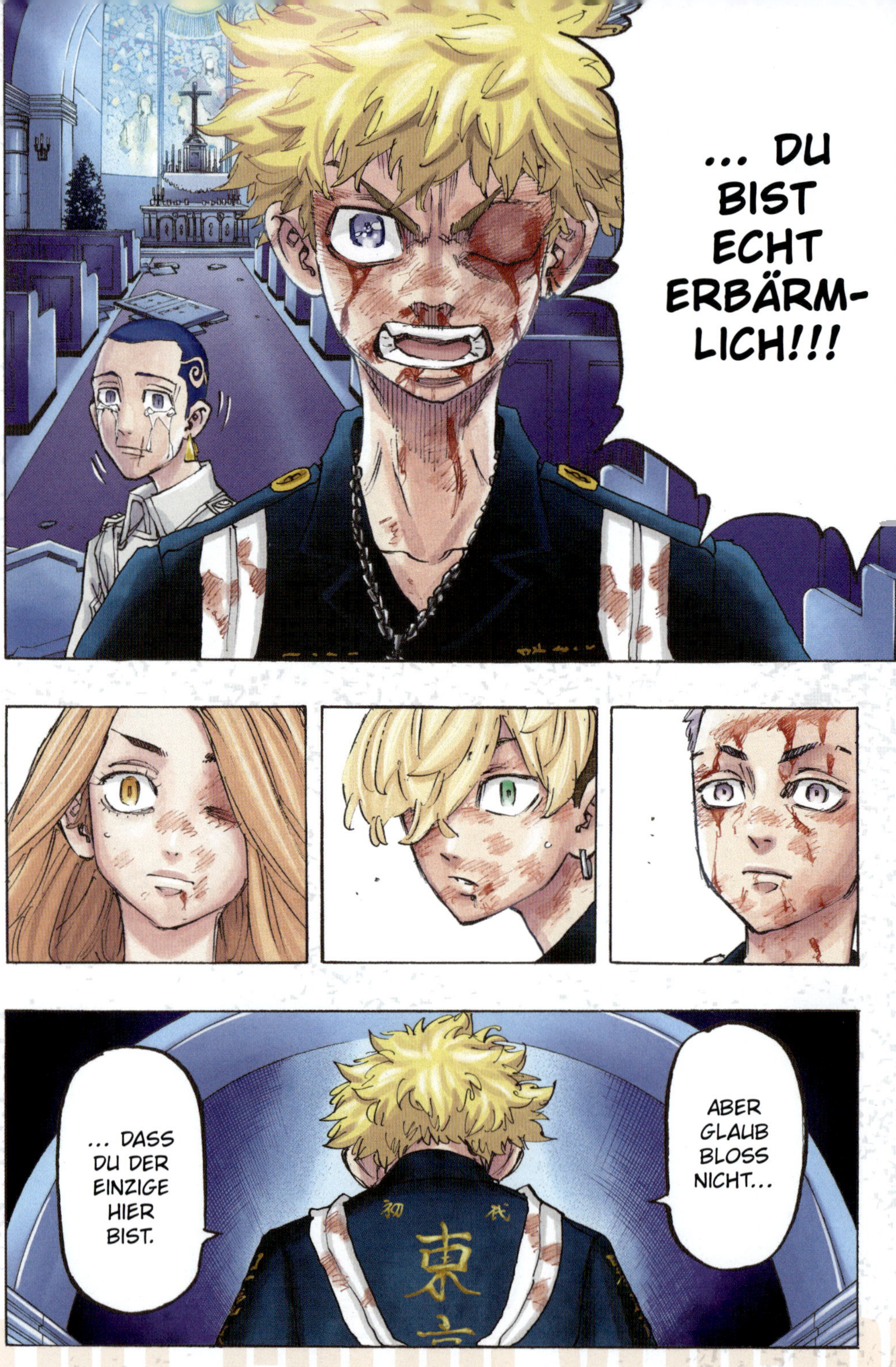
... DU BIST ECHT ERBÄRMLICH!!!
ABER GLAUB BLOSS NICHT...
... DASS DU DER EINZIGE HIER BIST.

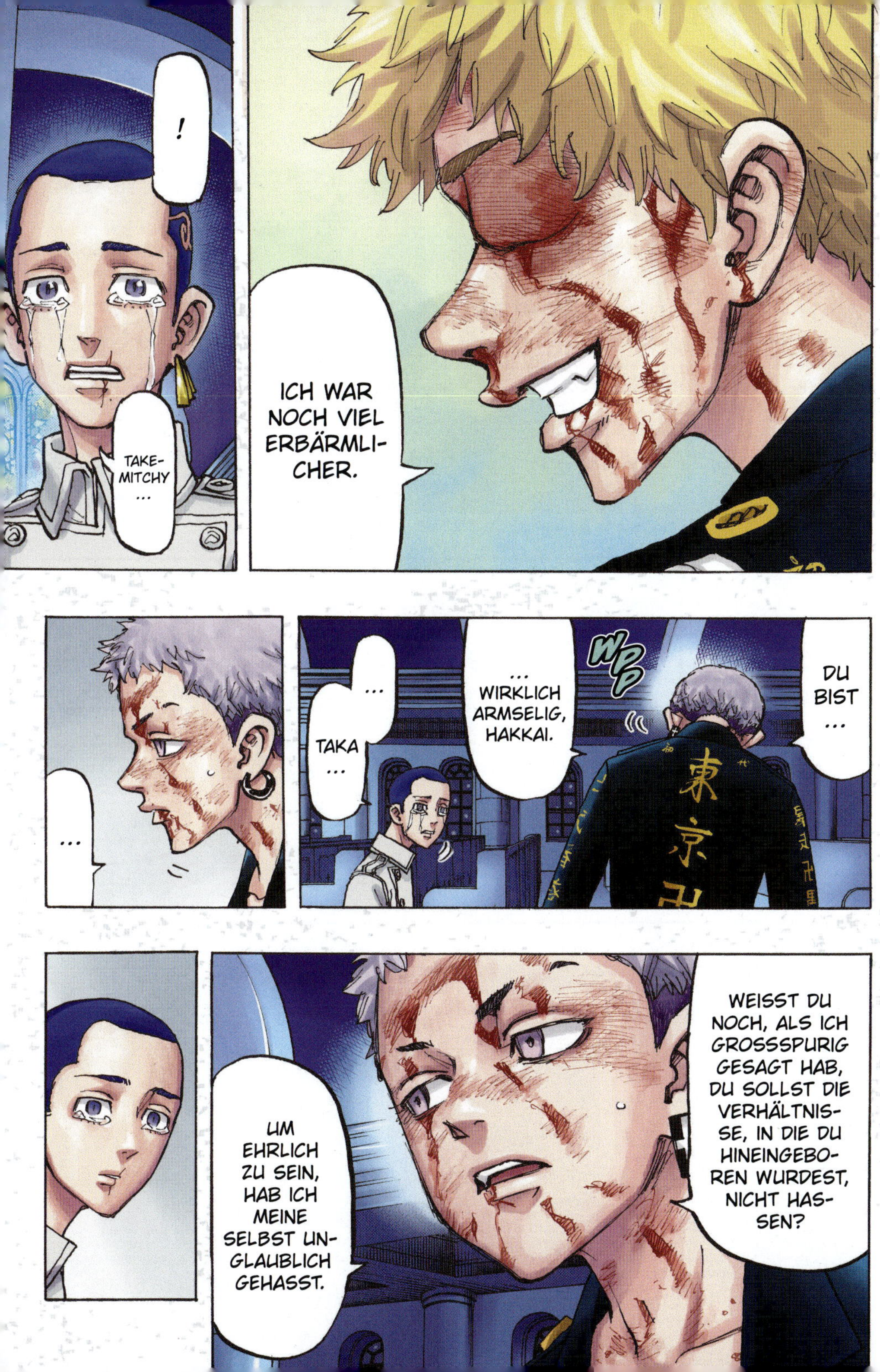
ICH WAR NOCH VIEL ERBÄRMLICHER.
!
TAKEMITCHY ...
DU BIST ...
WPP
... WIRKLICH ARMSELIG, HAKKAI.
...
TAKA ...
...
WEISST DU NOCH, ALS ICH GROSSSPURIG GESAGT HAB, DU SOLLST DIE VERHÄLTNISSE, IN DIE DU HINEINGEBOREN WURDEST, NICHT HASSEN?
UM EHRLICH ZU SEIN, HAB ICH MEINE SELBST UNGLAUBLICH GEHASST.

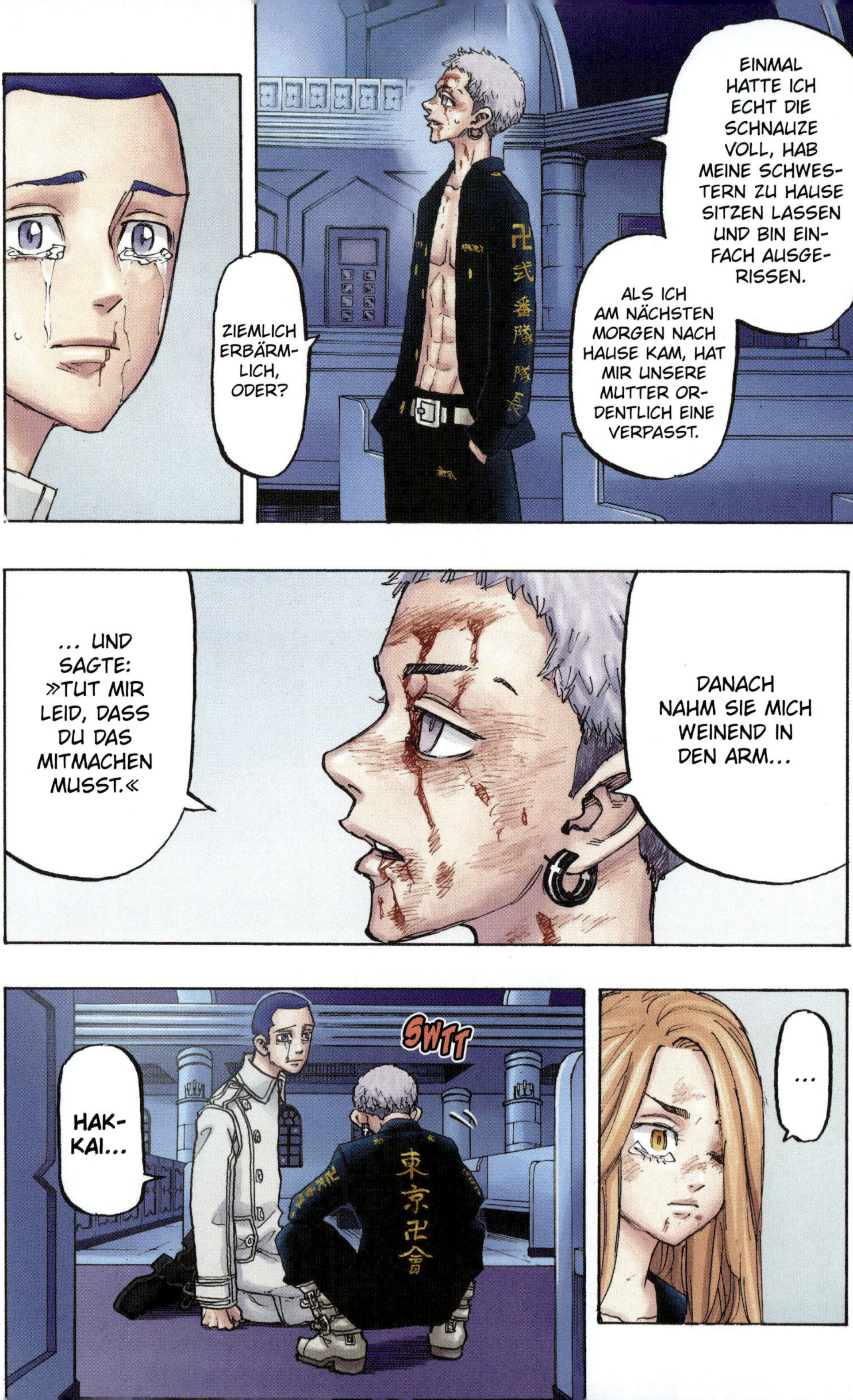
EINMAL HATTE ICH ECHT DIE SCHNAUZE VOLL, HAB MEINE SCHWES-TERN ZU HAUSE SITZEN LASSEN UND BIN EIN-FACH AUSGE-RISSEN.
ALS ICH AM NÄCHSTEN MORGEN NACH HAUSE KAM, HAT MIR UNSERE MUTTER OR-DENTLICH EINE VERPASST.
ZIEMLICH ERBÄRM-LICH, ODER?
DANACH NAHM SIE MICH WEINEND IN DEN ARM...
... UND SAGTE: »TUT MIR LEID, DASS DU DAS MITMACHEN MUSST.«
...
SWTT
HAK-KAI...

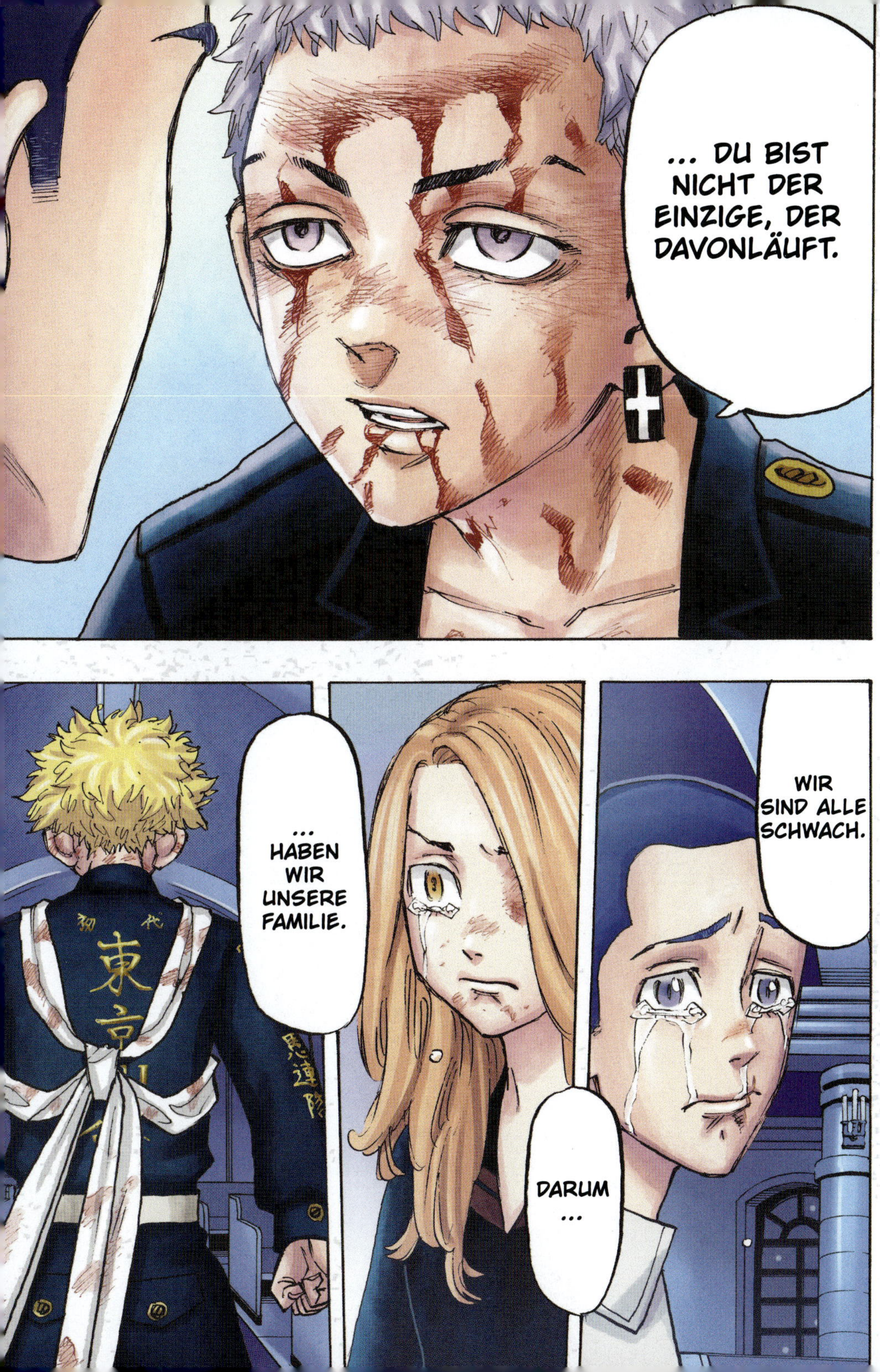
... DU BIST NICHT DER EINZIGE, DER DAVONLÄUFT.
WIR SIND ALLE SCHWACH.
DARUM ...
... HABEN WIR UNSERE FAMILIE.

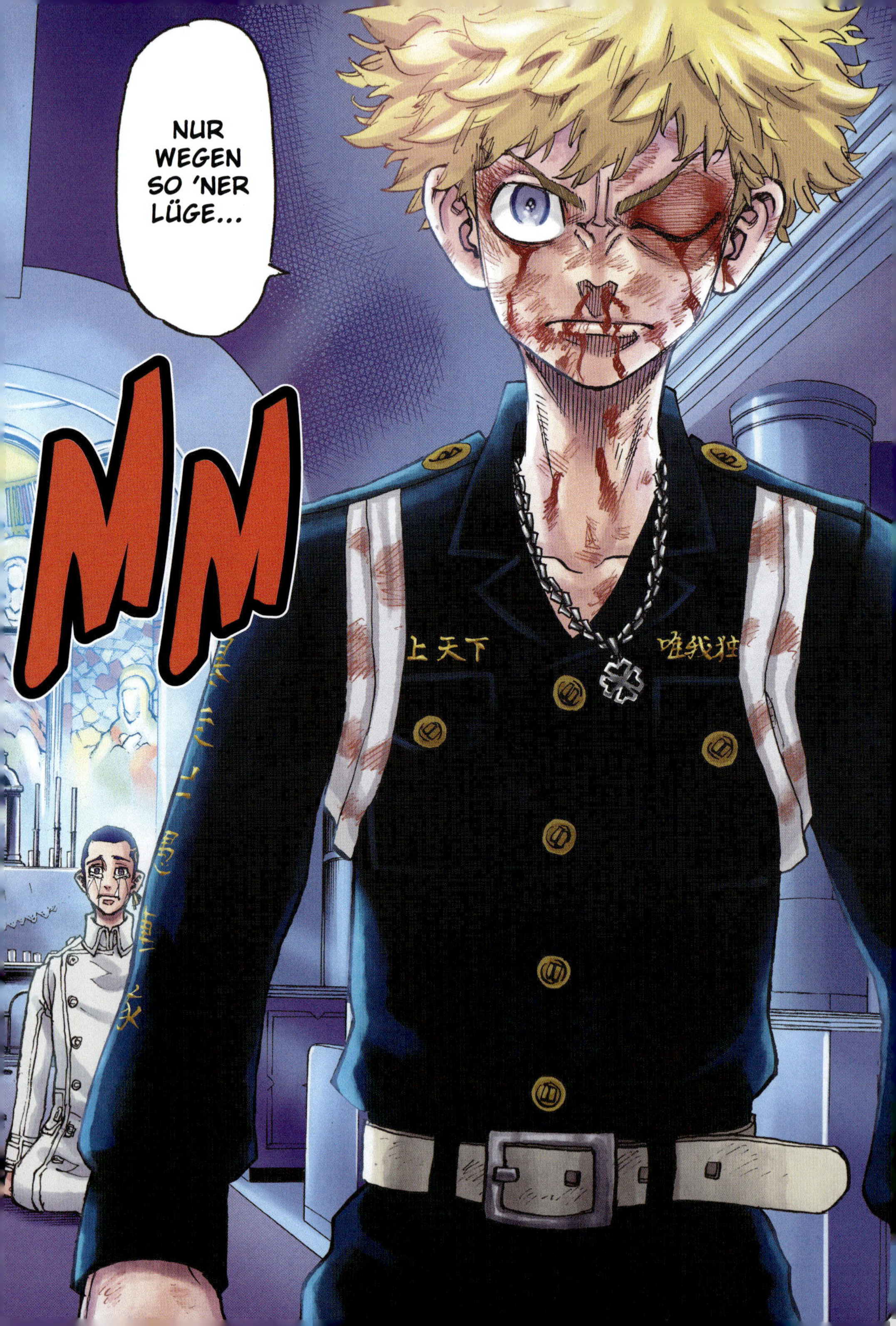
NUR WEGEN SO 'NER LÜGE...
MM

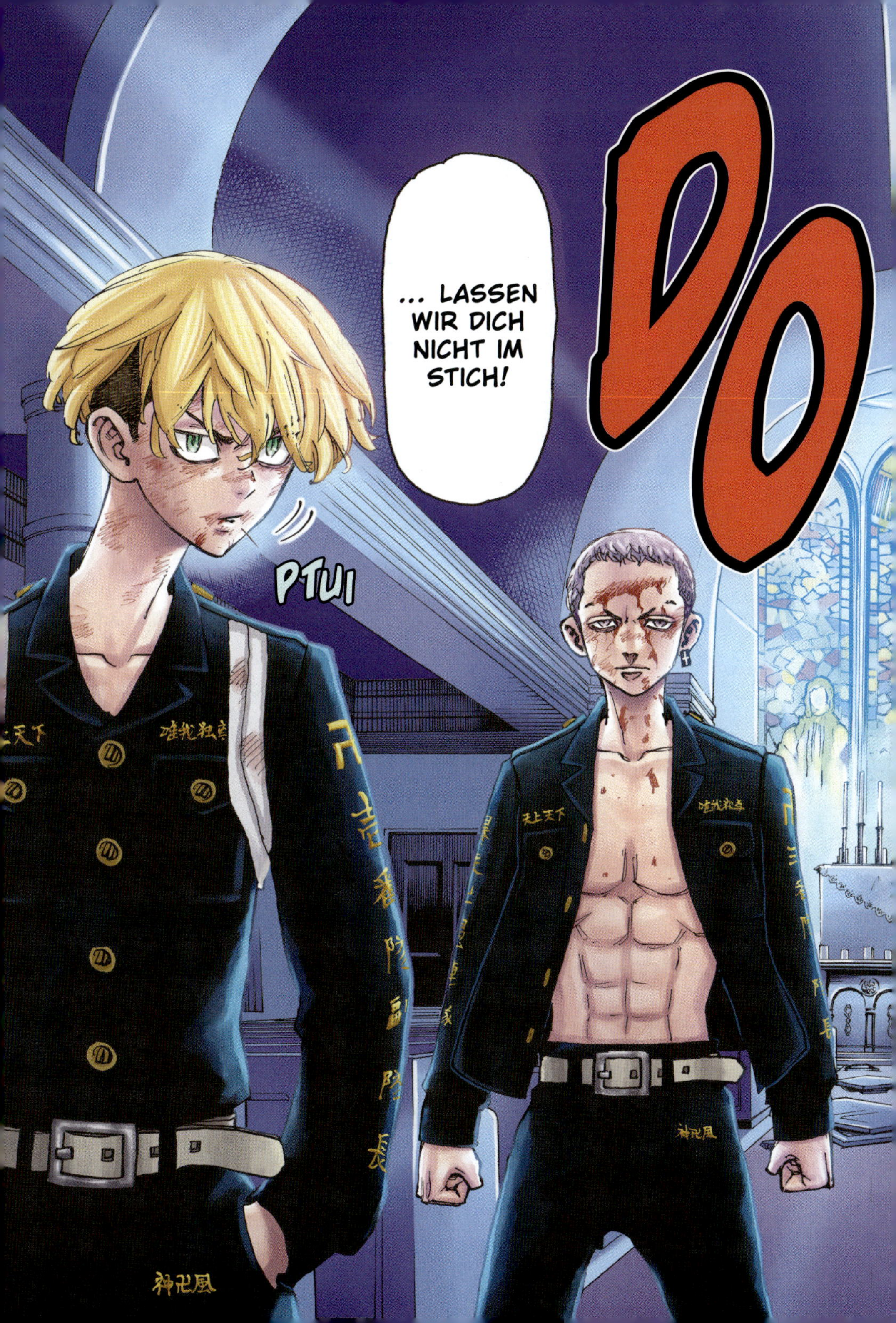
DO
... LASSEN WIR DICH NICHT IM STICH!
PTUI

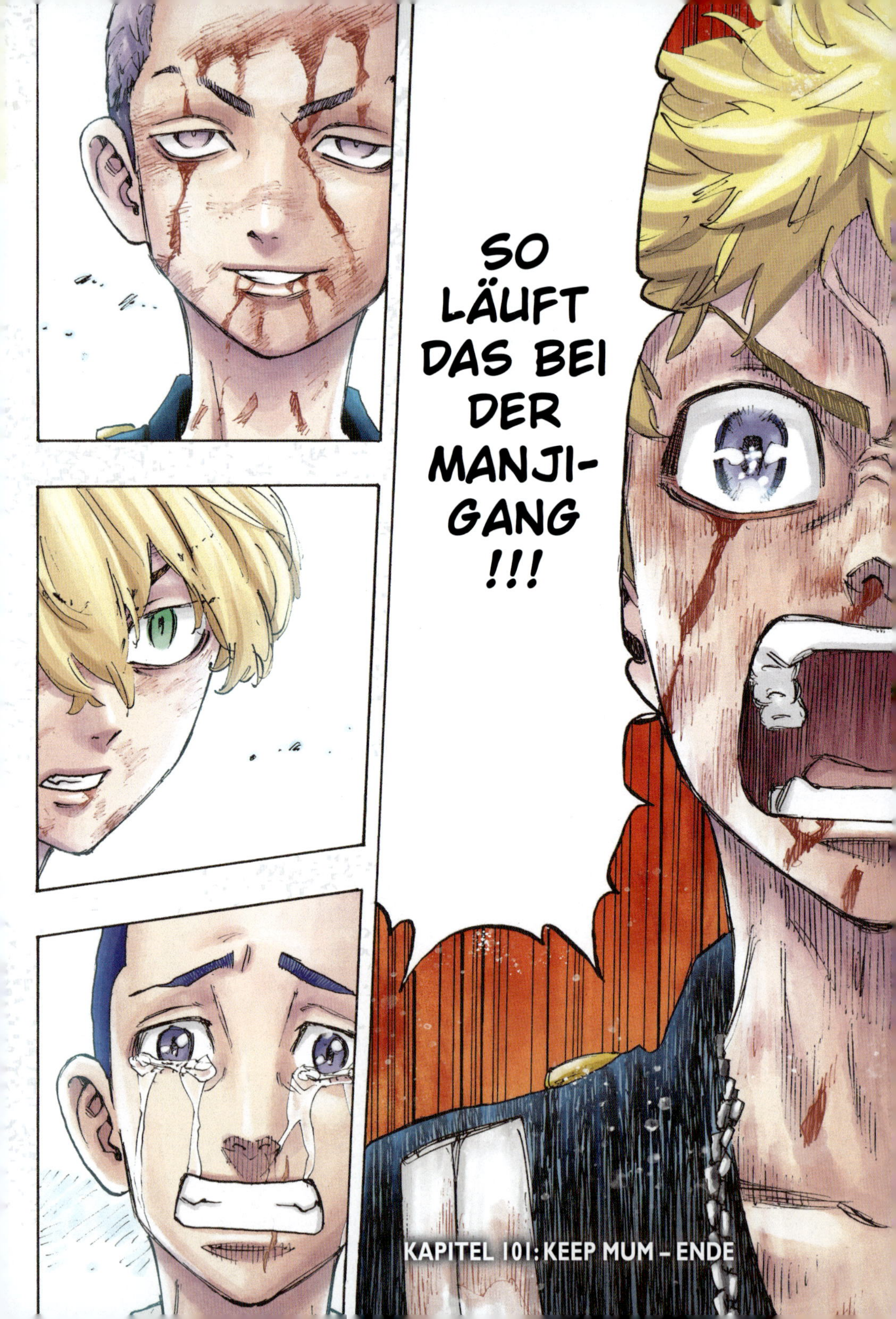
SO LÄUFT DAS BEI DER MANJI-GANG !!!
KAPITEL 101: KEEP MUM – ENDE

Eine Kollaboration von »Tokyo Revengers« und dem Bezirk Toshima!

TOKYO REVENGERS EXHIBITION

Wir erobern Ikebukuro!

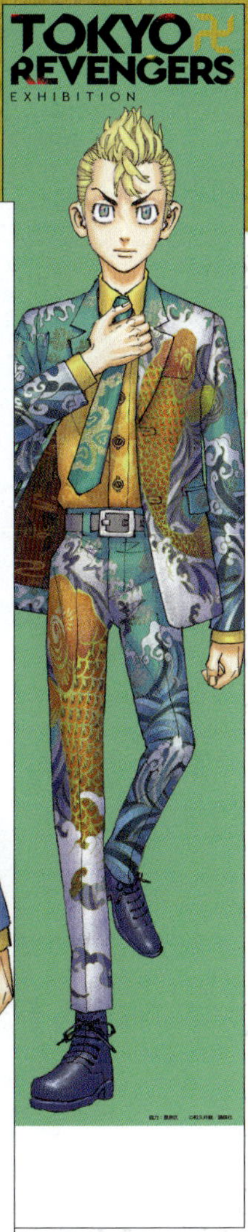

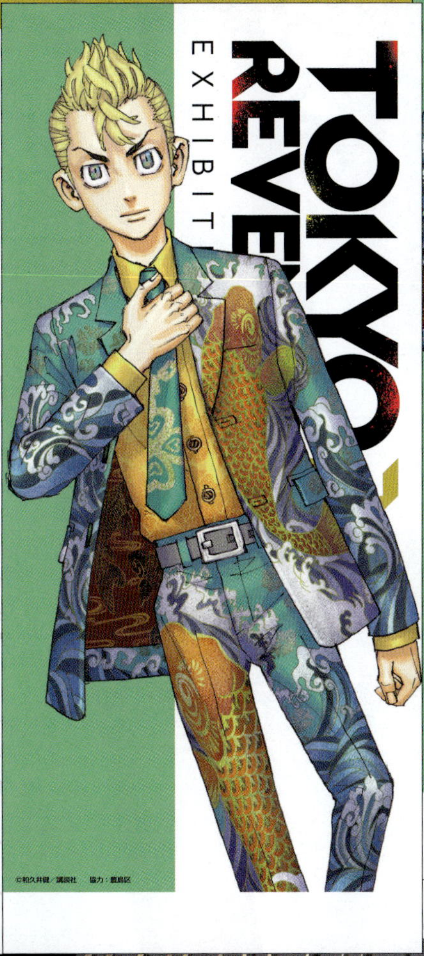

Alle Werbebanner im Überblick!

Vom 29. Januar bis zum 14. Februar 2022 fand die »Tokyo Revengers Exhibition«, eine Ausstellung mit den Originalzeichnungen des Autors, statt. Gleichzeitig wurden in Kooperation mit dem Bezirk Toshima in und rund um den Bahnhof Ikebukuro Werbebanner angebracht, deren Design ihr jetzt hier auf den nächsten Seiten bewundern könnt!

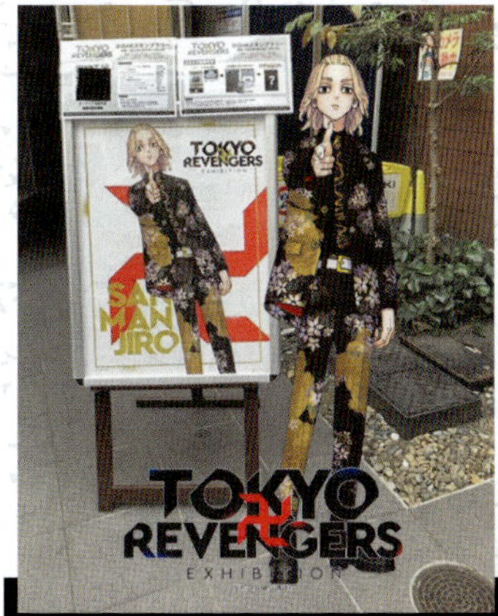

Eine Augmented-Reality-Stempeljagd mit den beliebtesten Charakteren!

Neben den riesigen Illustrationen, die die Fassade der Brillia Hall in Toshima und Werbe-Lkws zierten, gab es auch eine digitale Stempeljagd, bei der man exklusive Smartphone-Wallpaper erhalten konnte. Viele Fans nahmen daran teil.

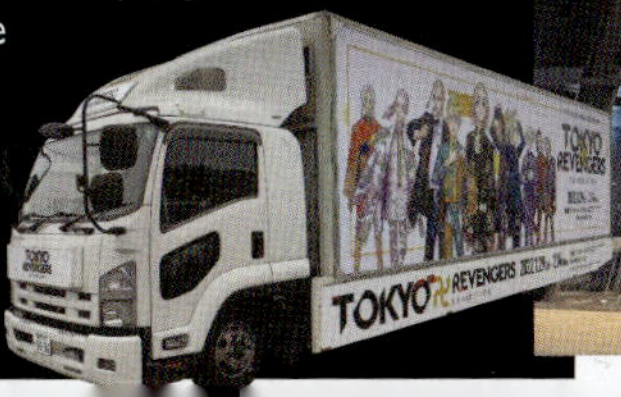

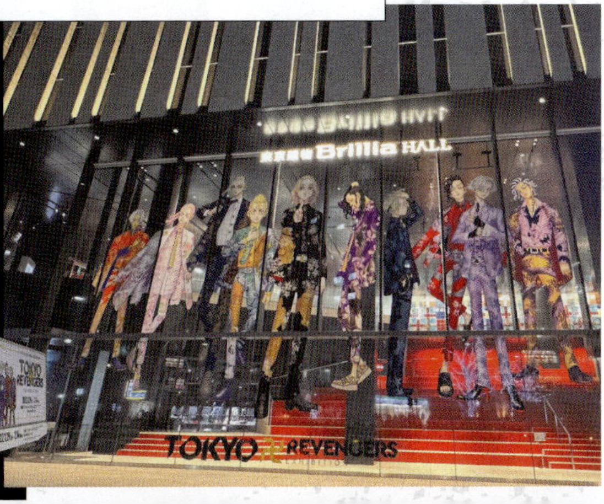

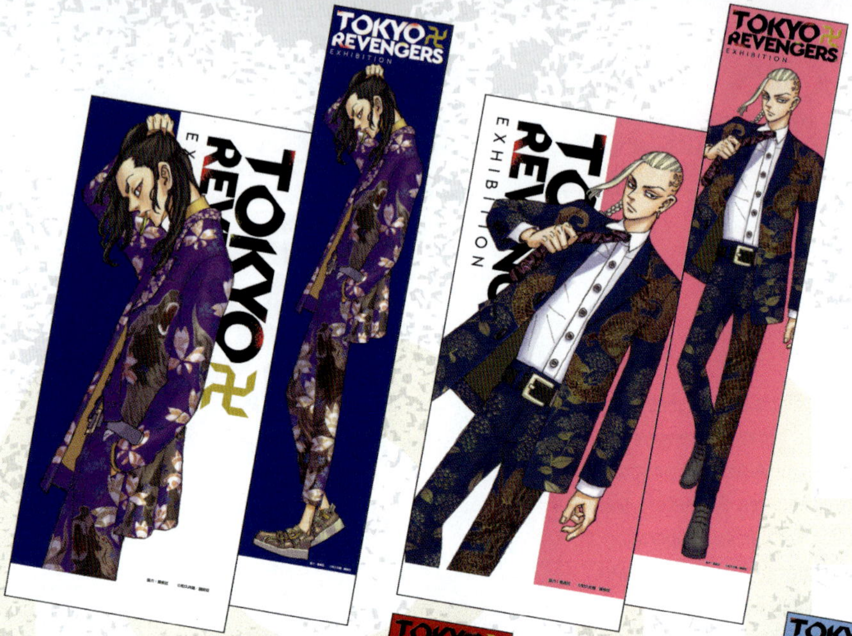

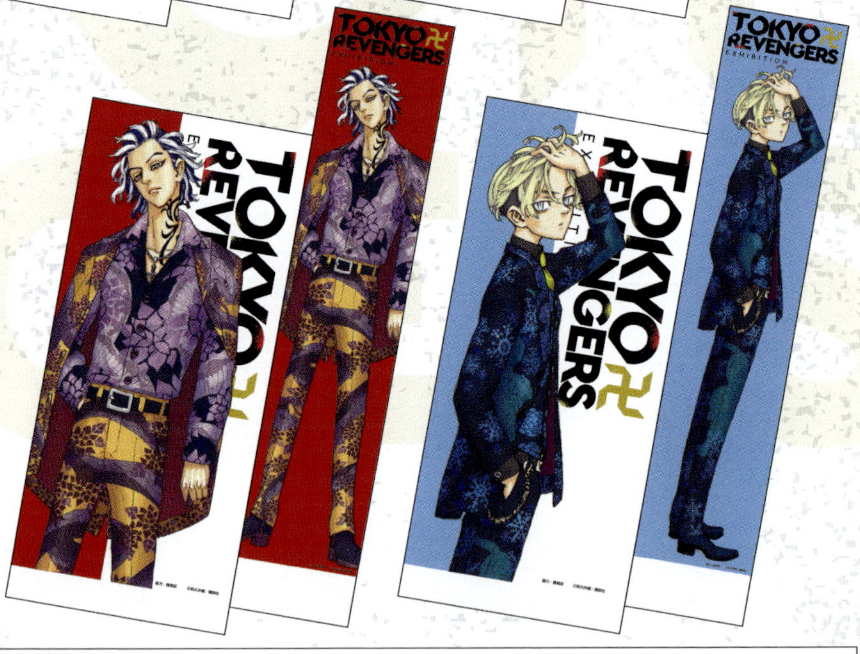

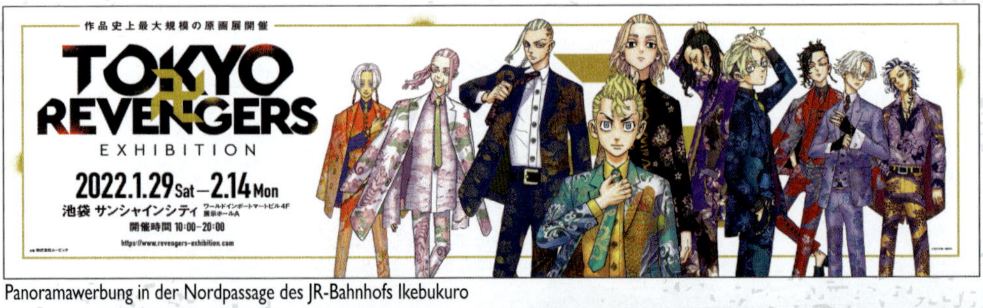

Panoramawerbung in der Nordpassage des JR-Bahnhofs Ikebukuro

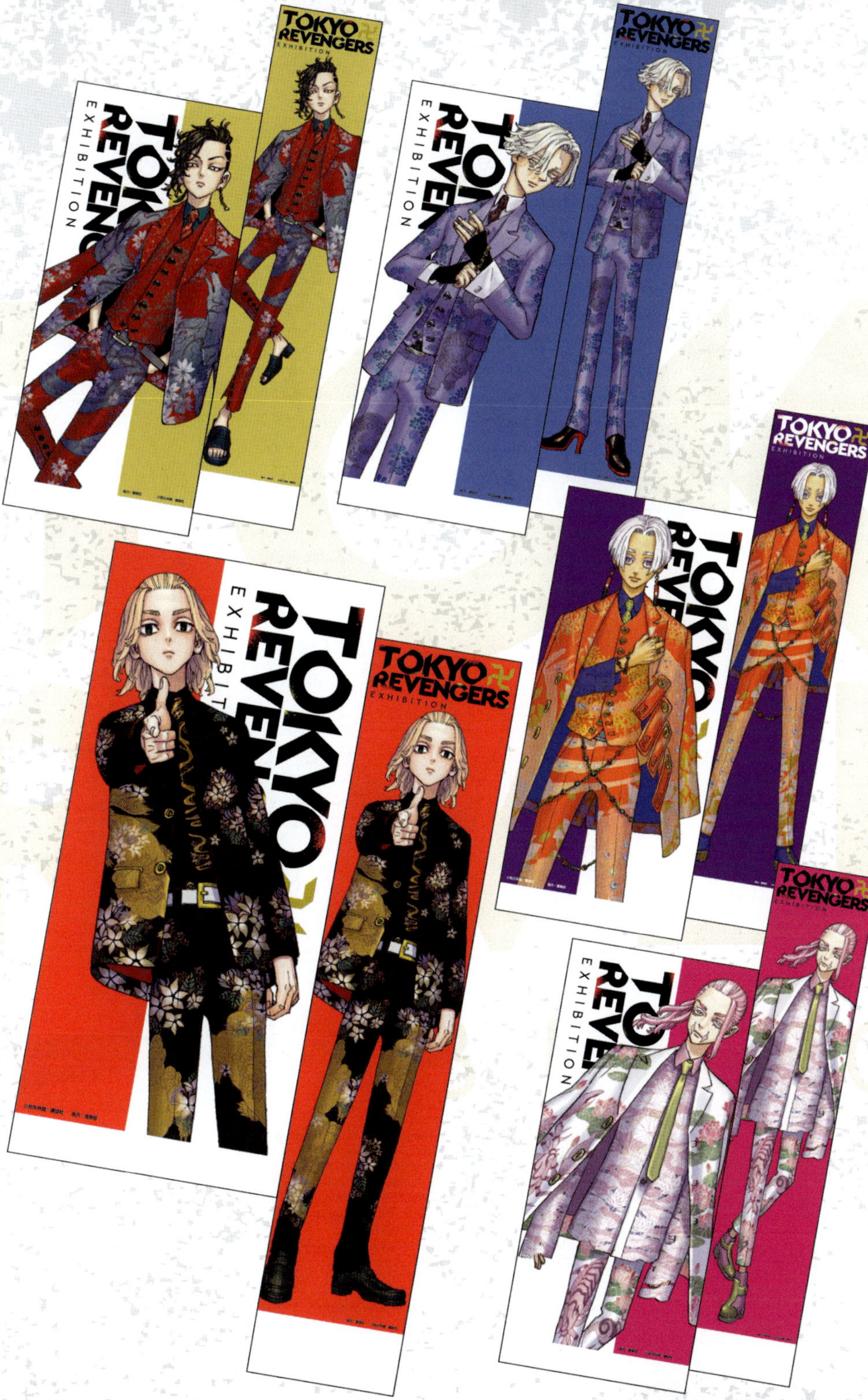
TOKYO REVENGERS
EXHIBITION
TOKYO REVENGERS
EXHIBITION
TOKYO REVENGERS
EXHIBITION
TOKYO REVENGERS
EXHIBITION
TOKYO REVENGERS
EXHIBITION
TOKYO REVENGERS
EXHIBITION

HALT!

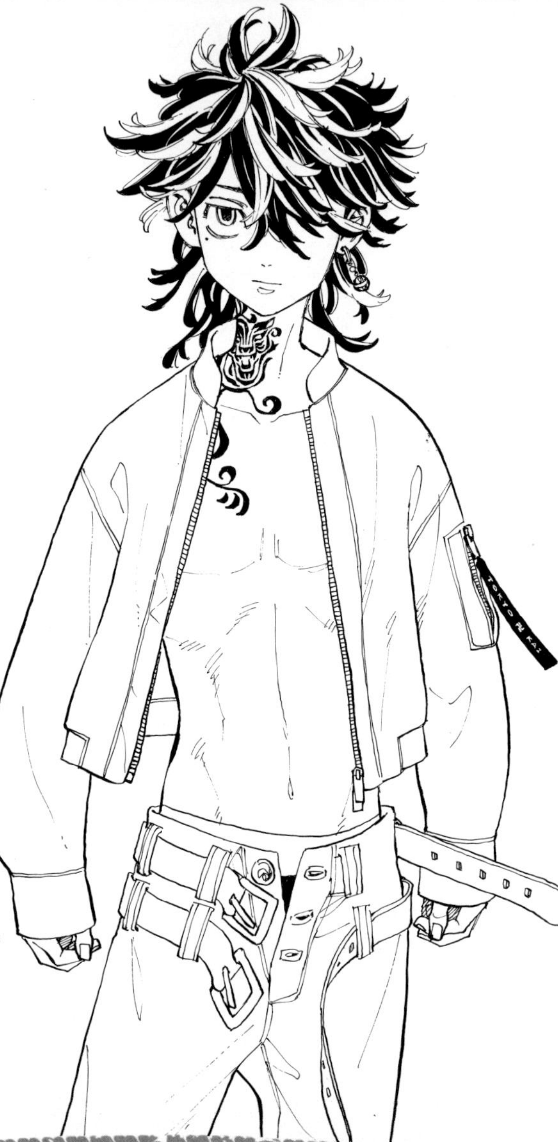

»TOKYO REVENGERS« ist eine japanische Serie, und in Japan wird von »hinten« nach »vorn« und von rechts nach links gelesen. Weil wir bei Carlsen Manga so originalgetreu wie möglich übernehmen, erscheint auch »TOKYO REVENGERS« auf Deutsch in der ursprünglichen Leserichtung.
Man muss diesen Manga also »hinten« aufschlagen und Seite für Seite nach »vorn« weiterblättern. Auch die Bilder auf jeder Seite und die Sprechblasen innerhalb der Bilder werden von rechts oben nach links unten gelesen. Das ist gar nicht so schwer.
Viel Spaß mit »TOKYO REVENGERS«!

CARLSEN MANGA
Deutsche Ausgabe/German Edition

Aus dem Japanischen von Martin Bachernegg

First published in Japan in 2022 by Kodansha Ltd., Tokyo
Publication rights for this German edition arranged through Kodansha Ltd., Tokyo.
Redaktion: Britta Hellwig · Produktionsmanagement Tobias Hametner

ISBN: 978-3-551-02738-2